21世纪经济与管理精编教材

会计学系列

政府与非营利组织会计

理论、实务与案例

Accounting for Government and Nonprofit Entities
Theory, Practice and Cases

陈文军 ◎ 主　编
徐中伟 ◎ 副主编

北京大学出版社
PEKING UNIVERSITY PRESS

图书在版编目(CIP)数据

政府与非营利组织会计:理论、实务与案例/陈文军主编.—北京:北京大学出版社,2019.10

21世纪经济与管理精编教材·会计学系列

ISBN 978-7-301-30761-8

Ⅰ.①政⋯　Ⅱ.①陈⋯　Ⅲ.①单位预算会计—高等学校—教材　Ⅳ.①F810.6

中国版本图书馆 CIP 数据核字(2019)第 194874 号

书　　　名	政府与非营利组织会计:理论、实务与案例	
	ZHENGFU YU FEIYINGLI ZUZHI KUAIJI: LILUN、SHIWU YU ANLI	
著作责任者	陈文军　主编　徐中伟　副主编	
责 任 编 辑	任京雪　刘　京	
标 准 书 号	ISBN 978-7-301-30761-8	
出 版 发 行	北京大学出版社	
地　　　址	北京市海淀区成府路 205 号　100871	
网　　　址	http://www.pup.cn	
微信公众号	北京大学经管书苑（pupembook）	
电 子 信 箱	em@pup.cn　　QQ: 552063295	
电　　　话	邮购部 010-62752015　发行部 010-62750672　编辑部 010-62752926	
印 刷 者	北京宏伟双华印刷有限公司	
经 销 者	新华书店	
	787 毫米×1092 毫米　16 开本　16.5 印张　371 千字	
	2019 年 10 月第 1 版　2019 年 10 月第 1 次印刷	
定　　　价	39.00 元	

未经许可，不得以任何方式复制或抄袭本书之部分或全部内容。
版权所有，侵权必究
举报电话: 010-62752024　电子信箱: fd@pup.pku.edu.cn
图书如有印装质量问题，请与出版部联系，电话: 010-62756370

前　言

政府与非营利组织会计和企业会计是现代会计的两大分支。随着近年来我国政府与非营利组织会计改革的不断深化，当前教学及相关实务工作迫切需要全新的教材来指导。2017年10月24日，财政部印发了《政府会计制度——行政事业单位会计科目和报表》（财会〔2017〕25号，以下简称《政府会计制度》），自2019年1月1日起施行，鼓励行政事业单位提前执行。《政府会计制度》有机整合了《行政单位会计制度》《事业单位会计制度》和医院、基层医疗卫生机构、高等院校、中小学校、科学事业单位、彩票机构、地质勘查、测绘、国有林场与苗圃等行业事业单位会计制度的内容。会计制度的统一，大大提高了政府各部门、各单位会计信息的可比性，为单位、部门编制合并财务报表和逐级汇总编制部门决算奠定了坚实的制度基础。《政府会计制度》为我们构建了一个"财务会计和预算会计适度分离并相互衔接"的会计核算模式。所谓"适度分离"，是指适度分离预算会计和财务会计功能、决算报告和财务报告功能，全面反映政府会计主体的预算执行信息和财务信息；所谓"相互衔接"，是指在同一会计核算系统中预算会计要素和财务会计要素相互协调，决算报告和财务报告相互补充，共同反映政府会计主体的预算执行信息和财务信息。为了帮助大家学好、用好"财务会计和预算会计适度分离并相互衔接"的会计核算模式，我们特意精心编写了本书。

本书以会计国际化与中国特色相结合为原则，以最新的政府会计制度、民间非营利组织会计制度为基础，以政府会计和非营利组织会计为主要框架进行了整体设计。全书共分三篇：第一篇为政府与非营利组织会计基本理论（第一、二章），主要介绍政府与非营利组织会计的基本理论与方法；第二篇为政府会计（第三、四、五、六、七、八、九、十、十一章），主要介绍各级政府会计核算的理论与方法；第三篇为民间非营利组织会计（第十二、十三、十四章），主要介绍民间非营利组织会计核算的理论与方法。

本书是在过去教材的基础上，吸收国内外相关教材的精华，并结合政府与非营利组织会计法律、国际惯例和实务编写而成。本书的主要特点在于：第一，既注重基本会计处理的理论阐述，又注重与我国现行会计理论及实践的结合，以会计法律制度为依据，但又不是会计法律制度的简单解读；第二，对会计理论的阐述力求精练、简明和通俗易懂，不同于以往会计教材的叙述方式，而是以较直观的表现形式予以展现，使学生一目了然,易于掌握;第三,注重理论与案例、实践的结合,对每一理论问题的阐述均配有恰当的案例及相关案例的分析,便于培养学生的实践能力和发现问题、分析问题与解决问题的能力,有利于提高其职业判断能力;第四,配有颇具特色的同步测试题,非常适合学生进行课后消化、复习与提高。本书可用作高等院校财经类专业本科生教材及会计人员继续教育培训用书,也是政府与非营利组织会计人员在实际工作中较好的业务学习资料。

本书由南京师范大学金陵女子学院陈文军教授担任主编,中共山东省委党校(山东行政学院)徐中伟教授担任副主编。选题确定、内容布局和稿件统筹由陈文军教授负责,各章节的具体撰写由陈文军教授、徐中伟教授及其学生完成。北京大学出版社李娟女士对本书的出版一直给予积极的鼓励和大力的帮助,在此,我们表示由衷的感谢。同时,要感谢责任编辑任京雪、刘京女士,她们为本书的出版付出了辛勤的劳动,她们的工作不仅保证了本书的顺利出版,而且减少了书中的错误,使本书增色不少。由于我们的学识和时间限制,本书很可能存在不足或疏漏,恳请读者随时向我们提出批评和建议,或与我们进行交流和讨论,电子邮件可发送至:chenwenjun1106@163.com。我们将始终追随我国政府与非营利组织会计的改革与发展,并将最新的改革与发展成果纳入本书,使本书的内容始终与时俱进。

陈文军
2019 年 3 月 31 日

目 录

第一篇　政府与非营利组织会计基本理论

第一章　政府与非营利组织会计概述 … 3
　　第一节　政府与非营利组织概述 … 4
　　第二节　政府与非营利组织会计含义、特点与组成 … 6
　　第三节　政府与非营利组织会计规范体系 … 7

第二章　政府与非营利组织会计基本理论与方法 … 12
　　第一节　政府与非营利组织会计对象、目标及基础 … 14
　　第二节　政府与非营利组织会计基本假设与信息质量要求 … 17
　　第三节　政府与非营利组织会计要素与恒等式 … 18
　　第四节　政府与非营利组织会计科目 … 21

第二篇　政府会计

第三章　资产会计 … 29
　　第一节　货币资金与短期投资 … 30
　　第二节　应收及预付款项与待摊费用 … 38
　　第三节　存货 … 45
　　第四节　长期股权投资与长期债券投资 … 51
　　第五节　固定资产 … 58
　　第六节　工程物资与在建工程 … 63
　　第七节　无形资产与其他资产 … 68

第四章　负债会计 … 75
　　第一节　短期借款与应缴财政款 … 76

  第二节 应交税费与应付职工薪酬 …………………………………… 79
  第三节 应付及暂收款项与预提费用 …………………………………… 84
  第四节 长期应付款项 …………………………………………………… 91
  第五节 预计负债与受托代理负债 ……………………………………… 95

第五章 净资产会计 ………………………………………………………… 97
  第一节 净资产概述 ……………………………………………………… 97
  第二节 本期盈余 ………………………………………………………… 99
  第三节 本年盈余分配 …………………………………………………… 101
  第四节 累计盈余 ………………………………………………………… 102
  第五节 专用基金 ………………………………………………………… 103
  第六节 权益法调整 ……………………………………………………… 106
  第七节 无偿调拨净资产 ………………………………………………… 107
  第八节 以前年度盈余调整 ……………………………………………… 108

第六章 收入会计 …………………………………………………………… 111
  第一节 收入概述 ………………………………………………………… 113
  第二节 行政事业单位共有收入的确认与计量 ……………………… 114
  第三节 事业单位专有收入的确认与计量 …………………………… 119

第七章 费用会计 …………………………………………………………… 127
  第一节 费用概述 ………………………………………………………… 129
  第二节 行政事业单位共有费用的确认与计量 ……………………… 129
  第三节 事业单位专有费用的确认与计量 …………………………… 134

第八章 预算收入会计 ……………………………………………………… 140
  第一节 预算收入概述 …………………………………………………… 142
  第二节 预算收入的确认与计量 ………………………………………… 142
  第三节 事业预算收入的确认与计量 ………………………………… 151

第九章 预算支出会计 ……………………………………………………… 153
  第一节 预算支出概述 …………………………………………………… 154
  第二节 行政支出的确认与计量 ………………………………………… 155
  第三节 事业单位专有预算支出的确认与计量 ……………………… 157
  第四节 其他支出的确认与计量 ………………………………………… 165

第十章 预算结余会计 ……………………………………………………………… 168
    第一节 资金结存的确认与计量 ……………………………………………… 168
    第二节 结转结余资金的确认与计量 ………………………………………… 171
    第三节 事业单位专项结余资金的确认与计量 ……………………………… 180
    第四节 非财政拨款结余分配 ………………………………………………… 183

第十一章 政府财务报告与决算报告 ……………………………………………… 185
    第一节 政府财务报告与决算报告概述 ……………………………………… 186
    第二节 政府财务报表 ………………………………………………………… 187
    第三节 政府预算报表 ………………………………………………………… 205
    第四节 报表附注 ……………………………………………………………… 213

第三篇 民间非营利组织会计

第十二章 资产、负债与净资产会计 ……………………………………………… 217
    第一节 民间非营利组织的资产会计 ………………………………………… 218
    第二节 民间非营利组织的负债会计 ………………………………………… 221
    第三节 民间非营利组织的净资产会计 ……………………………………… 222

第十三章 收入与费用会计 ………………………………………………………… 226
    第一节 民间非营利组织的收入会计 ………………………………………… 227
    第二节 民间非营利组织的费用会计 ………………………………………… 233

第十四章 民间非营利组织财务报告 ……………………………………………… 238
    第一节 民间非营利组织财务报告概述 ……………………………………… 239
    第二节 民间非营利组织会计报表的编制 …………………………………… 241
    第三节 会计报表附注和财务情况说明书 …………………………………… 247

《政府与非营利组织会计》模拟试卷(一) ………………………………………… 249

《政府与非营利组织会计》模拟试卷(二) ………………………………………… 252

主要参考书目 ………………………………………………………………………… 257

第一篇 政府与非营利组织会计基本理论

第一章 政府与非营利组织会计概述

引导案例

《权责发生制政府综合财务报告制度改革方案》的出台

2014年12月31日,国务院批转的财政部《权责发生制政府综合财务报告制度改革方案》正式公布,这标志着我国将正式启动政府财务报告制度改革。根据改革时间表,在2020年前,力争所有各级政府都要编制财务报告,全部"家底"经审计并报人大备案后,将向全社会公开。这一改革具有以下三大意义:

其一,权责发生制政府综合财务报告制度是对现行预决算制度的革命性改进。此前实施的决算制度,以收付实现制为基础,只反映当年政府财政收入和支出情况,无法准确记录和反映政府资产、负债以及运行成本的动态变化,由此引发的问题是,既无法对政府绩效进行准确评估,又无法将政府资产全部亮出来。正是由于存在这样的管理模糊区域,从部门预算编制到政府采购,都留下了"自肥"空间。编制权责发生制政府综合财务报告,可以通过更加准确、细化而且公开的财务信息,堵住可能存在的漏洞,让政府资金更合理地使用,降低腐败发生的概率。

其二,权责发生制政府综合财务报告制度有助于推动政府信用的建立。随着地方政府自主发债的启动和扩大,政府信用体系的建立也较之过去更为重要。过去,只有政府实际清偿债务才算支出,其为发债而做出的承诺、担保、隐性负债等都无法得到真实反映。权责发生制政府综合财务报告,其核心是政府的资产、负债(长期、短期)均包含其中,是对政府资产和负债进行持续衡量的工具。由此,市场也可以获得政府的全面资产情况,从而对其发债信用和偿债能力做出评估。这是地方政府行使发债权的必要前提。有了这个前提,地方政府自主发债才可能引进市场标准,通过市场手段控制风险,保证自主发债良性运行。

其三,权责发生制政府综合财务报告制度可以遏制盲目决策。拍脑门决策是政府财政资金浪费虚耗、不能发挥应有作用的重要原因。之所以总是出现这一问题,是因为事前没有形成科学合理的决策、执行、监督体系,事后无法有效问责。权责发生制政府综合财务报告制度强调的就是官员任期内的财政责任,因此,对于好大喜功、追求短期政绩者来说,无异于多了一道防火墙,有助于遏制盲目决策,推动重大决策科学化。权责发生制政府综合财务报告制度已是国际趋势,OECD(经济合作与发展组织)国家就普遍实行了类似制度。可以说,我国启动政府财务报告制度改革,是又一次借鉴和接轨。当然,基于不同国情,我国需要建立符合自身实际情况的运作机制。其中,如何规范政府会计准则体系,如何对造成重大失误者追责尤为关键。通过建立起完善的链条,政府财务报告制度改革就可发挥预期作用。

资料来源:《新会计》编辑部,"我国政府会计的根本性变革——《权责发生制政府综合财务报告制度改革方案》",《新会计》,2015年第1期。

思考并讨论:

1. 《权责发生制政府综合财务报告制度改革方案》对政府会计改革有何重要意义?
2. 政府会计改革应分"几步走"?
3. 政府与非营利组织会计和企业会计的根本区别是什么?

第一节 政府与非营利组织概述

一、政府与非营利组织的含义

(一) 政府组织

"政府"一词源于唐宋时期。唐宋时期中央机构实行三省六部制,三省为中书省、门下省、尚书省;其中,尚书省下设六部,分别为吏部、户部、礼部、兵部、刑部、工部。唐朝时期,有时为了提高工作效率,会将中书省和门下省合署办公,并称为"政事堂"。宋朝时期,单独设立了中书省和枢密院,并称为"二府"。"政事堂"和"二府"两名衍生出"政府"一词。

政府是一个与国家密切联系在一起的政治学概念,它以国家的存在为基本前提。国家是一定范围内的人群所形成的共同体形式。国家成立后,就需要有国家赖以生存和发展的机构,如权力机构、行政机构、专政机构等。政府就是国家的统治机器。政府有以下五个层次的含义:①指制定规则、为居民提供服务的机构,这是最广义的政府;②指治理国家或社区的政治机构,这是第二广义的政府;③泛指一切国家政权机关,即国家的立法机关、行政机关、司法机关和其他一切公共机关,统称为政府,这是广义的政府;④指一个国家的中央和地方各级行政机关,这是狭义的政府;⑤指中央行政机关的核心部分,即内阁及各部,这是最狭义的政府。

经济学意义上的政府,是指管理和使用公共经济资源、履行政府职能的组织体系,除包括全部政府权力机构之外,还包括公立非营利组织,比政治学意义上的政府范围要广。

我国政府主要按照层级划分为中央、省、地(市)、县(市)、乡(镇)五级。除了居于金字塔结构顶端的中央政府,纵向上从省、市、自治区直至乡镇、街道,横向上覆盖全国所有层级、任何规模的政府,均称为地方政府。我国所有地方政府都隶属其上一层级政府及中央政府节制管辖,县级以下政府为基层的乡和镇政府。

（二）非营利组织

非营利组织是指不具有物质产品生产和国家事务管理职能，主要以精神产品或各种服务形式向社会公众提供服务，不以营利为目的的各类组织，包括公立非营利组织和民间非营利组织两大类。

二、政府与非营利组织的特征

政府与非营利组织开展业务所处的经济、社会、法律以及政治环境和企业存在明显不同，其设立目标、运行方式、资源获取、绩效评价等都具有独特性，和企业有很大差别。

（一）政府与非营利组织区别于企业的特征

根据美国财务会计准则委员会的财务会计概念公告第4号，政府与非营利组织区别于企业的三个显著特征是：

（1）可以从资源提供者那里获得相当数量的资源，这些资源提供者并不期望获得与其提供的资源成比例的补偿或经济利益；

（2）提供产品和劳务并非以取得利润或利润等价物为目标；

（3）既无可出售、转让或赎回的，也无对这些组织进行清算时可转化为法定剩余财产分配的，被明确界定的所有者权益。

（二）政府区别于非营利组织的特征

根据美国注册会计师协会（AICPA）的定义，与非营利组织相比，政府具有下列特征：

（1）官员由普选产生，或者由州或地方政府的一个或一个以上官员任命某个组织管理机构的具有控制权的多数成员；

（2）可以单方面解散，并无偿接收其净资产；

（3）具有征税权；

（4）具有直接发行免除联邦税债券的发债权。

（三）非营利组织区别于政府与企业的特征

非营利组织具有以下五个特征：

（1）组织性，即这种组织有内部的规章制度、有负责人、有经常性的活动，而不是非正规的、临时聚集在一起的团体，它应该具有根据法律进行注册的合法身份；

（2）民间性，即这种组织不是政府的组成部分，但这并不意味着它不能接受政府的资金支持；

（3）非营利分配性，即这种组织可以盈利，但必须将其所得用于完成组织的使命，而不得在组织成员中间进行分配；

（4）自治性，即这种组织能够控制自己的活动，有不受外界控制的内部管理程序；

（5）志愿性，即在这种组织实际开展的活动和管理事务中有显著的志愿参与，尤其是形成了由志愿者组成的董事会，并广泛使用志愿工作人员，正是在这个意义上，非营利组织又被称为志愿组织或志愿部门。

第二节 政府与非营利组织会计含义、特点与组成

一、政府与非营利组织会计的含义

政府与非营利组织会计是一个以预算(政府预算和单位预算)管理为中心,以经济和社会事业发展为目的,以预算收支核算为重点,确认、计量和报告社会再生产过程中属于分配领域的各级政府部门、行政部门、非营利组织预算资金运动过程和结果的会计信息系统。

二、政府与非营利组织会计的特点

政府与非营利组织会计和企业会计有许多相同之处,如都是社会经济体系的组成部分,都是通过各自的活动,将一定的经济资源努力转变为可供社会消费的商品或服务。但两大系统之间也有着明显的区别,政府与非营利组织会计的特点主要表现在以下几个方面:

(一) 组织目标

与企业不同,政府与非营利组织向社会提供公共物品或服务是作为一项政府职能来完成的,不以营利为目的。有的单位虽然也实行有偿服务,但往往并非足额补偿,社会效益是衡量其业绩的主要指标。

(二) 预算约束性

政府与非营利组织会计要编制年度财务收支预算,其预算具有硬性约束作用,而企业预算相对具有一定的弹性。

(三) 核算内容不同

政府与非营利组织会计确认、计量和报告以预算为基础,以预算收支为主要核算内容。政府会计以各级预算收支为主要核算内容,各类非营利组织一方面确认、计量和报告预算收支,另一方面从事经营性有偿服务活动,以其业务收入抵补业务支出。

三、政府与非营利组织会计的组成

我国现行政府与非营利组织会计体系内容包括:

(一) 财政总预算会计

财政总预算会计是中央和地方各级政府财政机关确认、计量和报告各级总预算执行的会计,财政总预算会计的组成包括中央、省(自治区、直辖市)、地(市)、县、乡(镇)五级。其任务是处理财政总会计的日常会计事项和账务;定期确认、计量和报告预算收支执行情况,妥善调度预算资金;协助国库做好工作;制定预算会计制度实施办法;组织和指导本地区的预算会计工作等。

(二) 行政单位会计

行政单位会计是指各级行政党派、政协机关确认、计量和报告国家预算资金的取

得、使用及其结果的一种政府组织会计,这种会计的主体是中华人民共和国各级权力机关、行政机关、审判机关和检察机关以及党派、政协机关,客体是国家预算资金的取得、使用及其结果,职能是确认、计量和报告国家预算资金款项的领报,目的是提高社会效益。

(三) 事业单位会计

事业单位会计是以事业单位实际发生的各项经济业务为对象,确认、计量和报告事业单位预算执行过程及其结果的专业会计。

(四) 其他:税收会计、国库会计

税收会计、国库会计和财政总预算会计都是为执行政府预算服务的,它们同属于预算会计体系,有相同的目标,均反映政府预算资金活动。但它们毕竟属于不同的会计种类,其会计主体不同。税收收入是国家财政收入的主要来源,税收资金从征收到解缴入库到形成财政资金,经历税收会计、国库会计和财政总预算会计三个阶段。

(五) 民间非营利组织会计

民间非营利组织的会计要素划分为反映财务状况的会计要素和反映业务活动情况的会计要素。其中,反映财务状况的会计要素包括资产、负债和净资产,其会计等式为:资产－负债＝净资产;反映业务活动情况的会计要素包括收入和费用,其会计等式为:收入－费用＝净资产变动额。

第三节 政府与非营利组织会计规范体系

总体来看,政府与非营利组织会计可以分为政府会计和非营利组织会计两部分。

一、政府会计

政府会计是在预算会计的基础上发展起来的,预算会计是各级政府财政部门和行政事业单位采用一定的技术方法,确认、计量和报告国家预算执行情况及结果的一种专业会计。由于政府会计与我国的国家预算紧密相连,因此政府会计的组成体系是为国家预算管理服务的,同时国家预算的组成体系也决定了政府会计的构成体系。国家预算按照预算收支范围,可分为总预算和单位预算;按照国家政权结构、行政区域划分和财政管理体制,可分为中央预算和地方预算。

根据国家预算的组成体系,政府会计可分为财政总预算会计和行政单位会计。

(一) 财政总预算会计

财政总预算会计是各级人民政府财政部门确认、计量和报告政府财政总预算执行过程和财政周转金与各项财政性资金活动的专业会计。其主要职责是进行会计核算,反映预算执行,实行会计监督,参与预算管理,合理调度资金。财政总预算会计在政府与非营利组织会计中占主导地位,反映财政资金的来源和运用情况,对于保证国库的安全和资金的高效运行有着重要意义。

1. 财政总预算会计的结构

根据我国行政划分,财政总预算会计体系可分为五级,每一级政府的总预算会计都分别设立:国家财政部设立中央级财政总预算会计;省(自治区、直辖市)财政厅(局)设立省级财政总预算会计;市(地、州)财政局设立市(地、州)级财政总预算会计;县(市)财政局设立县(市)级财政总预算会计;乡(镇)财政所设立乡(镇)级财政总预算会计。

2. 财政总预算会计的特点

(1)财政总预算会计为国家预算执行服务,对财政性资金进行确认、计量和报告,为合理调度预算资金提供及时的会计信息,并且为宏观经济运行提供指导。

(2)财政总预算会计确认、计量和报告国家预算收支,不进行成本核算和损益计算。

(3)财政总预算会计以收付实现制为确认基础,财政国库管理制度改革后的年终预算结余、各级财政总预算会计按照规定实行个别事项的权责发生制确认。

3. 财政总预算会计的基本任务

(1)正确、及时处理财政总预算会计的日常核算工作。财政总预算会计在对各项预算收支、预算调拨、往来款项、财政专项资金进行确认、计量和报告时,都要做到正确、及时、真实。

(2)定期反映预算执行情况。财政总预算会计应该在规定的时间内,按照正确的内容和格式组织并汇编旬、月、季预算会计报表,做到数字准确、内容完整、汇报及时。同时,定期组织年度政府决算,进行上下级财政之间的结算和办理上下级财政之间往来款项的清理工作。

(3)合理调度财政资金。财政总预算会计应该根据收支情况,对财政资金进行合理调度,妥善解决财政资金库存与用款单位资金需求之间的矛盾;保证按预算、用款计划和事业进度合理供应资金,提高资金的使用效益。

(4)实行会计监督,参与预算管理。财政总预算会计通过对财政收支的确认、计量和报告,不断加强对预算执行的分析工作,监督财政资金的收入和支出活动,促进预算执行的各个环节遵守国家法律法规,为科学合理地编制部门预算提供意见和建议。

(5)做好预算会计事务的有关管理工作。财政总预算会计应当负责管理本地区行政、事业单位的会计事务,组织预算会计培训活动,参与预算会计人员专业技术资格考试,管理预算会计基础工作,发放职业资格证书,推进会计电算化。

(6)做好本地区预算会计工作。财政总预算会计要指导和组织检查本行政区域内所属财政总预算会计和同级行政事业单位的预算会计工作,组织开展会计人员业务培训,提高会计人员的业务水平。

4. 财政总预算会计的一般原则

财政总预算会计的一般原则是从事预算会计工作的规范,是进行会计确认、计量和报告,编制会计报表所依据的一般规则和准绳,包括真实性原则、适应性原则、可比性原则、统一性原则、及时性原则、清晰性原则、收付实现制原则、专款专用原则。

（二）行政单位会计

行政单位会计是指中华人民共和国各级权力机关、行政机关、审判机关和检察机关以及党派、政协机关等行政单位确认、计量和报告本单位经济业务活动的专业会计。行政单位会计是政府会计的一个组成部分，是对预算资金的运动过程和结果进行全面、系统和连续的确认、计量和报告的会计。

1. 行政单位会计的分级

行政单位会计组织系统根据国家机构建制和经费领报关系，可以划分为主管会计单位、二级会计单位和基层会计单位三个级别：①主管会计单位向财政部门领报经费，并发生预算管理关系，下面有所属单位；②二级会计单位向主管会计单位领报经费，并发生预算管理关系，下面有所属单位；③基层会计单位向上级会计单位领报经费，并发生预算管理关系，下面没有所属单位。

2. 行政单位会计的特点

（1）行政单位主要是为了满足社会公共需求而进行业务活动，具有非市场性；

（2）行政单位收支核算必须服从预算管理的要求；

（3）行政单位会计以收付实现制为核算基础；

（4）行政单位一般不进行成本核算。

3. 行政单位会计的主要任务

（1）对行政单位的日常会计事项进行确认、计量和报告。行政单位会计应当及时处理日常会计事项，做好记账、算账、报账、用账工作，做到内容真实、数字准确、账目清楚、日清月结，为行政单位进行决算提供及时的会计信息。

（2）进行会计监督。在执行预算过程中，行政单位会计要注意履行会计法律法规，保护国家资金和财产的安全、完整。

（3）编制和执行行政单位经费预算。行政单位会计应根据单位各项计划和开支标准，编制合理的经费预算；通过确认、计量和报告，如实反映单位经费预算的执行情况，向相关部门提供会计信息。

（4）对预算资金的使用效果进行分析、考评。行政单位会计应当定期检查经费预算的执行情况，分析、考评预算资金的使用情况，鼓励节约经费，充分发挥预算资金的使用效果。

二、非营利组织会计

非营利组织会计是用于确认、计量和报告各类非营利机构财务收支活动以及预算资金使用情况的一类会计，在我国会计中占有很大的比重。

非营利组织会计包括事业单位会计（公立非营利组织会计）和民间非营利组织会计两部分。

（一）事业单位会计

事业单位会计是指各类事业单位确认、计量和报告本单位预算执行过程及其结果的专业会计,事业单位主要依靠政府拨款运营。

1. 事业单位会计的分级

事业单位会计组织系统根据国家机构建制和经费领报关系,可以划分为主管会计单位、二级会计单位和基层会计单位,其主要性质和功能与行政单位会计类似。由于事业单位行业类别繁多,各类事业单位在具体的会计确认、计量和报告方面具有各自的特点,为了使会计核算能够真实反映各行业事业单位的预算执行过程及其结果,事业单位会计又可进一步划分为科学研究单位会计、教育单位会计、体育单位会计、医院会计、城市维护建设事业单位会计等。

2. 事业单位会计的特点

(1) 事业单位会计的经费主要来源于财政预算拨款,还可来源于单位自身的收入;

(2) 以收付实现制为会计核算基础,但经营性收支业务可以采用权责发生制。

3. 事业单位会计的主要任务

(1) 反映预算执行情况,参与制定经费预算。事业单位的预算执行情况同时涉及本单位经济活动和政府预算执行结果,因此必须严格按照支出规定的范围和标准使用经费。事业单位会计应当合理制定本单位预算计划和方案,保证本单位在未来收支结算中合理安排预算资金。

(2) 控制事业单位的经济活动,提高经费的使用效果。事业单位的经费支出达到预期效果,是考核经费使用效果的重要标准。由于事业单位资金来源广泛,必须严格按照预算进行业务处理,控制支出,及时解决可能出现的问题,以保证单位预算计划完成。

(3) 分析经费的使用效果,合理分配结余。事业单位收支相抵后的结余,通常由单位留用,单位有较大的处理权限,因而事业单位应当合理分析单位经费的使用效果,合理分配收支结余。

(二) 民间非营利组织会计

民间非营利组织会计是以民间非营利组织为主体,以民间非营利组织的各项收支活动为管理内容进行核算、监督的一种专业会计,包括社团会计、私人基金会计、宗教组织会计和非企业单位会计等。民间非营利组织会计应当向信息使用者提供反映单位资产、负债、净资产的规模、构成及其变动情况的信息,合理组织、使用和调度资金,从而向信息使用者提供有用的信息。根据现行法律法规,民间非营利组织会计应当具备以下特征:

(1) 不以营利为宗旨和目的。强调民间非营利组织的非营利性,区别于企业的营利性,但不排除其因提供商品或者社会服务而取得相应收入或者收取合理费用。

(2) 资源提供者向该组织投入资源不取得经济回报。强调民间非营利组织的资金或其他资源提供者不能从民间非营利组织中获取回报。

(3) 资源提供者不享有该组织的所有权。强调资金或其他资源提供者在将资源投入民间非营利组织后不再享有相关所有者权益,如与所有者权益有关的资产出售、转让、处置权以及清算时剩余财产的分配权等。

为了完成民间非营利组织的宗旨,保证其基本业务活动的资金需要,民间非营利组织要按照物价主管部门核定的标准,在国家规定的基本业务范围内,为社会提供专业服务并取得基本业务收入;同时,也要按照相关规定支付基本业务支出和其他支出,来保证正常运作。

思考题

1. 政府与非营利组织会计的主体和客体分别是什么?
2. 与企业会计相比,政府与非营利组织会计的核算对象、业务性质有何不同?
3. 非营利组织有哪些不同的分类?
4. 我国现行的政府与非营利组织会计体系包括哪些内容?
5. 简述政府与非营利组织会计规范体系。

第二章 政府与非营利组织会计基本理论与方法

引导案例

政府会计改革到底"改"哪里？

2017年10月24日，财政部印发《政府会计制度——行政事业单位会计科目和报表》，要求于2019年1月1日起施行。2018年2月，财政部发布《关于印发〈政府会计制度——行政事业单位会计科目和报表〉与〈行政单位会计制度〉〈事业单位会计制度〉有关衔接问题处理规定的通知》，标志着政府会计改革已"近在眼前"。

近期，很多行政事业单位已着手组织开展政府会计相关制度衔接工作。从实际情况来看，大多数单位都将该项工作委托给单位财务人员，特别是具体负责会计核算的人员。然而，多数行政事业单位财务人员表示，对此项工作感到迷茫，甚至一筹莫展。我们需要思考的是，为什么对于基本原理较为简单的政府会计制度，广大财务人员却感到非常艰难呢？笔者认为，解决这一问题的关键是单位财务人员需要进一步厘清政府会计改革的本质。所谓政府会计改革，不仅仅是一项会计核算的"游戏规则"的改变，更重要的是在管理意识、业务流程和内部治理水平方面进行改革。

对单位负责人管理意识的冲击

政府会计改革的核心，是由原来以收付实现制为基础的预算会计制度体系，变革为"双基础""双分录""双报告"的预算会计和财务会计既相互分离又相互衔接的会计制度体系。虽然从表面上看，仅仅是由于会计基本假设变化导致的会计核算体系变化，但是在会计基本假设前提变更的背后，是对单位负责人管理意识的冲击。

例如，在以权责发生制为基础的政府会计体系下，行政事业单位实现了全成本核算。资产的折旧需计入日常费用核算，意味着以前"占山为王""多拿多占"配置资产的观念会导致"占有资产越多，相应的资产折旧费用就越多"。同时在评价单位绩效时，占有的资产量多也许并不是一件"好事"。特别是在政府综合财务报告需进行审计和公开的背景下，作为反映单位财务情况的载体，财务报表的主要内容是由单位负责人决定的，而不是由财务人员决定的。行政事业单位如何应对新旧衔接，特别是如何在新制度体系下做好单位顶层设计安排，都是有待于单位负责人认真思考的课题。

业务流程变革势在必行

在政府会计改革背景下，业务流程也在悄然间发生着变革。例如，单位合同管理虽然是行政事业单位内部控制业务层面的重要模块之一，但并不受大部分行政事业单位重视，并普遍出现未设置统一归口管理部门、合同由各部门分散管理、无合同管理信息系统等问题，造成财务部门无法掌握单位全部合同情况。在收付实现制基础下，会计核算以资金的收付为基础；而在权责发生制基础下，由于缺乏经济合同的必要信息，单位财务人员"巧妇难为无米之炊"，无法准确确认和计量收入、支出以及应收、应付往来款项情况。

从以上例子可以看出，在原有会计制度体系下的一些好像运转还比较"顺畅""便捷"或者大家已经习惯的业务流程，在现有的政府会计制度体系下则会显得"走不通""转不动"。财务信息流和业务信息流是相伴相生的同步关系，不可能割裂业务信息流而只强调财务信息流的改变。特别是在业财融合的大趋势下，财务信息的改变势必会影响到业务信息的改变，进而导致业务流程的改变。只有通过对前端业务流程的梳理，才能产生新制度框架体系下所要求的财务信息。否则，如果只是变革会计管理体系，那么政府会计将会是"无米之炊""无本之木"。

倒逼单位内部治理水平的提升

党的十八大以来，社会治理取代社会管理正式成为我国社会建设的关键词。党的十九大报告中更是将"加强和创新社会治理，维护社会和谐稳定"作为新时代中国特色社会主义思想的重要内容，而且对"打造共建共治共享的社会治理格局"做出新的部署。提升行政事业单位内部治理水平，成为现阶段的主要工作目标。对比原有的预算会计制度体系，政府会计制度体系更能全面反映单位的财务情况。在一定程度上，单位财务情况是内部治理水平的客观反映。内部治理水平的低下、日常运转的低效，直接体现在单位较高的成本费用以及较差的绩效评价级别上。政府会计改革的实施，则可以倒逼单位内部治理水平的提升。

财务数据来自上游业务系统，政府会计改革的成败取决于从上至下单位内部管理理念、模式和流程的转变，从业务前端带动财务的转变。如果仅仅依靠财务人员从核算末端影响业务前端，则政府会计改革的过程将充满困难。事实上，政府会计制度的具体核算规则可以嵌入会计核算信息系统。在人工智能快速发展的今天，具体的会计核算分录甚至可以通过信息系统自动生成。作为财务人员，需要掌握的不仅是政府会计制度本身，还包括在政府会计改革背景下，如何在行政事业单位的管理中运用管理会计，如何在行政事业单位的发展中充分发挥财务的作用。

资料来源：黄亮，"政府会计改革到底'改'哪里？"，《中国会计报》，2018年06月01日。

思考并讨论：

1. 何谓政府会计？
2. 政府会计改革的动因是什么？
3. 财务人员应如何投身于政府会计改革中？

第一节　政府与非营利组织会计对象、目标及基础

一、政府与非营利组织会计的对象

会计对象是指会计确认、计量和报告的内容。政府与非营利组织会计的一般对象是各级政府、行政单位、事业单位和民间非营利组织的资金运动过程及其结果。这里的资金运动一般是指国家的预算资金运动，同时也指单位的业务资金运动。具体来讲，财政总预算会计对象是在总预算执行过程中各级预算资金集中、分配及其结果的预算资金运动过程；行政单位会计对象是单位预算资金的领拨、使用及其结果的资金运动过程；事业单位会计对象是单位预算资金的领拨、使用及其结果的资金运动过程，也有从事生产经营活动的事业单位收入的取得、成本费用的发生和结余的形成等资金运动过程；民间非营利组织会计对象是民间非营利组织的经济活动过程及其结果。

二、政府与非营利组织会计的目标

政府与非营利组织会计的目标就是政府与非营利组织会计最终期望达到的效果，它主要涉及政府与非营利组织会计信息使用者及其信息需求，以及政府与非营利组织会计应当提供哪些信息以满足信息使用者及其信息需求等方面。

（一）政府会计信息使用者及其信息需求

政府会计信息使用者包括人民代表大会、政府及其有关部门和其他会计信息使用者。具体包括：

1. 立法机关和政府审计机关

人民代表大会（立法机关）需要依据政府相关部门所提供的财务信息来实现监督职能，并对政府使用和支配公共财务资源的效率和效果进行评价，以判断政府的工作业绩。政府审计机关需要运用政府会计信息对政府会计主体的绩效进行再确认，以促进权力的规范、有效运行。

2. 主管部门和内部管理者

按照《中华人民共和国预算法》及其实施条例的有关规定，各级政府应当监督下级政府的预算执行，对下级政府在预算执行过程中违反纪律、行政法规及国家方针政策的行为依法予以制止和纠正。

3. 投资者和债权人

投资者和债权人（财务资源提供者）需要利用政府与非营利组织会计信息及相关信息来做出是否与政府和非营利组织继续合作的经济决策。

4. 投资评估机构

投资评估机构作为政府与非营利组织财务报告的使用者是实现社会资源最优配置的客观要求。

5. 社会公众（包括媒体）

对于社会公众来讲，依法纳税是其应尽的义务，同时也享有知情权，即有权利知道政府提供公共服务的状况以及政府公共受托责任的履行情况。

6. 外国政府和国际组织

随着经济全球化的迅猛发展，我国与外国政府和国际组织之间的往来不断增多，各级政府正越来越明显地感受到来自这些信息使用者信息需求的压力。

（二）政府会计信息使用者的信息需求分析

政府会计信息使用者对会计信息的需求，主要包括为预算管理服务和为经济与财务管理服务两个方面。

1. 为预算管理服务

政府的财务资源来源于社会，应纳入财政预算管理。政府会计应当为预算管理服务，编制以收付实现制为基础的年度决算报告，向决算报告使用者提供与预算执行情况有关的信息，反映政府会计主体预算收支的年度执行结果。

2. 为经济与财务管理服务

政府会计主体应当加强单位的经济与财务管理，合理配置公共财务资源，进行绩效评价，披露公共受托责任的履行情况。政府会计应当为经济与财务管理服务，编制以权责发生制为基础的财务报告，向财务报告使用者提供与政府财务状况、运行情况和现金流量等有关的信息，反映政府偿债能力和受托责任履行情况。

（三）政府会计的目标

政府会计是包括政府预算会计和政府财务会计的"双系统"，所以政府会计的目标应当是"双目标"：政府预算会计侧重为预算管理服务，通过编制决算报告提供与预算执行情况有关的信息；政府财务会计侧重为政府经济与财务管理服务，通过编制财务报告反映与政府财务状况、运行情况和现金流量等有关的信息。

1. 政府决算报告目标

政府决算报告目标是向决算报告使用者提供与预算执行情况有关的信息，反映政府预算收支的年度执行结果，有助于决算报告使用者进行监督和管理，并为编制后续年度预算提供参考和依据。

2. 政府财务报告目标

政府财务报告目标是向财务报告使用者提供与政府财务状况、运行情况和现金流量等有关的信息，反映政府偿债能力和受托责任履行情况，有助于财务报告使用者做出决策或进行监督和管理。

（四）民间非营利组织会计的目标

民间非营利组织会计的目标是向会计信息使用者提供民间非营利组织的财务状况、业务活动情况和现金流量等信息。民间非营利组织会计信息的使用者包括捐赠人、会员、监管者等。

三、政府与非营利组织会计的基础

会计基础是指在确认和计量一定会计期间收入和支出时所选择的处理原则和标准。其目的是对收入和支出进行合理配比,进而作为确认当期损益的依据。运用的会计基础不同,会计处理出现的结果也不同。

会计基础有四种:第一种为收付实现制,或称现金制;第二种为权责发生制,或称应计制;第三种为修正收付实现制;第四种为修正权责发生制。

收付实现制是以本期款项的实际收付为确定本期收入和费用的基础,不论款项是否属于本期,只要在本期实际发生,即作为本期的收入和费用。权责发生制则是以应收、应付为确定本期收入和费用的基础,凡属于本期的收入和费用,不论其是否发生,均要计入本期;凡不属于本期的收入和费用,尽管发生了,也不计入本期。收付实现制和权责发生制的基础是对收入和费用而言的,都是会计核算中确定本期收入和费用的会计处理方法,但是收付实现制的基础强调款项的收付,权责发生制的基础强调应计的收入和为取得收入而发生的费用相配合。

为了更好地帮助各国政府改进其会计与报告系统,提高财务信息的可比性,国际货币基金组织在1998年发布的《政府财务报告指南》中,鉴别了四种可应用于公共部门的会计基础,即除了传统的两种基础,还增加了修正收付实现制和修正权责发生制两种。"修正"实际上就是对资产和负债的计量范围进行调整。

修正收付实现制是收付实现制的一种变体,即以某种方式对某些交易和事项采用非收付实现制确认与报告。通常有两种模式:一种模式是在年度结束后的延长期内(通常为30天左右),财务保持未结账状态。在这种模式下,在规定的延长期内,上一会计期间的交易所产生的在本会计期间的现金收付,仍然确认为上一会计期间的现金收付。其目的是克服一些可以察觉的、在收付实现制下遇到的由于时间选择而引起的现金流量差异的问题。但是,这种模式对发生在延长期以外的类似事项,则不确认为上一会计期间的现金收付。另一种模式是政府对某些项目提供附加披露信息。这些被披露的信息,一般是在收付实现制下不确认而在权责发生制下确认的会计事项。例如,在延长期内发生的类似现金收付项目,在修正收付实现制中以应收款和应付款的形式单独披露。

修正权责发生制是权责发生制的一种变体,即对权责发生制确认的资产与负债的范围做出一定程度的限制。在实践中,资产与负债范围的合理调整会使得对应计的计量更加准确。修正权责发生制的概念常常是模糊不清的,因为修正可以很温和,以至于它类似于修正收付实现制;也可以很广泛,以至于几乎等同于完全权责发生制。因此,模糊的修正权责发生制可被分成两类:弱形式和次强形式。这会产生更准确的定义,同时使得收入和费用的计量更加精确。

具体到政府与非营利组织会计,除民间非营利组织会计采用单一的权责发生制之外,其余均采用双重的会计基础。

第二节 政府与非营利组织会计基本假设与信息质量要求

一、政府与非营利组织会计的基本假设

政府与非营利组织会计的基本假设是政府与非营利组织会计核算工作必须具备的前提条件。政府与非营利组织会计核算的前提条件包括会计主体、持续运行、会计分期和货币计量。

（一）会计主体

会计主体是指会计工作为其服务的特定组织或单位。对于会计人员来说，首先需要确定会计确认、计量的范围，确定会计主体。

政府与非营利组织会计主体包括中央政府与地方各级政府、各级行政单位、各类事业单位以及各种民间非营利组织。

（二）持续运行

持续运行是指政府与非营利组织会计主体的经济业务活动将无限期地延续下去。它要求会计人员以单位持续、正常的经济业务活动为前提进行会计核算。

（三）会计分期

会计分期是指把会计主体持续不断的运营过程划分为较短的相对等距的会计期间。政府与非营利组织会计期间至少分为年度和月度。

（四）货币计量

货币计量是指会计主体在会计核算过程中应采用货币作为计量单位记录、反映会计主体的运营情况。政府与非营利组织会计以人民币为记账本位币，发生外币业务时，应将有关外币金额折算为人民币计量。

二、政府与非营利组织会计的信息质量要求

（一）真实性

政府与非营利组织会计主体应当以实际发生的经济业务或者事项为依据进行会计核算，如实反映各项会计要素的情况和结果，保证会计信息真实可靠。

（二）全面性

政府与非营利组织会计主体应当将发生的各项经济业务或者事项统一纳入会计核算，确保会计信息能够全面反映政府与非营利组织会计主体预算执行情况和财务状况、运行情况、现金流量等。

（三）相关性

政府与非营利组织会计主体提供的会计信息，应当与反映政府与非营利组织会计主体公共受托责任履行情况以及信息使用者决策或者监督、管理的需要有关，有助于报告使用者对政府与非营利组织会计主体过去、现在或者未来的情况做出评价或者预测。

（四）及时性

政府与非营利组织会计主体对已经发生的经济业务或者事项,应当及时进行会计核算,不得提前或者延后。

（五）可比性

政府与非营利组织会计主体提供的会计信息应当具有可比性。同一政府与非营利组织会计主体不同时期发生的相同或相似的经济业务或者事项,应当采用一致的会计政策,不得随意变更。确需变更的,应当将变更的内容、理由及其影响在附注中予以说明。不同政府与非营利组织会计主体发生的相同或相似的经济业务或者事项,应当采用一致的会计政策,确保政府会计信息口径一致,相互可比。

（六）明晰性

政府与非营利组织会计主体提供的会计信息应当清晰明了,便于信息使用者理解和使用。

（七）实质重于形式

政府与非营利组织会计主体应当按照经济业务或者事项的经济实质进行会计核算,不限于以经济业务或者事项的法律形式为依据。

第三节　政府与非营利组织会计要素与恒等式

一、政府与非营利组织会计要素

会计要素就是会计对象的构成要素,是对会计对象的基本分类。会计对象的内容多种多样,为了对有关核算内容进行确认、计量和报告,就需要对会计对象做一基本的分类。把会计对象分解成若干基本的要素,就形成了会计要素。由于会计要素是构成会计报表结构的基础,它又被称作会计报表要素。

（一）政府会计要素

1. 政府预算会计要素

政府预算会计要素包括预算收入、预算支出与预算结余。

（1）预算收入。预算收入是政府会计主体在预算年度内依法取得的并纳入预算管理的现金流入,一般在实际收到时按实际收到的金额予以确认。

（2）预算支出。预算支出是政府会计主体在预算年度内依法发生并纳入预算管理的现金流出,一般在实际支付时按实际支付的金额予以确认。

（3）预算结余。预算结余是指预算收入扣除预算支出后的余额。

2. 政府财务会计要素

政府财务会计要素包括资产、负债、净资产、收入和费用。

（1）资产。资产是指政府会计主体过去的经济业务或者事项形成的,由政府会计主体控制的,预期能够产生服务潜力或者带来经济利益流入的经济资源。服务潜力是指政府会计主体利用资产提供公共产品和服务以履行政府职能的潜在能力。经济利益流入表现为现金及现金等价物的流入,或者现金及现金等价物流出的减少。政府会计主体的资产按照流动性,分为流动资产和非流动资产。流动资产是指预计在1年内(含1年)耗用或者可以变现的资产,包括货币资金、短期投资、应收及预付款项、存货等。非流动资产是指流动资产以外的资产,包括固定资产、在建工程、无形资产、长期投资、公共基础设施、政府储备物资、文物文化资产、保障性住房和自然资源资产等。符合资产定义的经济资源,在同时满足以下条件时,确认为资产:①与该经济资源相关的服务潜力很可能实现或者经济利益很可能流入政府会计主体;②该经济资源的成本或者价值能够可靠地计量。资产的计量属性主要包括历史成本、重置成本、现值、公允价值和名义金额。在历史成本计量下,资产按照取得时支付的现金金额或者支付对价的公允价值计量;在重置成本计量下,资产按照现在购买相同或者相似资产所需支付的现金金额计量;在现值计量下,资产按照预计从其持续使用和最终处置中所产生的未来净现金流入量的折现金额计量;在公允价值计量下,资产按照市场参与者在计量日发生的有序交易中,出售资产所能收到的价格计量;无法采用上述计量属性的,采用名义金额(即人民币1元)计量。政府会计主体在对资产进行计量时,一般应当采用历史成本。采用重置成本、现值、公允价值计量的,应当保证所确定的资产金额能够持续、可靠地计量。符合资产定义和资产确认条件的项目,应当列入资产负债表。

(2)负债。负债是指政府会计主体过去的经济业务或者事项形成的,预期会导致经济资源流出政府会计主体的现时义务。现时义务是指政府会计主体在现行条件下已承担的义务。未来发生的经济业务或者事项形成的义务不属于现时义务,不应当确认为负债。政府会计主体的负债按照流动性,分为流动负债和非流动负债。流动负债是指预计在1年内(含1年)偿还的负债,包括应付及预收款项、应付职工薪酬、应缴财政款等。非流动负债是指流动负债以外的负债,包括长期应付款、应付政府债券和政府依法担保形成的债务等。符合负债定义的义务,在同时满足以下条件时,确认为负债:①履行该义务很可能导致含有服务潜力或者经济利益的经济资源流出政府会计主体;②该义务的金额能够可靠地计量。负债的计量属性主要包括历史成本、现值和公允价值。在历史成本计量下,负债按照因承担现时义务而实际支付的款项或资产的金额,或者按照承担现时义务的合同金额,或者按照为偿还负债预期需要支付的现金计量;在现值计量下,负债按照预计期限内需要偿还的未来净现金流出量的折现金额计量;在公允价值计量下,负债按照市场参与者在计量日发生的有序交易中,转移负债所需支付的价格计量。政府会计主体在对负债进行计量时,一般应当采用历史成本。采用现值、公允价值计量的,应当保证所确定的负债金额能够持续、可靠地计量。符合负债定义和负债确认条件的项目,应当列入资产负债表。

(3)净资产。净资产是指政府会计主体资产扣除负债后的净额。净资产金额取决于资产和负债的计量。净资产项目应当列入资产负债表。

(4)收入。收入是指报告期内导致政府会计主体净资产增加的、含有服务潜力或者经济利益的经济资源的流入。收入的确认应当同时满足以下条件:①与收入相关的含有服务潜力或者经济利益的经济资源很可能流入政府会计主体;②含有服务潜力或者经济利益的经济资源流入会导致政府会计主体资产增加或者负债减少；③流入金额能够可靠地计量。符合收入定义和收入确认条件的项目，应当列入收入费用表。

(5) 费用。费用是指报告期内导致政府会计主体净资产减少的、含有服务潜力或者经济利益的经济资源的流出。费用的确认应当同时满足以下条件：①与费用相关的含有服务潜力或者经济利益的经济资源很可能流出政府会计主体；②含有服务潜力或者经济利益的经济资源流出会导致政府会计主体资产减少或者负债增加；③流出金额能够可靠地计量。符合费用定义和费用确认条件的项目，应当列入收入费用表。

(二) 民间非营利组织会计要素

民间非营利组织会计要素由资产、负债、净资产、收入和费用构成。

(1) 资产。民间非营利组织会计的资产是指过去的交易或者事项形成的并由民间非营利组织拥有或者控制的资源，该资源预期会给民间非营利组织带来经济利益或者服务潜力。资产按其划分依据可分为流动资产、长期投资、固定资产、无形资产和受托代理资产等。

(2) 负债。民间非营利组织的负债是指过去的交易或者事项形成的现时义务，履行该义务预期会导致含有经济利益或者服务潜力的资源流出民间非营利组织。负债按其划分依据可分为流动负债、长期负债和受托代理负债等。

(3) 净资产。民间非营利组织会计的净资产是指资产减去负债后的余额。净资产按照其是否受到限制，可分为限定性净资产和非限定性净资产等。

(4) 收入。民间非营利组织会计的收入是指民间非营利组织开展业务活动取得的、导致本期净资产增加的经济利益或者服务潜力的流入。收入按照其来源可分为捐赠收入、会费收入、提供服务收入、政府补助收入、投资收益、商品销售收入等主要业务活动收入和其他收入等。

(5) 费用。民间非营利组织会计的费用是指民间非营利组织为开展业务活动所发生的、导致本期净资产减少的经济利益或者服务潜力的流出。费用按照其功能可分为业务活动成本、管理费用、筹资费用和其他费用等。

二、政府与非营利组织会计等式

会计等式也称会计平衡公式，是表明各会计要素之间基本关系的恒等式。会计对象可概括为资金运动，具体表现为会计要素。每发生一笔经济业务，都是资金运动的一个具体过程，每个资金运动过程都必然涉及相应的会计要素，从而使全部资金运动过程所涉及的会计要素之间存在一定的相互联系，会计要素之间的这种内在关系可以通过数学表达式予以描述。这种表达会计要素之间基本关系的数学表达式就叫会计等式。资产、负债和净资产这三个要素之间的关系可用公式表示为：

$$资产 = 负债 + 净资产 \qquad (2-1)$$

政府和行政事业单位在其经济业务活动过程中，必然会取得一定数额的收入，同时也必然会发生一定数额的支出。收入和支出相抵后的余额为结余。收入、支出和结余之间的关系可用公式表示为：

$$收入 - 支出 = 结余 \qquad (2-2)$$

一定会计期间的结余可以增加净资产,如果收入与支出抵减后的结果是负数,则会产生相反方向的影响。因此,在收入与支出尚未结转的情况下,上述两个公式连接起来可以表示为:

$$资产 = 负债 + 净资产 + (收入 - 支出)$$

这一公式可进一步变形为:

$$资产 + 支出 = 负债 + 净资产 + 收入 \qquad (2-3)$$

上述三个等式中,式(2-1)可理解为静态等式,它反映会计主体在特定时点上资产、负债与净资产之间的恒等关系;式(2-2)和式(2-3)可理解为动态等式,它们反映会计主体在经济业务活动过程中收支结余情况及净资产增值情况。会计等式是会计学中的一个基础理论,也是设置账户、复式记账和编制会计报表的理论依据。

第四节 政府与非营利组织会计科目

一、政府会计科目

政府会计制度中规定的政府会计科目主要有财务会计和预算会计两类科目,共计103个一级会计科目,其中财务会计下资产、负债、净资产、收入和费用五个要素共77个一级科目,预算会计下预算收入、预算支出和预算结余三个要素共26个一级科目。

(一)财务会计科目

序号	科目编号	科目名称
1. 资产类		
1	1001	库存现金
2	1002	银行存款
3	1011	零余额账户用款额度
4	1021	其他货币资金
5	1101	短期投资
6	1201	财政应返还额度
7	1211	应收票据
8	1212	应收账款
9	1214	预付账款
10	1215	应收股利
11	1216	应收利息
12	1218	其他应收款
13	1219	坏账准备
14	1301	在途物品
15	1302	库存物品

(续表)

序号	科目编号	科目名称
16	1303	加工物品
17	1401	待摊费用
18	1501	长期股权投资
19	1502	长期债券投资
20	1601	固定资产
21	1602	固定资产累计折旧
22	1611	工程物资
23	1613	在建工程
24	1701	无形资产
25	1702	无形资产累计摊销
26	1703	研发支出
27	1801	公共基础设施
28	1802	公共基础设施累计折旧(摊销)
29	1811	政府储备物资
30	1821	文物文化资产
31	1831	保障性住房
32	1832	保障性住房累计折旧
33	1891	受托代理资产
34	1901	长期待摊费用
35	1902	待处理财产损溢

2. 负债类

序号	科目编号	科目名称
36	2001	短期借款
37	2101	应交增值税
38	2102	其他应交税费
39	2103	应缴财政款
40	2201	应付职工薪酬
41	2301	应付票据
42	2302	应付账款
43	2303	应付政府补贴款
44	2304	应付利息
45	2305	预收账款
46	2307	其他应付款
47	2401	预提费用

(续表)

序号	科目编号	科目名称
48	2501	长期借款
49	2502	长期应付款
50	2601	预计负债
51	2901	受托代理负债

3. 净资产类

序号	科目编号	科目名称
52	3001	累计盈余
53	3101	专用基金
54	3201	权益法调整
55	3301	本期盈余
56	3302	本年盈余分配
57	3401	无偿调拨净资产
58	3501	以前年度盈余调整

4. 收入类

序号	科目编号	科目名称
59	4001	财政拨款收入
60	4101	事业收入
61	4201	上级补助收入
62	4301	附属单位上缴收入
63	4401	经营收入
64	4601	非同级财政拨款收入
65	4602	投资收益
66	4603	捐赠收入
67	4604	利息收入
68	4605	租金收入
69	4609	其他收入

5. 费用类

序号	科目编号	科目名称
70	5001	业务活动费用
71	5101	单位管理费用
72	5201	经营费用
73	5301	资产处置费用
74	5401	上缴上级费用
75	5501	对附属单位补助费用
76	5801	所得税费用
77	5901	其他费用

（二）预算会计科目

序号	科目编号	科目名称
1. 预算收入类		
1	6001	财政拨款预算收入
2	6101	事业预算收入
3	6201	上级补助预算收入
4	6301	附属单位上缴预算收入
5	6401	经营预算收入
6	6501	债务预算收入
7	6601	非同级财政拨款预算收入
8	6602	投资预算收益
9	6609	其他预算收入
2. 预算支出类		
10	7101	行政支出
11	7201	事业支出
12	7301	经营支出
13	7401	上缴上级支出
14	7501	对附属单位补助支出
15	7601	投资支出
16	7701	债务还本支出
17	7901	其他支出
3. 预算结余类		
18	8001	资金结存
19	8101	财政拨款结转
20	8102	财政拨款结余
21	8201	非财政拨款结转
22	8202	非财政拨款结余
23	8301	专用结余
24	8401	经营结余
25	8501	其他结余
26	8701	非财政拨款结余分配

二、民间非营利组织会计科目

在民间非营利组织会计科目设立的问题上，应执行《民间非营利组织会计制度》，其有点近似事业单位会计制度，与企业会计准则略有区别。民间非营利组织会计科目按其归属的会计要素不同,分为资产类、负债类、净资产类、收入类、费用类五大类项目。

序号	科目编号	科目名称
1. 资产类		
1	1001	现金
2	1002	银行存款
3	1009	其他货币资金
4	1101	短期投资
5	1102	短期投资跌价准备
6	1111	应收票据
7	1121	应收账款
8	1122	其他应收款
9	1131	坏账准备
10	1141	预付账款
11	1201	存货
12	1202	存货跌价准备
13	1301	待摊费用
14	1401	长期股权投资
15	1402	长期债权投资
16	1421	长期投资减值准备
17	1501	固定资产
18	1502	累计折旧
19	1505	在建工程
20	1506	文物文化资产
21	1509	固定资产清理
22	1601	无形资产
23	1701	受托代理资产
2. 负债类		
24	2101	短期借款
25	2201	应付票据
26	2202	应付账款
27	2203	预收账款
28	2204	应付工资
29	2206	应交税金
30	2209	其他应付款
31	2301	预提费用

(续表)

序号	科目编号	科目名称
32	2401	预计负债
33	2501	长期借款
34	2502	长期应付款
35	2601	受托代理负债

3. 净资产类

36	3101	非限定性净资产
37	3102	限定性净资产

4. 收入费用类

38	4101	捐赠收入
39	4201	会费收入
40	4301	提供服务收入
41	4401	政府补助收入
42	4501	商品销售收入
43	4601	投资收益
44	4901	其他收入
45	5101	业务活动成本
46	5201	管理费用
47	5301	筹资费用
48	5401	其他费用

思考题

1. 简述政府与非营利组织会计的对象。
2. 简述政府与非营利组织会计的目标。
3. 简述收付实现制和权责发生制两种会计基础的区别。
4. 简述政府会计等式。
5. 简述非营利组织会计等式。

第二篇 政府会计

第三章　资产会计

> **引导案例**
>
> ### 长江隧道巧破资金之困　财政性资金牵来 30 亿项目
>
> 　　以政府先期投入的 300 万元财政性启动资金为"引子"，通过灵活的市场机制，为长江隧道这一重大基础设施项目引进全部 30 亿元的建设资金。以政府投资项目法人招标破解基础设施"资金之困"，南京市的做法在国内首开先河。在有关会议上，南京市发改委负责人介绍了这一成功做法。像南京长江隧道这样的重大工程，走出财政"掏腰包"投资建设的老路，既是逼出来的，更是改出来的。有人形象地称，"政府投资项目法人招标"好比政府投资体制改革的一个关键按钮。这个"钮"启动了，大工程所需的资金就不愁了，因为资金来源不是政府的口袋，而是巨大的市场。
>
> 　　改革更有其政策背景。《国务院关于投资体制改革的决定》（以下简称《决定》）明确规定：政府在确定建设规划后，可向社会公开招标选定项目业主。南京市在全国率先推出的改革举措，使长江隧道项目成为《决定》实施后第一个通过国家发改委批准的城市基础设施项目。
>
> 　　被誉为"长江第一隧"的南京长江隧道工程设计长度 5 724 米，其中隧道建筑长度 3 825 米，项目总投资 30 亿元。类似的大型基础设施项目实行项目法人招标，在国内没有先例可循。根据市政府授权，南京市发改委具体开展工程项目法人招标工作，结合工程的预可行性等研究，聘请了 6 位院士、35 名国内知名专家作为智库。隧道工程向全国发出公开招标信息后，10 余家有实力的单位前来竞争。在众多投标者中最终选择谁，南京市发改委把选择权完全交给专家。在公开、公正的较量后，综合实力最强的中国铁道建筑集团总公司一举"夺魁"。
>
> 　　招标的成功效应可谓"一石数鸟"。南京市在工程上先期投入的 300 万元财政性启动资金，在项目法人招标完成后悉数归还市财政，前所未有地实现了财政性资金在城市重大基础设施项目上的"零投入"。同时，招标也改变了传统模式中政府机构过多地直接参与项目建设实施的情况，使政府从经营性基础设施项目直接投资者和建设管理者转变为投资与建设的"裁判员"。
>
> 　　接下来的动作更是顺利地"按章行事"。根据招标文件，中标单位的法人代表出任项目公司的法人代表，2005 年元月组建了南京长江隧道有限责任公司。作为"游戏规则"的制定者，南京市要求，中标单位必须按照招投标法规定，对隧道工程的勘探、设计、

设备采购、监理等进行招标,并对政府和企业双方的责、权、利做了明确规定,涵盖了投资、建设、运营、管理和移交等各方面内容,项目公司在政府依法授予的30年特许经营期内,负责隧道的运营、维护,期满后无偿移交政府。

此后,工程建设按照规定的时间节点顺利推进。2005年3月工程奠基,9月开工建设……到2007年上半年,盾构机开始掘进;2009年年底,工程建成通车。

长江隧道工程项目法人招标的做法,在省科技厅评选的2005年"科技创新成果奖"中榜上有名。业内人士认为:这一做法创新了经营性基础设施项目投融资体制,具有积极意义;通过开放市场引入竞争,吸引了有实力的多元化经济实体参与城市重大基础设施项目的竞争和建设,扩大了城市基础设施建设的资金来源;同时,提高了政府投资项目的效率和效益,形成了"政府主导、市场运作、社会参与"的新型经营性基础设施项目投资运作模式。体制一新,满盘皆活。

资料来源:http://news.sina.com.cn/c/2006-03-16/09268454332s.shtml(访问时间:2019年7月20日,有删改)。

思考并讨论:

1. 财政性收入该如何纳入政府会计系统?
2. 在该案例中,政府应如何对该事项进行确认和计量?
3. 政府会计中的资产包括哪些内容?

第一节 货币资金与短期投资

一、货币资金

政府会计主体的资产是指其占有或使用的,能以货币计量的经济资源。所谓占有,是指政府会计主体对该经济资源拥有法律上的占有权。由政府会计主体直接支配,供社会公众使用的政府储备物资、公共基础设施等,也属于政府会计主体的资产。

政府会计主体的资产包括流动资产和非流动资产。流动资产是指可以在1年内(含1年)变现或耗用的资产,包括货币资金、财政应返还额度、应收及预付款项、存货等。非流动资产是指除流动资产以外的其他资产,包括固定资产、无形资产、受托代理资产等。政府会计主体对符合资产定义的经济资源,应当在取得对其相关的权利并且能够可靠地进行货币计量时确认,并将确认的资产项目列入资产负债表。政府会计主体的资产应按照取得时的实际成本进行计量。除国家另有规定外,政府会计主体不得自行调整资产账面价值。

政府会计主体应建立健全单位资产管理制度,加强和规范资产配置、使用和处置,维护资产的安全完整。行政单位不得以任何形式占有、使用国有资产对外投资或举办经济实体。对于未与政府会计主体脱钩的经济实体,政府会计主体应按照有关规定进行监管。除法律、行政法规另有规定外,政府会计主体不得举借债务,不得对外提供担保;未经同级财政部门批准,不得将占有、使用的国有资产对外出租、出借。政府会计主体处置资产应遵循公开、公平、公正的原则,依法进行评估,严格履行相关审批程序。

政府会计主体的货币资金是指政府会计主体以货币资金形态存在的资产,包括库存现金、银行存款、零余额账户用款额度等。政府会计主体应当按照有关规定,做好货币资金的财务管理和会计核算工作。

(一)库存现金

库存现金是指存放在政府会计主体会计部门的现金,主要用于政府会计主体日常零星开支。为核算和监督政府会计主体库存现金的收支及结存情况,政府会计主体应设置"库存现金"会计科目。该科目属于资产类科目,借方记录政府会计主体库存现金的增加数,贷方记录政府会计主体库存现金的减少数;期末余额在借方,反映政府会计主体实际持有的库存现金数。政府会计主体应设置现金日记账,由出纳人员根据收付款凭证,按照业务发生顺序逐笔登记。每日终了,应计算当日的现金收入合计数、现金支出合计数和结余数,并将结余数与实际库存数核对,做到账款相符。政府会计主体有外币现金的,应分别按照人民币、外币种类设置现金日记账,进行明细核算。

政府会计主体关于库存现金的主要账务处理如下:

(1)从银行等金融机构提取现金,按照实际提取的金额,借记"库存现金"科目,贷记"银行存款""零余额账户用款额度"等科目;将现金存入银行等金融机构,借记"银行存款"科目,贷记"库存现金"科目;将现金退回单位零余额账户,借记"零余额账户用款额度"科目,贷记"库存现金"科目。

(2)支付内部职工差旅费等,按照支出凭证所记载的金额,借记"其他应收款"科目,贷记"库存现金"科目;出差人员报销差旅费时,按照应报销的金额,借记有关科目,按照实际借出的现金金额,贷记"其他应收款"科目,按照其差额,借记或贷记"库存现金"科目。

(3)因开展业务或其他事项收到现金,借记"库存现金"科目,贷记有关科目;因购买服务、商品或者其他事项支出现金,借记有关科目,贷记"库存现金"科目。

(4)收到受托代理的现金时,借记"库存现金"科目,贷记"受托代理负债"科目;支付受托代理的现金时,借记"受托代理负债"科目,贷记"库存现金"科目。

(5)每日终了结算现金收支,核对库存现金时若发现有待查明原因的现金短缺或溢余,则应通过"待处理财产损溢"科目核算。属于现金短缺的,应按照实际短缺的金额,借记"待处理财产损溢"科目,贷记"库存现金"科目;属于现金溢余的,应按照实际溢余的金额,借记"库存现金"科目,贷记"待处理财产损溢"科目。待查明原因后做如下处理:若为现金短缺,属于应由责任人赔偿或向有关人员追回的部分,借记"其他应收款"科目,贷记"待处理财产损溢"科目;属于无法查明原因的,列为经费支出。若为现金溢余,属于应支付给有关人员或单位的,借记"待处理财产损溢"科目,贷记"其他应付款"科目;属于无法查明原因的,列为其他收入。

【例3-1】 某事业单位2019年3月发生如下现金收支业务:

(1)3月1日,开出现金支票从银行提取现金1 300元作为备用金,其财务会计分录为:

借:库存现金　　　　　　　　　　　　　　　　　　　　　　1 300
　　　　贷:银行存款　　　　　　　　　　　　　　　　　　　　　　1 300
　（2）3月8日,本单位工作人员王茶云因公出差预支现金600元,其财务会计分录为:
　　借:其他应收款——王茶云　　　　　　　　　　　　　　　　　600
　　　　贷:库存现金　　　　　　　　　　　　　　　　　　　　　　600
　（3）3月11日,用库存现金360元购买办公用品,其财务会计分录为:
　　借:库存物品　　　　　　　　　　　　　　　　　　　　　　　360
　　　　贷:库存现金　　　　　　　　　　　　　　　　　　　　　　360
　同时,应做如下预算会计分录①:
　　借:事业支出　　　　　　　　　　　　　　　　　　　　　　　360
　　　　贷:资金结存——货币资金　　　　　　　　　　　　　　　　360
　（4）3月16日,王茶云报销差旅费420元,退回现金180元,其财务会计分录为:
　　借:业务活动费用　　　　　　　　　　　　　　　　　　　　　420
　　　　库存现金　　　　　　　　　　　　　　　　　　　　　　　180
　　　　贷:其他应收款——王茶云　　　　　　　　　　　　　　　　600
　（5）3月21日,将本日超库存现金740元送交银行,其财务会计分录为:
　　借:银行存款　　　　　　　　　　　　　　　　　　　　　　　740
　　　　贷:库存现金　　　　　　　　　　　　　　　　　　　　　　740
　（6）3月28日,收到贵客公司委托代理货币捐赠60 000元,专用于资助西部某村贫困学生上学,其财务会计分录为:
　　借:库存现金——受托代理资产　　　　　　　　　　　　　　60 000
　　　　贷:受托代理负债　　　　　　　　　　　　　　　　　　　60 000

【例3-2】　某行政单位年末盘点现金,发现短缺200元,应做如下财务会计分录:
　　借:待处理财产损溢　　　　　　　　　　　　　　　　　　　200
　　　　贷:库存现金　　　　　　　　　　　　　　　　　　　　　200
　同时,应做如下预算会计分录:
　　借:其他支出　　　　　　　　　　　　　　　　　　　　　　200
　　　　贷:资金结存——货币资金　　　　　　　　　　　　　　　200

【例3-3】　承上例,如经查明,现金短缺是由出纳人员工作失误造成的,由其个人赔偿,则应做如下财务会计分录:
　　借:其他应收款　　　　　　　　　　　　　　　　　　　　　200
　　　　贷:待处理财产损溢　　　　　　　　　　　　　　　　　　200
　　借:库存现金　　　　　　　　　　　　　　　　　　　　　　200
　　　　贷:其他应收款　　　　　　　　　　　　　　　　　　　　200
　同时,应做如下预算会计分录:

---

①　本书政府会计部分例题中,有关业务只要需做财务会计分录和预算会计分录,就会同时列示。

借:资金结存——货币资金 200
　　贷:其他支出 200

(二) 银行存款

银行存款是指政府会计主体存入银行及其他金融机构的各种款项,包括人民币存款和外币存款两种。行政单位应严格按照国家有关支付结算办法的规定办理银行存款收支业务,并按照《政府会计制度》的规定核算银行存款收支业务。为核算和监督政府会计主体存入银行或其他金融机构的各种款项,政府会计主体应设置"银行存款"会计科目。该科目属于资产类科目,借方记录政府会计主体银行存款的增加数,贷方记录政府会计主体银行存款的减少数;期末余额在借方,反映政府会计主体实际存放在银行或其他金融机构的款项。

政府会计主体应按开户银行或其他金融机构、存款种类及币种等,分别设置银行存款日记账,由出纳人员根据收付款凭证,按照业务的发生顺序逐笔登记,每日终了应结出余额。银行存款日记账应定期与银行对账单核对,至少每月核对一次。月度终了,行政单位银行存款账面余额与银行对账单余额之间如有差额,则必须逐笔查明原因并进行处理,按月编制银行存款余额调节表。

政府会计主体关于银行存款的主要账务处理如下:

(1) 将款项存入银行或其他金融机构时,借记"银行存款"科目,贷记"库存现金""其他收入"等有关科目。

(2) 提取和支出存款时,借记"业务活动费用""单位管理费用""其他费用"等相关科目,贷记"银行存款"科目。

(3) 收到银行存款利息时,借记"银行存款"科目,贷记"利息收入"等科目。

(4) 收到受托代理、代管的银行存款时,借记"银行存款——受托代理资产"科目,贷记"受托代理负债"科目;支付受托代理的银行存款时,借记"受托代理负债"科目,贷记"银行存款——受托代理资产"科目。

【例3-4】 某行政单位2019年4月3日收到基本户银行第一季度结息的单据,金额为256元,应做如下财务会计分录:

借:银行存款 256
　　贷:利息收入 256

同时,应做如下预算会计分录:

借:资金结存 256
　　贷:其他预算收入 256

【例3-5】 某行政单位2019年4月15日支付账户管理费200元,应做如下财务会计分录:

借:业务活动费用 200
　　贷:银行存款 200

同时,应做如下预算会计分录:

借:行政支出 200
　　贷:资金结存——货币资金 200

【例3-6】 2019年4月17日某行政单位银行存款基本户收到A单位转赠贫困地区的捐款80 000元,应做如下财务会计分录:

借:银行存款——受托代理资产　　　　　　　　　　80 000
　　贷:受托代理负债　　　　　　　　　　　　　　　　　80 000

此业务无须做预算会计分录。

【例3-7】 上例中的行政单位将A单位转赠贫困地区的捐款80 000元通过银行汇往贫困地区,应做如下财务会计分录:

借:受托代理负债　　　　　　　　　　　　　　　　80 000
　　贷:银行存款——受托代理资产　　　　　　　　　　80 000

此业务无须做预算会计分录。

政府会计主体发生外币业务的,应按照业务发生当日或当期期初的即期汇率,将外币金额折算为人民币金额记账,并登记外币金额和汇率;期末,各种外币账户的期末余额,应按照期末的即期汇率折算为人民币,作为外币账户期末人民币余额,调整后的各种外币账户人民币余额与原账面人民币余额的差额,作为汇兑损益计入当期费用。以外币购买物资、劳务等,按照购入当日或当期期初的即期汇率将支付的外币或应支付的外币折算为人民币金额,借记有关科目,贷记"银行存款""应付账款"等科目的外币账户;以外币收取相关款项等,按照收入确认当日或当期期初的即期汇率将收取的外币或应收取的外币折算为人民币金额,借记"银行存款""应收账款"等科目的外币账户,贷记有关科目;期末,将各外币账户按期末汇率调整后的人民币余额与原账面人民币余额的差额作为汇兑损益,借记或贷记"银行存款""应收账款""应付账款"等科目,贷记或借记"业务活动费用""单位管理费用"等科目。

【例3-8】 某事业单位购买实验用原材料,银行基本户支付50 000美元。当日美元对人民币的汇率为:1美元=8.3人民币,应做如下财务会计分录:

借:库存物品　　　　　　　　　　　　　　　　　415 000
　　贷:银行存款——美元户　　　　　　　　　　　　　415 000

同时,应做如下预算会计分录:

借:事业支出　　　　　　　　　　　　　　　　　415 000
　　贷:资金结存——货币资金　　　　　　　　　　　　415 000

【例3-9】 月末,上例中事业单位的银行存款——美元户账面余额为20 000美元,折合人民币166 000元,月末,美元对人民币的汇率为:1美元=8.5人民币,汇兑损益=20 000×8.5-166 000=4 000元,应做如下财务会计分录:

借:业务活动费用　　　　　　　　　　　　　　　　4 000
　　贷:银行存款——美元户　　　　　　　　　　　　　　4 000

同时,应做如下预算会计分录:

借:事业支出　　　　　　　　　　　　　　　　　　4 000
　　贷:资金结存——货币资金　　　　　　　　　　　　　4 000

(三)零余额账户用款额度

零余额账户用款额度是指你的拨款并未实际拨到你的实户上,而是给你一个用款额度控制数,需要用钱的时候再在国库集中支付系统中申请。比如,支出一笔工资 200 万元,申请后,你才能够从零余额账户开支票转 200 万元的工资,零余额账户上会收入拨款额度 200 万元,同时支付工资 200 万元,余额仍然为零。每次财政拨款时只给你一个总的控制数,你并没有拿到钱,钱实际还在国库的账户上。在国库集中支付制度下,政府会计主体在国库集中支付代理银行开设单位零余额账户,用于收到和支用零余额账户用款额度。财政部门会根据总体预算安排和资金计划,定期向政府会计主体下达财政授权支付额度,政府会计主体可在下达的额度内自行签发授权支付令,通知银行办理资金支付。零余额账户用款额度是预算单位零余额账户的用款额度,具有与人民币相同的支付结算功能。

为核算和监督零余额账户用款额度的收支情况,政府会计主体应设置"零余额账户用款额度"会计科目。该科目属于资产类科目,借方记录政府会计主体财政授权支付额度的取得和年初恢复数,贷方记录政府会计主体财政授权支付额度的使用和年终注销数;期末余额在借方,反映政府会计主体尚未支用的零余额账户用款额度。年度终了注销单位零余额账户用款额度后,本科目应无余额。

政府会计主体关于零余额账户用款额度的主要账务处理如下:

(1)收到"财政授权支付额度到账通知书"时,根据通知书所列数额,借记"零余额账户用款额度"科目,贷记"财政拨款收入"科目。

(2)按规定支用额度时,借记"业务活动费用""单位管理费用"等科目,贷记"零余额账户用款额度"科目。

(3)从零余额账户提取现金时,借记"库存现金"科目,贷记"零余额账户用款额度"科目。

(4)年末,根据代理银行提供的对账单做银行注销额度的相关账务处理,借记"财政应返还额度——财政授权支付"科目,贷记"零余额账户用款额度"科目。如单位本年度财政授权支付预算指标数大于财政授权支付额度下达数,则根据两者间的差额,借记"财政应返还额度——财政授权支付"科目,贷记"财政拨款收入"科目。

(5)下年年初,根据代理银行提供的额度恢复到账通知书做银行恢复额度的相关账务处理,借记"零余额账户用款额度"科目,贷记"财政应返还额度——财政授权支付"科目。单位收到财政部门批复的上年末下达零余额账户用款额度时,借记"零余额账户用款额度"科目,贷记"财政应返还额度——财政授权"支付科目。

【例 3-10】 2019 年 10 月 9 日,某事业单位根据批准的部门预算和用款计划,向同级财政部门申请支付第三季度水费 105 000 元。10 月 18 日,财政部门经审核后,以财政直接支付方式向自来水公司支付了该单位的水费 105 000 元。10 月 23 日,该事业单位收到了"财政直接支付入账通知书"。应做如下财务会计分录:

借:单位管理费用 105 000
　　贷:财政拨款收入 105 000

同时,应做如下预算会计分录:

借:事业支出 105 000
　　贷:财政拨款预算收入 105 000

【例 3-11】 2018 年 12 月 31 日,某行政单位财政直接支付预算指标数与当年财政直接支付实际支出数之间的差额为 100 000 元。2019 年年初,财政部门恢复了该单位的财政直接支付额度。2019 年 1 月 15 日,该单位以财政直接支付方式购买一批办公用物资(属于上年预算指标数),支付给供应商 50 000 元价款。

(1) 2018 年 12 月 31 日,补记指标,应做如下财务会计分录:

借:财政应返还额度——财政直接支付　　　　　　　　100 000
　　贷:财政拨款收入　　　　　　　　　　　　　　　　　　100 000

同时,应做如下预算会计分录:

借:资金结存——财政应返还额度　　　　　　　　　　100 000
　　贷:财政拨款预算收入　　　　　　　　　　　　　　　　100 000

(2) 2019 年 1 月 15 日,使用上年预算指标购买办公用品,应做如下财务会计分录:

借:库存物品　　　　　　　　　　　　　　　　　　　　50 000
　　贷:财政应返还额度——财政直接支付　　　　　　　　　50 000

同时,应做如下预算会计分录:

借:行政支出　　　　　　　　　　　　　　　　　　　　50 000
　　贷:资金结存——财政应返还额度　　　　　　　　　　　50 000

【例 3-12】 2019 年 3 月,某科研所根据经过批准的部门预算和用款计划,向同级财政部门申请财政授权支付用款额度 180 000 元。4 月 6 日,财政部门经审核后,以财政授权支付方式下达了 170 000 元用款额度。4 月 8 日,该科研所收到了代理银行转来的"财政授权支付额度到账通知书",应做如下财务会计分录:

借:零余额账户用款额度　　　　　　　　　　　　　　170 000
　　贷:财政拨款收入　　　　　　　　　　　　　　　　　　170 000

同时,应做如下预算会计分录:

借:资金结存——零余额账户用款额度　　　　　　　　170 000
　　贷:财政拨款预算收入　　　　　　　　　　　　　　　　170 000

【例 3-13】 2018 年 12 月 31 日,某事业单位经与代理银行提供的对账单核对无误后,将 150 000 元零余额账户用款额度予以注销;另外,本年度财政授权支付预算指标数大于财政授权支付额度下达数,未下达的用款额度为 200 000 元。2019 年度,该单位收到代理银行提供的额度恢复到账通知书及财政部门批复的上年年末未下达零余额账户用款额度。

(1) 2018 年 12 月 31 日注销额度时,应做如下财务会计分录:

借:财政应返还额度——财政授权支付　　　　　　　　150 000
　　贷:零余额账户用款额度　　　　　　　　　　　　　　　150 000

同时,应做如下预算会计分录:

借:资金结存——财政应返还额度　　　　　　　　　　150 000
　　贷:资金结存——零余额账户用款额度　　　　　　　　　150 000

(2) 2018 年 12 月 31 日补记指标数时,应做如下财务会计分录:

借:财政应返还额度——财政授权支付　　　　　　　　200 000

贷：财政拨款收入　　　　　　　　　　　　　　　　　　　　　　　200 000
　　同时，应做如下预算会计分录：
　　　借：资金结存——财政应返还额度　　　　　　　　　　　　　　　200 000
　　　贷：财政拨款预算收入　　　　　　　　　　　　　　　　　　　　　200 000
（3）2019年度恢复额度时，应做如下财务会计分录：
　　　借：零余额账户用款额度　　　　　　　　　　　　　　　　　　　150 000
　　　贷：财政应返还额度——财政授权支付　　　　　　　　　　　　　150 000
　　同时，应做如下预算会计分录：
　　　借：资金结存——零余额账户用款额度　　　　　　　　　　　　　150 000
　　　贷：资金结存——财政应返还额度　　　　　　　　　　　　　　　150 000
（4）2019年度收到财政部门批复的上年年末未下达零余额账户用款额度时，应做如下财务会计分录：
　　　借：零余额账户用款额度　　　　　　　　　　　　　　　　　　　200 000
　　　贷：财政应返还额度——财政授权支付　　　　　　　　　　　　　200 000
　　同时，应做如下预算会计分录：
　　　借：资金结存——零余额账户用款额度　　　　　　　　　　　　　200 000
　　　贷：资金结存——财政应返还额度　　　　　　　　　　　　　　　200 000

二、短期投资

短期投资是指政府会计主体将暂时多余不用的资金用于购买各种能随时变现的持有时间不超过1年的有价证券以及持有时间不超过1年的其他投资。

（一）短期投资的取得

短期投资在取得时，应当按照实际成本（包括购买价款和相关税费，下同）作为初始投资成本。实际支付价款中包含的已到付息期但尚未领取的利息，应当于收到时冲减短期投资成本。

（二）期间利息的确认与计量

短期投资持有期间的利息，应当于实际收到时确认为投资收益。

（三）短期投资的期末计量

期末，短期投资应当按照账面余额计量。政府会计主体按规定出售或到期收回短期投资时，应当将收到的价款扣除短期投资账面余额和相关税费后的差额计入投资损益。

【例3-14】 某事业单位于2019年2月1日以银行存款购买60 000元的有价证券（其中包括已到付息期但尚未领取的利息6 000元），准备10个月之内出售，应做如下财务会计分录：

（1）2月1日购买债券时：
　　　借：短期投资　　　　　　　　　　　　　　　　　　　　　　　　60 000
　　　贷：银行存款　　　　　　　　　　　　　　　　　　　　　　　　60 000

同时,应做如下预算会计分录:
借:投资支出 60 000
　贷:资金结存——货币资金 60 000
（2）3月1日收到利息存入银行时:
借:银行存款 6 000
　贷:短期投资 6 000
同时,应做如下预算会计分录:
借:资金结存——货币资金 6 000
　贷:投资支出 6 000

【例 3-15】 承上例,该事业单位9月30日收到三季度利息2 000元,应做如下财务会计分录:
借:银行存款 2 000
　贷:投资收益 2 000
同时,应做如下预算会计分录:
借:资金结存——货币资金 2 000
　贷:投资预算收益 2 000

【例 3-16】 承上例,该事业单位10月2日出售该债券,收到70 500元,应做如下财务会计分录:
借:银行存款 70 500
　贷:短期投资 60 000
　　投资收益 10 500
同时,应做如下预算会计分录:
借:资金结存——货币资金 70 500
　贷:投资支出 60 000
　　投资预算收益 10 500

第二节　应收及预付款项与待摊费用

一、应收及预付款项

应收及预付款项是指政府会计主体在日常生产经营过程中发生的各项债权,包括应收款项和预付款项。应收款项包括应收票据、应收账款和其他应收款等;预付款项是指政府会计主体按照合同规定预付的款项,如预付账款。

（一）应收账款的确认与计量

应收账款是指政府会计主体在正常运行过程中,由于销售商品或提供劳务等,而应向购货或接受劳务的单位收取的款项。应收账款的确认与收入的确认标准密切相关。按照收入确认标准,政府会计主体在销售商品时如果同时符合以下四个条件,即确认为收入:①政府会计主体已将商品所有权上的主要风险和报酬转移给买方;②政府会计主体既没有保留通常与所有权相联系的继续管理权,也没有对已售出的商品实施控制;③与交易相关的经济利益能够流入政府会计主体;④相关的收入和成本能够可靠地计量。由于大多数商品的销售在交易发生时就具备了这些条件,因此应收账款应于收入实现时确认。

应收账款的核算是通过"应收账款"科目进行的,该科目属于资产类科目。政府会计主体销售商品或材料等发生应收款项时,借记"应收账款"科目,贷记"经营收入""应交增值税——应交税金(销项税额)"等科目;收回款项时,借记"银行存款"等科目,贷记"应收账款"科目。政府会计主体代购货单位垫付包装费、运杂费时,借记"应收账款"科目,贷记"银行存款"科目;收回代垫费用时,借记"银行存款"等科目,贷记"应收账款"科目。

【例 3-17】 某事业单位 2019 年 2 月 1 日向甲公司销售商品获得收入 60 000 元,增值税税额 9 600 元,为了鼓励对方早日付款,该单位提供的现金折扣条件为"2/10,1/20,n/30",应做如下财务会计分录:

借:应收账款——甲公司　　　　　　　　　　　　　　　69 600
　贷:经营收入　　　　　　　　　　　　　　　　　　　60 000
　　　应交增值税——应交税金(销项税额)　　　　　　　 9 600

【例 3-18】 承上例,该单位 2019 年 2 月 16 日收到款项,应做如下财务会计分录:
现金折扣 = 69 600×1% = 696(元)

借:银行存款　　　　　　　　　　　　　　　　　　　68 904
　经营支出　　　　　　　　　　　　　　　　　　　　　696
　贷:应收账款——甲公司　　　　　　　　　　　　　　69 600

同时,应做如下预算会计分录:

借:资金结存——货币资金　　　　　　　　　　　　　68 904
　贷:经营预算收入　　　　　　　　　　　　　　　　68 904

【例 3-19】 某单位对应收账款的账龄进行分析,发现超过规定年限尚未收回的应收账款余额为 38 000 元。经调查,B 公司因破产所欠房租款 25 000 元已经无法收回,故将无法收回的应收账款余额上报财政部门审核,予以核销。该房租属于需上缴财政的收入,应做如下财务会计分录:

借:应缴财政款　　　　　　　　　　　　　　　　　　25 000
　贷:应收账款——B 公司　　　　　　　　　　　　　25 000

【例 3-20】 承上例,如果该笔应收款项在 2019 年收回 6 000 元,则应做如下财务会计分录:

借:银行存款　　　　　　　　　　　　　　　　　　　6 000
　贷:应缴财政款　　　　　　　　　　　　　　　　　6 000

【例 3-21】 某单位对应收账款的账龄进行分析,发现超过规定年限尚未收回的应收账款余额为 38 000 元。经调查,B 公司因拖欠货款 8 000 元已经无法收回,故将无法收回的应收账款余额上报财政部门审核,予以核销。该货款属于不需上缴财政的收入,应做如下财务会计分录:

借:坏账准备 8 000
  贷:应收账款——B公司 8 000

【例3-22】 承上例,如果该笔应收款项在2019年收回6 000元,则应做如下财务会计分录:

借:应收账款 6 000
  贷:坏账准备 6 000
借:银行存款 6 000
  贷:应收账款 6 000

同时,应做如下预算会计分录:

借:资金结存——货币资金 6 000
  贷:非财政拨款结余 6 000

如果政府会计主体的应收账款改用应收票据结算,则在收到承兑的商业汇票时,借记"应收票据"科目,贷记"应收账款"科目。具体分以下三种情况:

(1)在没有商业折扣的情况下,应收账款应按应收的全部金额入账;
(2)在有商业折扣的情况下,应收账款和销售收入按扣除商业折扣后的金额入账;
(3)在有现金折扣的情况下,采用总价法或净价法核算。

(二)应收票据的确认与计量

为了反映和监督应收票据取得、票款收回等经济业务,政府会计主体应设置"应收票据"科目。该科目的借方登记取得的应收票据的面值和计提的票据利息,贷方登记到期收回的票款或到期前向银行贴现的应收票据的票面余额;期末余额在借方,反映政府会计主体尚未收回且未申请贴现的应收票据的面值和应计利息。"应收票据"科目应按照商业汇票的种类设置明细科目,并设置应收票据备查簿,逐笔登记每张应收票据的种类、号数、签发日期、票面金额、交易合同号、承兑人及背书人的姓名或单位名称、到期日、贴现日、贴现率、贴现净额、收款日期、收款金额等事项。

1. 不带息应收票据

不带息商业汇票的到期价值等于商业汇票的面值。政府会计主体销售商品、产品或提供劳务收到经承兑的商业汇票时,按商业汇票的面值,借记"应收票据"科目,按实现的营业收入,贷记"经营收入"科目,按专用发票上注明的增值税税额,贷记"应交增值税——应交税金(销项税额)"科目;应收票据到期收回时,按票面金额,借记"银行存款"科目,贷记"应收票据"科目。商业承兑汇票到期,承兑人违约拒付或无力支付票款,或者政府会计主体收到银行退回的商业承兑汇票、委托收款凭证、未付票款通知书或拒绝付款证明等时,借记"应收账款"科目,贷记"应收票据"科目。

2. 带息应收票据

政府会计主体收到的带息应收票据,除按上述原则进行核算外,还应于期末按规定计提票据利息,并增加应收票据的账面余额,同时冲减财务费用。到期不能收回的带息应收票据转入"应收账款"科目核算后,期末不再计提利息,其所包含的利息在有关备查簿中进行登记,待实际收到时再冲减收到当期的财务费用。

票据利息的计算公式为：

$$应收票据利息 = 应收票据票面金额 \times 票面利率 \times 期限$$

上式中，利率一般指年利率；期限指出票日至到期日的时间间隔（有效期）。票据的期限，有按日表示和按月表示两种。

票据期限按日表示时，应从出票日起按实际经历天数计算。通常出票日和到期日只能计算其中的一天，即"算头不算尾"或"算尾不算头"。

票据期限按月表示时，应以到期月份中与出票日相同的那一天为到期日，而不论各月份实际日历天数为多少。如果票据出票日为某月份的最后一天，则其到期日应为若干月后的最后一天。如 11 月 30 日签发的、3 个月期限的商业汇票，到期日为下一年 2 月 28 日或 29 日；2 月 28 日签发的、5 个月期限的商业汇票，到期日为 7 月 31 日，以此类推。

【例 3-23】 某事业单位发生以下会计业务：

销售 A 产品一批给甲公司，货已发出，价款 40 000 元，增值税税款 6 400 元（若涉及税率调整，则税款做相应调整，全书同），按合同约定 2 个月后付款，甲公司交给该事业单位 1 张 2 个月到期的商业承兑汇票，面值为 46 400 元。应做如下财务会计分录：

借：应收票据　　　　　　　　　　　　　　　　　　　　　46 400
　　贷：经营收入　　　　　　　　　　　　　　　　　　　　40 000
　　　　应交增值税——应交税金（销项税额）　　　　　　　 6 400

票据在 2 个月后到期，收回款项 46 400 元，存入银行。应做如下财务会计分录：

借：银行存款　　　　　　　　　　　　　　　　　　　　　46 400
　　贷：应收票据　　　　　　　　　　　　　　　　　　　　46 400

同时，应做如下预算会计分录：

借：资金结存——货币资金　　　　　　　　　　　　　　　46 400
　　贷：经营预算收入　　　　　　　　　　　　　　　　　　46 400

【例 3-24】 某事业单位销售 A 产品一批给乙公司，货已发出，价款 40 000 元，增值税税款 6 400 元，按合同约定 90 天后付款，乙公司交给该事业单位 1 张 90 天到期的商业承兑汇票，面值为 46 400 元。该事业单位 60 天后持此票据到银行贴现，贴现率为 12%，无追索权。应做如下财务会计分录：

（1）该事业单位收到票据时：

借：应收票据　　　　　　　　　　　　　　　　　　　　　46 400
　　贷：经营收入　　　　　　　　　　　　　　　　　　　　40 000
　　　　应交增值税——应交税金（销项税额）　　　　　　　 6 400

（2）该事业单位办理贴现时：

贴现息 = 46 400 × 12% × (30/360) = 4 640（元）
扣除贴现息后的净额 = 46 400 - 4 640 = 41 760（元）

借：银行存款　　　　　　　　　　　　　　　　　　　　　41 760
　　经营费用　　　　　　　　　　　　　　　　　　　　　 4 640
　　贷：应收票据　　　　　　　　　　　　　　　　　　　　46 400

同时,应做如下预算会计分录:

借:资金结存——货币资金　　　　　　　　　　　　　　　41 760
　　贷:经营预算收入　　　　　　　　　　　　　　　　　　　41 760

(三) 其他应收款的确认与计量

其他应收款是指政府会计主体除财政应返还额度、应收票据、应收账款、预付账款、应收股利、应收利息以外的其他各项应收及暂付款项,如职工预借的差旅费、已经偿还银行尚未报销的本单位公务卡欠款、拨付给内部有关部门的备用金、应向职工收取的各种垫付款项、支付的可以收回的订金或押金、应收的上级补助和附属单位上缴款项等。

为核算其他应收款业务,政府会计主体应设置"其他应收款"科目,并按照其他应收款的类别以及债务单位(或个人)进行明细核算。

政府会计主体关于其他应收款的账务处理如下:

(1) 发生其他各种应收及暂付款项时,按照实际发生金额,借记"其他应收款"科目,贷记"零余额账户用款额度""银行存款""库存现金""上级补助收入""附属单位上缴收入"等科目。涉及增值税业务的,相关账务处理参见"应交增值税"科目。

(2) 收回其他各种应收及暂付款项时,按照收回的金额,借记"库存现金""银行存款"等科目,贷记"其他应收款"科目。

(3) 单位内部实行备用金制度的,有关部门使用备用金以后应当及时到财务部门报销并补足备用金。财务部门核定并发放备用金时,按照实际发放金额,借记"其他应收款"科目,贷记"库存现金"等科目。

根据报销金额用现金补足备用金定额时,借记"业务活动费用""单位管理费用"等科目,贷记"库存现金"等科目,报销数和拨补数都不再通过本科目核算。

(4) 偿还尚未报销的本单位公务卡欠款时,按照偿还的款项,借记"其他应收款"科目,贷记"零余额账户用款额度""银行存款"等科目;持卡人报销时,按照报销金额,借记"业务活动费用""单位管理费用"等科目,贷记"其他应收款"科目。

(5) 将预付账款账面余额转入其他应收款时,借记"其他应收款"科目,贷记"预付账款"科目。具体说明参见"预付账款"科目。

事业单位应当于每年年末,对其他应收款进行全面检查,如发生不能收回的迹象,应当计提坏账准备。

(1) 对于账龄超过规定年限、确认无法收回的其他应收款,按照规定报经批准后予以核销。按照核销金额,借记"坏账准备"科目,贷记"其他应收款"科目。核销的其他应收款应当在备查簿中保留登记。

(2) 已核销的其他应收款在以后期间又收回的,按照实际收回金额,借记"其他应收款"科目,贷记"坏账准备"科目;同时,借记"银行存款"等科目,贷记"其他应收款"科目。

行政单位应当于每年年末,对其他应收款进行全面检查。对于超过规定年限、确认无法收回的其他应收款,应当按照有关规定报经批准后予以核销。核销的其他应收款应在备查簿中保留登记。

(1) 经批准核销其他应收款时,按照核销金额,借记"资产处置费用"科目,贷记"其他应收款"科目。

(2) 已核销的其他应收款在以后期间又收回的,按照收回金额,借记"银行存款"等科目,贷记"其他收入"科目。

"其他应收款"科目期末借方余额,反映单位尚未收回的其他应收款。

【例3-25】 某行政单位为职工代垫房租和水电费10 000元,之后,该行政单位从应付职工薪酬中扣除代垫款项,应做如下财务会计分录:

代垫房租和水电费时:

借:其他应收款 10 000
　　贷:银行存款 10 000

从应付职工薪酬中扣除代垫款项时:

借:应付职工薪酬 10 000
　　贷:其他应收款 10 000

同时,应做如下预算会计分录:

借:行政支出 10 000
　　贷:资金结存——银行存款 10 000

【例3-26】 某事业单位发生如下经济业务:

(1) 职工王谦借差旅费900元,应做如下财务会计分录:

借:其他应收款——王谦 900
　　贷:库存现金 900

(2) 向单位内部某部门发放定额备用金960元,应做如下财务会计分录:

借:其他应收款——备用金 960
　　贷:库存现金 960

(3) 单位收到保险公司赔款8 000元,应做如下财务会计分录:

借:银行存款 8 000
　　贷:其他应收款 8 000

同时,应做如下预算会计分录:

借:资金结存——货币资金 8 000
　　贷:其他预算收入 8 000

(4) 职工王谦出差回来报账,差旅费820元,交回现金80元,应做如下财务会计分录:

借:库存现金 80
　　业务活动费用 820
　　贷:其他应收款——王谦 900

同时,应做如下预算会计分录:

借:事业支出 820
　　贷:资金结存——库存现金 820

(四) 预付账款的确认与计量

政府会计主体根据购货合同的规定向供货单位预付款项时,借记"预付账款"科目,贷记"银行存款"科目。政府会计主体收到所购货物时,根据有关发票金额,借记"原材料""应交增值税——应交税金(进项税额)"等科目,贷记"预付账款"科目;当预付货款小于采购货物所需支付的款项时,则应将不足部分补付,借记"预付账款"科目,贷记"银行存款"科目;当预付货款大于采购货物所需支付的款项时,则对收回的多余款项,借记"银行存款"科目,贷记"预付账款"科目。

单位的预付账款如有确凿证据表明其不符合预付账款性质,或者因供货单位破产、撤销等已无望再收到所购货物的,则应将原计入预付账款的金额转入其他应收款。应按预计不能收到所购货物的预付账款账面余额,借记"其他应收款——预付账款转入"科目,贷记"预付账款"科目,除转入"其他应收款"科目的预付账款外,其他预付账款不得计提坏账准备。

【例3-27】 某行政单位与某会展中心签订合同,为拟举办的大型会议预订场地。根据合同规定,场地租金共计60 000元,预订时交纳定金20 000元,其余部分在会议结束后支付,单位通过零余额账户予以支付定金,应做如下财务会计分录:

借:预付账款——某会展中心　　　　　　　　　　20 000
　　贷:零余额账户用款额度　　　　　　　　　　　　20 000

同时,应做如下预算会计分录:

借:行政支出　　　　　　　　　　　　　　　　　20 000
　　贷:资金结存——零余额账户用款额度　　　　　　20 000

【例3-28】 上例中,会议结束后,单位通过零余额账户支付差额款40 000元,应做如下财务会计分录:

借:业务活动费用　　　　　　　　　　　　　　　60 000
　　贷:预付账款——某会展中心　　　　　　　　　　20 000
　　　　零余额账户用款额度　　　　　　　　　　　40 000

同时,应做如下预算会计分录:

借:行政支出　　　　　　　　　　　　　　　　　40 000
　　贷:资金结存——零余额账户用款额度　　　　　　40 000

二、待摊费用

(一)待摊费用的含义

待摊费用是指政府会计主体已经支付,但应当由本期和以后各期分别负担的分摊期在1年以内(含1年)的各项费用,如预付航空保险费、预付租金等。

(二)待摊费用的确认与计量

待摊费用应当在其收益期内分期平均摊销。待摊费用的确认与计量包括发生待摊费用和待摊费用摊销两个方面。

(1)发生待摊费用时,按照实际预付的金额,借记"待摊费用"科目,贷记"财政拨款收入""零余额账户用款额度""银行存款"等科目。

(2)按照受益期限分期平均摊销时,按照摊销金额,借记"业务活动费用""单位管理费用""经营费用"等科目,贷记"待摊费用"科目。

【例3-29】 某行政单位使用零余额账户预付1年的办公用房租金1 200 000元,

应做如下财务会计分录：

　　借：待摊费用——办公用房租金　　　　　　　　　　1 200 000
　　　贷：零余额账户用款额度　　　　　　　　　　　　　　　　1 200 000

同时，应做如下预算会计分录：

　　借：行政支出　　　　　　　　　　　　　　　　　　1 200 000
　　　贷：资金结存——零余额账户用款额度　　　　　　　　　　1 200 000

【例 3-30】 承上例，该单位在第 1 个月摊销租赁预付的办公用房租金 100 000 元，应做如下财务会计分录：

　　借：单位管理费用　　　　　　　　　　　　　　　　　100 000
　　　贷：待摊费用——办公用房租金　　　　　　　　　　　　　100 000

该业务无须做预算会计分录。

【例 3-31】 承上例，该单位在第 7 个月时决定将剩余的租金一次性全部转入当期费用，应做如下财务会计分录：

　　借：单位管理费用　　　　　　　　　　　　　　　　　600 000
　　　贷：待摊费用——办公用房租金　　　　　　　　　　　　　600 000

该业务无须做预算会计分录。

第三节　存货

一、存货的含义及其内容

（一）存货的含义

存货是指政府会计主体在开展业务活动及其他活动中为耗用或出售而储存的资产，如材料、产品、包装物和低值易耗品等，以及未达到固定资产标准的用具、装具、动植物等。政府储备物资、收储土地等不属于存货的范围。《政府会计准则——基本准则》第二条明确规定，军队、已纳入企业财务管理体系的单位和执行《民间非营利组织会计制度》的社会团体，不适用本准则。这主要是由于军队的保密性要求比较高，按照一般规定，解放军后勤总部应该按照《中华人民共和国会计法》以及国家的相关会计制度，制定出军队适用的国家会计制度，并报国务院财政部门进行备案。我国持有待售的土地和不动产分别适用无形资产准则及固定资产准则。

（二）存货的内容

政府会计主体存货的具体内容包括在途物品、库存物品和加工物品。

在途物品是指政府会计主体采购材料等物品时货款已付或已开出商业汇票但尚未验收入库的在途中的物品。

库存物品是指政府会计主体在开展业务活动及其他活动中为耗用或出售而储存的各种材料、产品、包装物、低值易耗品，以及达不到固定资产标准的用具、装具、动植物等。已完成的测绘、地质勘查、设计成果等也属于库存物品的范围。

加工物品是指政府会计主体自制或委托外单位加工的各种物品，未完成的测绘、地质勘查、设计成果等也属于加工物品的范围。

二、存货的确认与计量

（一）存货的确认

《政府会计准则第1号——存货》规定,存货同时满足下列条件的,应当予以确认：

(1) 与该存货相关的服务潜力很可能实现或者经济利益很可能流入政府会计主体；

(2) 该存货的成本或者价值能够可靠地计量。

（二）存货的计量

1. 存货的初始计量

我国政府会计现行的存货准则一般是将存货计量分为初始计量以及后续计量两个部分,初始计量采用历史成本的相关属性。《政府会计准则第1号——存货》第三章第五条规定,存货在取得时应当按照成本进行初始计量。政府会计存货准则分别对购入的存货、自行加工的存货、委托加工的存货、通过置换取得的存货、接受捐赠的存货、无偿调入的存货和盘盈的存货进行了明确的规定。其中,政府会计主体购入的存货,其成本包括购买价款、相关税费、运输费、装卸费、保险费以及使得存货达到目前场所和状态所发生的归属于存货成本的其他支出；政府会计主体自行加工的存货,其成本包括耗用的直接材料费用、发生的直接人工费用和按照一定方法分配的与存货加工有关的间接费用；政府会计主体委托加工的存货,其成本包括委托加工前存货的成本、委托加工的成本(如委托加工费及按规定应计入委托加工存货成本的相关税费等)以及使存货达到目前场所和状态所发生的归属于存货成本的其他支出；政府会计主体通过置换取得的存货,其成本按照换出资产的评估价值,加上支付的补价或减去收到的补价,加上为换入存货发生的其他相关支出确定；政府会计主体接受捐赠的存货,其成本按照有关凭据注明的金额加上相关税费、运输费等确定,没有相关凭据可供取得,但按规定经过资产评估的,其成本按照评估价值加上相关税费、运输费等确定；政府会计主体无偿调入的存货,其成本按照调出方账面价值加上相关税费、运输费等确定。

2. 存货的后续计量

《政府会计准则第1号——存货》第四章规定,政府会计主体应当根据实际情况采用先进先出法、加权平均法或者个别计价法确定发出存货的实际成本。计价方法一经确定,不得随意变更。对于性质和用途相似的存货,应当采用相同的成本计价方法确定发出存货的成本。对于不能替代使用的存货、为特定项目专门购入或加工的存货,通常采用个别计价法确定发出存货的成本。对于已发出的存货,应当将其成本结转为当期费用或者计入相关资产成本。按规定报经批准对外捐赠、无偿调出的存货,应当将其账面余额予以转销,对外捐赠、无偿调出中发生的归属于捐出方、调出方的相关费用应当计入当期费用。政府会计主体应当采用一次转销法或者五五摊销法对低值易耗品、包装物进行摊销,将其成本计入当期费用或者相关资产成本。对于发生的存货毁损,应当将存货账面余额转销计入当期费用,并将毁损存货处置收入扣除相关处置税费后的差额按规定做应缴款项处理(差额为净收益时)或计入当期费用(差额为净损失时)。存货盘亏造成的损失,按规定报经批准后应当计入当期费用。

对于发出的存货,我国政府会计存货准则要求将成本结转为当期实际费用或者计入相关资产成本;对于取得的收入,我国政府会计存货准则要求对收入扣除税费的差额按照一定规定将其作为应缴款项进行处理;除此之外,我国政府会计存货准则对现金折扣的处理采用总价法。

(三) 在途物品的确认与计量

"在途物品"科目核算单位采购材料等物品时货款已付或已开出商业汇票但尚未验收入库的在途物品的采购成本。该科目可按供应单位和物品种类进行明细核算。在途物品的确认与计量如下:

(1) 单位购入材料等物品,按照确定的物品采购成本金额,借记"在途物品"科目,按照实际支付的金额,贷记"财政拨款收入""零余额账户用款额度""银行存款"等科目,涉及增值税业务的,相关账务处理参见"应交增值税"科目。

(2) 所购材料等物品到达验收入库,按照确定的库存物品成本金额,借记"库存物品"科目,按照物品采购成本金额,贷记"在途物品"科目,按照使得入库物品达到目前场所和状态所发生的其他支出,贷记"银行存款"等科目。"在途物品"科目期末余额在借方,反映单位在途物品的采购成本。

(四) 库存物品的确认与计量

"库存物品"科目核算单位在开展业务活动及其他活动中为耗用或出售而储存的各种材料、产品、包装物、低值易耗品,以及达不到固定资产标准的用具、装具、动植物等的成本。已完成的测绘、地质勘查、设计成果等的成本,也通过该科目核算。单位随买随用的零星办公用品,可以在购进时直接列作费用,不通过该科目核算。单位控制的政府储备物资,应当通过"政府储备物资"科目核算,不通过该科目核算。单位受托存储保管的物资和受托转赠的物资,应当通过"受托代理资产"科目核算,不通过该科目核算。单位为在建工程购买和使用的材料物资,应当通过"工程物资"科目核算,不通过该科目核算。该科目应当按照库存物品的种类、规格、保管地点等进行明细核算。单位储存的低值易耗品、包装物较多的,可以在"库存物品"科目(低值易耗品、包装物)下按照在库、在用和摊销等进行明细核算。库存物品的确认与计量如下:

1. 库存物品的取得

取得的库存物品,应当按照其取得时的成本入账:

(1) 外购的库存物品验收入库,按照确定的成本,借记"库存物品"科目,贷记"财政拨款收入""零余额账户用款额度""银行存款""应付账款""在途物品"等科目,涉及增值税业务的,相关账务处理参见"应交增值税"科目。

(2) 自制的库存物品加工完成并验收入库,按照确定的成本,借记"库存物品"科目,贷记"加工物品——自制物品"科目。

(3) 委托外单位加工收回的库存物品验收入库,按照确定的成本,借记"库存物品"科目,贷记"加工物品——委托加工物品"等科目。

(4) 接受捐赠的库存物品验收入库,按照确定的成本,借记"库存物品"科目,按照发生的相关税费、运输费等,贷记"银行存款"等科目,按照其差额,贷记"捐赠收入"科目。接受捐赠的库存物品按照名义金额入账的,按照名义金额,借记"库存物品"科目,贷记"捐赠收入"科目;同时,按照发生的相关税费、运输费等,借记"其他费用"科目,贷记"银行存款"等科目。

(5) 无偿调入的库存物品验收入库,按照确定的成本,借记"库存物品"科目,按照发生的相关税费、运输费等,贷记"银行存款"等科目,按照其差额,贷记"无偿调拨净资产"科目。

(6) 置换换入的库存物品验收入库,按照确定的成本,借记"库存物品"科目,按照换出资产的账面余额,贷记相关资产科目(换出资产为固定资产、无形资产的,还应当借记"固定资产累计折旧""无形资产累计摊销"科目,下同),按照置换过程中发生的其他相关支出,贷记"银行存款"等科目,按照借贷方差额,借记"资产处置费用"科目或贷记"其他收入"科目。涉及补价的,分别按以下情况处理:

① 支付补价的,按照确定的成本,借记"库存物品"科目,按照换出资产的账面余额,贷记相关资产科目,按照支付的补价和置换过程中发生的其他相关支出,贷记"银行存款"等科目,按照借贷方差额,借记"资产处置费用"科目或贷记"其他收入"科目。

② 收到补价的,按照确定的成本,借记"库存物品"科目,按照收到的补价,借记"银行存款"等科目,按照换出资产的账面余额,贷记相关资产科目,按照置换过程中发生的其他相关支出,贷记"银行存款"等科目,按照补价扣减其他相关支出后的净收入,贷记"应缴财政款"科目,按照借贷方差额,借记"资产处置费用"科目或贷记"其他收入"科目。

2. 库存物品的发出

发出的库存物品,分别按以下情况处理:

(1) 单位开展业务活动等领用、按照规定自主出售发出或加工发出库存物品,按照领用、出售、加工等发出物品的实际成本,借记"业务活动费用""单位管理费用""经营费用""加工物品"等科目,贷记"库存物品"科目。

采用一次转销法摊销低值易耗品、包装物的,在首次领用时将其账面余额一次性摊销计入有关成本费用,借记有关科目,贷记"库存物品"科目。采用五五摊销法摊销低值易耗品、包装物的,在首次领用时将其账面余额的 50% 摊销计入有关成本费用,借记有关科目,贷记"库存物品"科目;在使用完时将剩余的账面余额摊销计入有关成本费用,借记有关科目,贷记"库存物品"科目。

(2) 经批准对外出售的库存物品(不含可自主出售的库存物品)发出时,按照库存物品的账面余额,借记"资产处置费用"科目,贷记"库存物品"科目;同时,按照收到的价款,借记"银行存款"等科目,按照处置过程中发生的相关费用,贷记"银行存款"等科目,按照其差额,贷记"应缴财政款"科目。

(3) 经批准对外捐赠的库存物品发出时,按照库存物品的账面余额和对外捐赠过程中发生的归属于捐出方的相关费用合计数,借记"资产处置费用"科目,按照库存物品的账面余额,贷记"库存物品"科目,按照对外捐赠过程中发生的归属于捐出方的相关费用,贷记"银行存款"等科目。

（4）经批准无偿调出的库存物品发出时,按照库存物品的账面余额,借记"无偿调拨净资产"科目,贷记"库存物品"科目；同时,按照无偿调出过程中发生的归属于调出方的相关费用,借记"资产处置费用"科目,贷记"银行存款"等科目。

（5）经批准置换换出的库存物品,参照"库存物品"科目有关置换换入库存物品的规定进行账务处理。

3. 库存物品的清查

单位应当定期对库存物品进行清查盘点,每年至少盘点一次。对于发生的库存物品盘盈、盘亏或者报废、毁损,应当先记入"待处理财产损溢"科目,按照规定报经批准后及时进行后续账务处理。

（1）盘盈的库存物品,其成本按照有关凭据注明的金额确定；没有相关凭据但按照规定经过资产评估的,其成本按照评估价值确定；没有相关凭据且未经过资产评估的,其成本按照重置成本确定。如无法采用上述方法确定盘盈库存物品成本的,则按照名义金额入账。盘盈的库存物品,按照确定的入账成本,借记"库存物品"科目,贷记"待处理财产损溢"科目。

（2）盘亏或者毁损、报废的库存物品,按照待处理库存物品的账面余额,借记"待处理财产损溢"科目,贷记"库存物品"科目。

属于增值税一般纳税人的单位,若是非正常原因导致的库存物品盘亏或毁损,则还应当将与该库存物品相关的增值税进项税额转出,按照其增值税进项税额,借记"待处理财产损溢"科目,贷记"应交增值税——应交税金（进项税额转出）"科目。"库存物品"科目期末借方余额,反映单位库存物品的实际成本。

（五）加工物品的确认与计量

"加工物品"科目核算单位自制或委托外单位加工的各种物品的实际成本。未完成的测绘、地质勘查、设计成果的实际成本,也通过该科目核算。该科目应当设置自制物品、委托加工物品两个一级明细科目,并按照物品类别、品种、项目等设置明细账,进行明细核算。该科目自制物品一级明细科目下应当设置"直接材料""直接人工""其他直接费用"等二级明细科目归集自制物品发生的直接材料、直接人工（专门从事物品制造人员的人工费用）等直接费用；对于自制物品发生的间接费用,应当在"加工物品"科目"自制物品"一级明细科目下单独设置"间接费用"二级明细科目予以归集,期末再按照一定的分配标准和方法,分配计入有关物品的成本。

加工物品的确认与计量如下：

1. 自制物品

（1）为自制物品领用的材料等,按照材料实际成本,借记"加工物品——自制物品——直接材料"科目,贷记"库存物品"科目。

（2）为自制物品发生的直接人工费用,按照实际发生的金额,借记"加工物品——自制物品——直接人工"科目,贷记"应付职工薪酬"科目。

（3）为自制物品发生的其他直接费用,按照实际发生的金额,借记"加工物品——

自制物品——其他直接费用"科目,贷记"零余额账户用款额度""银行存款"等科目。

(4) 为自制物品发生的间接费用,按照实际发生的金额,借记"加工物品——自制物品——间接费用"科目,贷记"零余额账户用款额度""银行存款""应付职工薪酬""固定资产累计折旧""无形资产累计摊销"等科目。

间接费用一般按照生产人员工资、生产人员工时、机器工时、耗用材料的数量或成本、直接费用(直接材料和直接人工)、产品产量等进行分配。单位可根据具体情况自行选择间接费用的分配方法。分配方法一经确定,不得随意变更。

(5) 已经制造完成并验收入库的物品,按照所发生的实际成本(包括耗用的直接材料费用、直接人工费用、其他直接费用和分配的间接费用),借记"库存物品"科目,贷记"加工物品——自制物品"科目。

2. 委托加工物品

(1) 发给外单位加工的材料等,按照材料实际成本,借记"加工物品——委托加工物品"科目,贷记"库存物品"科目。

(2) 支付的加工费、运输费等费用,按照实际支付的金额,借记"加工物品——委托加工物品"科目,贷记"零余额账户用款额度""银行存款"等科目,涉及增值税业务的,相关账务处理参见"应交增值税"科目。

(3) 委托加工完成的材料等验收入库,按照加工前发出材料的成本和加工、运输成本等,借记"库存物品"等科目,贷记"加工物品——委托加工物品"科目。

"加工物品"科目期末借方余额,反映单位自制或委托外单位加工但尚未完工的各种物品的实际成本。

【例3-32】 2019年3月5日,某事业单位(为增值税一般纳税人)购入物资一批,取得的增值税专用发票上注明物资价款20 000元,增值税税额3 200元,已经税务局认证,款项尚未支付,当日收到物资,经验收合格后入库。3月10日,该单位以银行存款支付价款23 200元,财会部门根据有关凭证做如下财务会计分录:

(1) 2019年3月5日购入物资时:

借:库存物品 20 000
    应交增值税——应交税金(进项税额) 3 200
  贷:应付账款 23 200

(2) 2019年3月10日支付价款时:

借:应付账款 23 200
  贷:银行存款 23 200

同时,应做如下预算会计分录:

借:事业支出 23 200
  贷:资金结存——货币资金 23 200

【例3-33】 2019年6月30日,某行政单位经批准以其一部公务轿车置换另一单位的办公用品(不符合固定资产确认标准)一批,办公用品已验收入库。该轿车账面余额为20万元,已计提折旧10万元,评估价值为12万元。置换过程中该单位收到对方支付的补价1万元已存入银行,另外以现金支付运输费5 000元。不考虑其他因素,应做如下财务会计分录：

借:库存物品		115 000(120 000-10 000+5 000)
固定资产累计折旧		100 000
银行存款		10 000
贷:固定资产		200 000
库存现金		5 000
应缴财政款		5 000(10 000-5 000)
其他收入		15 000

同时,应做如下预算会计分录：

借:其他支出	5 000
贷:资金结存——货币资金	5 000

第四节　长期股权投资与长期债券投资

一、长期股权投资

长期股权投资是指事业单位按照规定取得的,持有时间超过1年(不含1年)的股权性质的投资。事业单位进行长期股权投资的主要目的是获取较长时间的、较高的投资收益。行政单位不涉及此业务。为了核算事业单位按照规定取得的,持有时间超过1年(不含1年)的股权性质的投资,事业单位应当设置"长期股权投资"科目。"长期股权投资"科目期末借方余额反映事业单位持有的长期股权投资的价值。同时,该科目应当按照被投资单位和长期股权投资取得方式等进行明细核算。长期股权投资采用权益法核算的,还应当按照成本、损益调整、其他权益变动设置明细科目,进行明细核算。

（一）取得长期股权投资

长期股权投资在取得时,应当按照其实际成本作为初始投资成本。

1. 以货币资金取得的长期股权投资

以货币资金取得的长期股权投资,按照确定的投资成本,借记"长期股权投资"科目或"长期股权投资——成本"科目,按照支付的价款中包含的已宣告但尚未发放的现金股利,借记"应收股利"科目,按照实际支付的全部价款,贷记"银行存款"等科目。实际收到取得投资时所支付价款中包含的已宣告但尚未发放的现金股利时,借记"银行存款"科目,贷记"应收股利"科目,按照预算会计项目,借记"投资支出"科目,贷记"资金结存——货币资金"科目。

2. 以货币资金以外的其他资产置换取得的长期股权投资

以货币资金以外的其他资产置换取得的长期股权投资,参照"库存物品"科目中置换取得库存物品的相关规定进行账务处理。

3. 以未入账的无形资产取得的长期股权投资

以未入账的无形资产取得的长期股权投资,按照评估价值加上相关税费作为投资成本,借记"长期股权投资"科目,按照发生的相关税费,贷记"银行存款""其他应交税费"等科目,按其差额,贷记"其他收入"科目,按照预算会计项目,借记"其他支出"科目,贷记"资金结存——货币资金"科目。

4. 接受捐赠取得的长期股权投资

接受捐赠取得的长期股权投资,按照确定的投资成本,借记"长期股权投资"科目或"长期股权投资——成本"科目,按照发生的相关税费,贷记"银行存款""其他应交税费"等科目,按其差额,贷记"捐赠收入"科目,按照预算会计项目,借记"其他支出"科目,贷记"资金结存——货币资金"科目。

5. 无偿调入取得的长期股权投资

无偿调入取得的长期股权投资,按照确定的投资成本,借记"长期股权投资"科目或"长期股权投资——成本"科目,按照发生的相关税费,贷记"银行存款""其他应交税费"等科目,按其差额,贷记"无偿调拨净资产"科目,按照预算会计项目,借记"其他支出"科目,贷记"资金结存——货币资金"科目。

【例 3-34】 某事业单位以银行存款 10 000 000 元在公开市场买入甲公司 5%的股份(含已宣告但尚未发放的现金股利 100 000 元),在购买过程中支付手续费 25 000 元。应做如下财务会计分录:

(1) 买入甲公司股份时:

借:长期股权投资——成本——甲公司　　　　　　　　　9 925 000
　　应收股利　　　　　　　　　　　　　　　　　　　　　100 000
　　贷:银行存款　　　　　　　　　　　　　　　　　　　　　10 025 000

同时,应做如下预算会计分录:

借:投资支出　　　　　　　　　　　　　　　　　　　　10 025 000
　　贷:资金结存——货币资金　　　　　　　　　　　　　　10 025 000

(2) 实际收到现金股利时:

借:银行存款　　　　　　　　　　　　　　　　　　　　　100 000
　　贷:应收股利　　　　　　　　　　　　　　　　　　　　　100 000

同时,应做如下预算会计分录:

借:资金结存——货币资金　　　　　　　　　　　　　　　100 000
　　贷:投资支出　　　　　　　　　　　　　　　　　　　　　100 000

【例 3-35】 某事业单位 2018 年 3 月 17 日购入一套机器设备,该设备原始价值为 1 000 000 元,预计使用年限为 10 年。2019 年该设备已计提折旧 100 000 元,该单位将该设备用于对甲公司的长期股权投资,持股比例为 10%,双方协商作价 700 000 元,应做如下财务会计分录:

借:长期股权投资——成本——甲公司　　　　　　　　　　700 000
　　固定资产累计折旧　　　　　　　　　　　　　　　　　100 000
　　资产处置费用　　　　　　　　　　　　　　　　　　　200 000
　　贷:固定资产　　　　　　　　　　　　　　　　　　　　1 000 000

此业务无须做预算会计分录。

【例 3-36】 某事业单位 2019 年 3 月 27 日以接受捐赠的一套价值 1 000 万元的进口设备用于对甲公司的长期股权投资,持股比例为 5%,发生相关税费 10 万元,应做如下财务会计分录:

借:长期股权投资——成本　　　　　　　　　　　10 100 000
　　贷:银行存款　　　　　　　　　　　　　　　　　　100 000
　　　　捐赠收入　　　　　　　　　　　　　　　　　10 000 000

同时,应做如下预算会计分录:

借:其他支出　　　　　　　　　　　　　　　　　　100 000
　　贷:资金结存　　　　　　　　　　　　　　　　　　100 000

(二)持有长期股权投资

1. 长期股权投资的成本法

成本法是指投资按照成本计量的方法。事业单位无权决定被投资单位的财务和经营政策或无权参与被投资单位的财务和经营政策的,应当采用成本法对长期股权投资进行核算,核算方法如下:

(1)初始投资或追加投资时,按照初始投资或追加投资时的成本增加长期股权投资的账面价值。

(2)被投资单位宣告发放现金股利或利润时,按照应收的金额,借记"应收股利"科目,贷记"投资收益"科目;收到现金股利或利润时,按照实际收到的金额,借记"银行存款"科目,贷记"应收股利"科目,按照预算会计项目,借记"资金结存——货币资金"科目,贷记"投资预算收益"科目。

2. 长期股权投资的权益法

事业单位自主决定被投资单位的财务和经营政策的,应当采用权益法对长期股权投资进行核算。长期股权投资采用权益法核算的,还应当按照成本、损益调整、其他权益变动设置明细科目,进行明细核算。

(1)被投资单位实现净利润。被投资单位实现净利润,按照应享有的份额,借记"长期股权投资——损益调整"科目,贷记"投资收益"科目。被投资单位发生净亏损的,按照应分担的份额,借记"投资收益"科目,贷记"长期股权投资——损益调整"科目,但以"长期股权投资"科目的账面余额减计至零为限。发生亏损的被投资单位以后年度又实现净利润的,按照收益分享额弥补未确认的亏损分担额等后的金额,借记"长期股权投资——损益调整"科目,贷记"投资收益"科目。

(2)被投资单位宣告发放现金股利或利润。被投资单位宣告发放现金股利或利润,按照应享有的份额,借记"应收股利"科目,贷记"长期股权投资——损益调整"科目。

(3)被投资单位发生除净损益和利润分配以外的所有者权益变动。被投资单位发生除净损益和利润分配以外的所有者权益变动,按照应享有或应分担的份额,借记或贷记"权益法调整"科目,贷记或借记"长期股权投资——其他权益变动"科目。

【例 3-37】 某事业单位收到投资的下属企业发放的现金股利 100 000 元,采用成

本法核算,应做如下财务会计分录:

(1) 企业宣告发放现金股利时:

借:应收股利 100 000
　　贷:投资收益 100 000

(2) 收到现金股利时:

借:银行存款 100 000
　　贷:应收股利 100 000

同时,应做如下预算会计分录:

借:资金结存——货币资金 100 000
　　贷:投资预算收益 100 000

【例3-38】 某事业单位投资的下属企业2018年的净利润为100 000元,投资比例为30%,采用权益法核算,应做如下财务会计分录:

(1) 被投资企业实现利润时:

借:长期股权投资——损益调整 300 000
　　贷:投资收益 300 000

(2) 如果被投资企业宣告发放现金股利500 000元,则:

借:应收股利 150 000
　　贷:长期股权投资——损益调整 150 000

(三) 按照规定报经批准处置长期股权投资

按照规定报经批准处置长期股权投资分为以下几种情况:

(1) 处置以现金取得的长期股权投资,按照实际取得的价款,借记"银行存款"等科目,按照被处置长期股权投资的账面余额,贷记"长期股权投资"科目,按照尚未领取的现金股利或利润,贷记"应收股利"科目,按照发生的相关税费等支出,贷记"银行存款"等科目,按照借贷方差额,借记或贷记"投资收益"科目,按照预算会计项目,借记"资金结存——货币资金"科目,贷记"投资支出""其他结余""投资预算收益"等科目。

(2) 处置以现金以外的其他资产取得的长期股权投资,按照被处置长期股权投资的账面余额,借记"资产处置费用"科目,贷记"长期股权投资"科目;同时,按照实际取得的价款,借记"银行存款"等科目,按照尚未领取的现金股利或利润,贷记"应收股利"科目,按照发生的相关税费等支出,贷记"银行存款"等科目,按照借贷方差额,贷记"应缴财政款"科目。

(3) 因被投资单位破产清算等,有确凿证据表明长期股权投资发生损失,按照规定报经批准后予以核销时,按照予以核销的长期股权投资的账面余额,借记"资产处置费用"科目,贷记"长期股权投资"科目。

(4) 报经批准置换出长期股权投资时,参照"库存物品"科目中置换换入库存物品的相关规定进行账务处理。

采用权益法核算的长期股权投资的处置,除进行上述账务处理外,还应结转原直接计入净资产的相关金额,借记或贷记"权益法调整"科目,贷记或借记"投资收益"科目。

【例3-39】 某事业单位将3年前以不动产投资入股所持有的乙单位1%的股权转让,该股权投资的账面余额为205 000元,实际转让时收到价款220 000元,支付手续费10 000元,应做如下财务会计分录:

(1) 处置资产时:

借:资产处置费用　　　　　　　　　　　　　　　　　205 000
　　贷:长期股权投资——乙单位　　　　　　　　　　　　　　205 000

(2) 处置净收入上缴财政:

借:银行存款　　　　　　　　　　　　　　　　　　　220 000
　　贷:银行存款　　　　　　　　　　　　　　　　　　　　　 10 000
　　　　投资收益　　　　　　　　　　　　　　　　　　　　　　5 000
　　　　应缴财政款　　　　　　　　　　　　　　　　　　　　205 000

同时,应做如下预算会计分录:

借:资金结存——货币资金　　　　　　　　　　　　　　5 000
　　贷:投资预算收益　　　　　　　　　　　　　　　　　　　　5 000

【例3-40】 某事业单位持有A公司3%的股权,此长期股权投资的账面余额为200 000元,因A公司经营不善实行破产清算准备予以核销。报经批准予以核销后,应做如下财务会计分录:

借:资产处置费用　　　　　　　　　　　　　　　　　200 000
　　贷:长期股权投资——A公司　　　　　　　　　　　　　　200 000

(四) 成本法与权益法的转换

单位因处置部分长期股权投资等而对处置后的剩余股权投资由权益法改按成本法核算的,应当按照权益法下长期股权投资的账面余额作为成本法下长期股权投资的账面余额(成本);其后,被投资单位宣告分派现金股利或利润时,属于单位已计入长期股权投资账面余额的部分,应当按照应分得的现金股利或利润份额,借记"应收股利"科目,贷记"长期股权投资"科目。

单位因追加投资等对长期股权投资的核算从成本法改为权益法的,应当按照成本法下长期股权投资的账面余额与追加投资的成本的合计金额,借记"长期股权投资——成本"科目,按照成本法下长期股权投资的账面余额,贷记"长期股权投资"科目,按照追加投资的成本,贷记"银行存款"等科目。

【例3-41】 某事业单位2018年投资下属企业100 000元,占该企业股权的10%,采用成本法核算,2019年该单位追加投资100 000元,于是占该企业股权的20%,改用权益法核算,应做如下财务会计分录:

追加投资,成本法改为权益法:

借:长期股权投资——成本　　　　　　　　　　　　　200 000
　　贷:长期股权投资　　　　　　　　　　　　　　　　　　　100 000
　　　　银行存款　　　　　　　　　　　　　　　　　　　　　100 000

同时,应做如下预算会计分录:

借:投资支出 100 000
　　贷:资金结存——货币资金 100 000

二、长期债券投资

长期债券投资是指事业单位按照规定取得的,持有时间超过1年(不含1年)的债券投资。为了核算事业单位按照规定取得的,持有时间超过1年(不含1年)的债券投资,事业单位应当设置"长期债券投资"科目。"长期债券投资"科目期末借方余额,反映事业单位持有的长期债券投资的价值。"长期债券投资"科目应当设置成本和应计利息明细科目,并按照债券投资的种类进行明细核算。"长期债券投资"科目与上述"长期股权投资"科目一样仅适用于事业单位,行政单位不涉及。

（一）长期债券投资的初始计量

长期债券投资在取得时,应当按照其实际成本作为初始投资成本,借记"长期债券投资——成本"科目,按照支付的价款中包含的已到付息期但尚未领取的利息,借记"应收利息"科目,按照实际支付的金额,贷记"银行存款"科目,按照预算会计项目,借记"投资支出"科目,贷记"资金结存——货币资金"科目;实际收到取得债券时所支付价款中包含的已到付息期但尚未领取的利息时,借记"银行存款"科目,贷记"应收利息"科目。

【例3-42】 某事业单位购入3年期的国库券,实际支付价款505 000元(包含已到付息期但尚未领取的利息5 000元),款项以银行存款支付,应做如下财务会计分录:

（1）购入国库券时:

借:长期债券投资——成本——国库券 500 000
　　应收利息 5 000
　　贷:银行存款 505 000

同时,应做如下预算会计分录:

借:投资支出 505 000
　　贷:资金结存——货币资金 505 000

（2）实际收到上述已到付息期但尚未领取的利息时:

借:银行存款 5 000
　　贷:应收利息 5 000

同时,应做如下预算会计分录:

借:资金结存——货币资金 5 000
　　贷:投资支出 5 000

（二）长期债券投资的后续计量

按期以债券票面金额与票面利率计算确认利息收入时,如为到期一次还本付息的债券投资,则借记"长期债券投资——应计利息"科目,贷记"投资收益"科目;如为分期付息、到期一次还本的债券投资,则借记"应收利息"科目,贷记"投资收益"科目。收到分期支付的利息时,按照实收的金额,借记"银行存款"等科目,贷记"应收利息"科目。

【例 3-43】 某事业单位购入 3 年期到期一次还本付息的国库券,实际成本为 200 000 元,持有该国库券满 1 年后计提利息 10 000 元,应做如下财务会计分录:

借:长期债券投资——应计利息——国库券　　　　　　　　10 000
　　贷:投资收益　　　　　　　　　　　　　　　　　　　　　　10 000

【例 3-44】 承上例,若该国库券为分期付息、到期一次还本,则应做如下财务会计分录:

借:应收利息　　　　　　　　　　　　　　　　　　　　　　10 000
　　贷:投资收益　　　　　　　　　　　　　　　　　　　　　　10 000

【例 3-45】 承上例,该单位实际收到分期支付的利息时,应做如下财务会计分录:

借:银行存款　　　　　　　　　　　　　　　　　　　　　　10 000
　　贷:应收利息　　　　　　　　　　　　　　　　　　　　　　10 000

同时,应做如下预算会计分录:

借:资金结存——货币资金　　　　　　　　　　　　　　　　10 000
　　贷:投资预算收益　　　　　　　　　　　　　　　　　　　　10 000

(三) 长期债券投资的处置

1. 到期收回长期债券投资

到期收回长期债券投资,按照实际收到的金额,借记"银行存款"科目,按照长期债券投资的账面余额,贷记"长期债券投资"科目,按照相关应收利息金额,贷记"应收利息"科目,按照其差额,贷记"投资收益"科目。

2. 出售长期债券投资

出售长期债券投资,按照实际收到的金额,借记"银行存款"科目,按照长期债券投资的账面余额,贷记"长期债券投资"科目,按照相关应收利息金额,贷记"应收利息"科目,按照其差额,贷记或借记"投资收益"科目。

【例 3-46】 某事业单位因资金周转困难,将持有的未到期国库券转让,该国库券的账面余额为 21 000 元(其中投资成本 20 000 元,应计利息 1 000 元),转让价款 19 000 元已存入银行,应做如下财务会计分录:

借:银行存款　　　　　　　　　　　　　　　　　　　　　　19 000
　　投资收益　　　　　　　　　　　　　　　　　　　　　　　2 000
　　贷:长期债券投资——成本——国库券　　　　　　　　　　20 000
　　　　长期债券投资——应计利息——国库券　　　　　　　　1 000

同时,应做如下预算会计分录:

借:资金结存——货币资金　　　　　　　　　　　　　　　　19 000
　　投资预算收益　　　　　　　　　　　　　　　　　　　　　2 000
　　贷:投资支出　　　　　　　　　　　　　　　　　　　　　　21 000

第五节 固定资产

一、固定资产概述

(一) 固定资产的含义及种类

固定资产是指使用期限超过1年(不含1年),单位价值在规定标准以上(1 000元以上,其中专用设备单位价值在1 500元以上),并在使用过程中基本保持原有物质形态的资产。单位价值虽未达到规定标准,但是耐用时间超过1年(不含1年)的大批同类物资,应当作为固定资产核算。固定资产一般可分为房屋及构筑物、通用设备、专用设备、文物和陈列品、图书、档案、家具、用具、装具及动植物六类。

(二) 固定资产的特征

固定资产主要有以下特征:①固定资产是政府会计主体正常公务活动中拥有的实物资产,供单位使用,而不是供出售的资产;②固定资产具有有限使用寿命,当寿命终结时必须废弃或进行重置;③固定资产的价值来自取得合法财产使用权的交换权利,而非来自履行契约;④固定资产是非货币性资产,使用期限较长,一般在1年以上,能在连续若干个生产周期内发挥作用,并保持其原有实物形态;⑤固定资产单位价值比较高。

二、固定资产确认与计量中应注意的事项

确认与计量固定资产时应注意以下事项:

(1) 购入需要安装的固定资产,应当先通过"在建工程"科目,安装完毕交付使用时再转入"固定资产"科目确认与计量。

(2) 以借入、经营租赁方式取得的固定资产,不通过"固定资产"科目确认与计量,应当设置备查簿进行登记。

(3) 以融资租赁方式取得的固定资产,通过"固定资产"科目确认与计量,并在该科目下设置"融资租入固定资产"明细科目。

(4) 经批准在境外购买具有所有权的土地,作为固定资产,通过"固定资产"科目确认与计量,并在该科目下设置"境外土地"明细科目,进行相应的明细核算。

三、固定资产的初始计量

(一) 外购的固定资产

购入不需安装的固定资产验收合格时,按照确定的固定资产成本,借记"固定资产"科目,贷记"财政拨款收入""零余额账户用款额度""应付账款""银行存款"等科目。购入需要安装的固定资产,应当先通过"在建工程"科目,安装完毕交付使用时再转入"固定资产"科目确认与计量。

购入固定资产扣留质量保证金的,应当在取得固定资产时,按照确定的固定资产成本,借记"固定资产"科目(不需安装)或"在建工程"科目(需要安装),按照实际支付或应付的金额,贷记"财政拨款收入""零余额账户用款额度""应付账款"(不含质量保证

金)、"银行存款"等科目,按照扣留的质量保证金数额,贷记"其他应付款"(扣留期在1年以内)或"长期应付款"(扣留期超过1年)科目;质保期满支付质量保证金时,借记"其他应付款""长期应付款"科目,贷记"财政拨款收入""零余额账户用款额度""银行存款"等科目。

【例 3-47】 某政府单位购入需要安装的电梯一部,电梯价格为 800 000 元,运输保险费为 100 000 元,扣留质量保证金 50 000 元,约定如无质量问题 6 个月后退还。全部价款使用财政直接支付方式进行支付,应做如下财务会计分录:

(1)购入电梯时:

借:在建工程	900 000
贷:财政拨款收入	850 000
其他应付款	50 000

同时,应做如下预算会计分录:

借:行政支出	850 000
贷:财政拨款预算收入	850 000

(2)电梯安装完成时:

借:固定资产	900 000
贷:在建工程	900 000

(3)支付质量保证金时:

借:其他应付款	50 000
贷:财政拨款收入	50 000

同时,应做如下预算会计分录:

借:行政支出	50 000
贷:财政拨款预算收入	50 000

(二)自行建造的固定资产

自行建造的固定资产交付使用时,按照在建工程成本,借记"固定资产"科目,贷记"在建工程"科目。已交付使用但尚未办理竣工决算手续的固定资产,按照估计价值入账,待办理竣工决算手续后再按照实际成本调整原来的暂估价值。

(三)融资租赁的固定资产

融资租赁取得的固定资产,其成本按照租赁协议或者合同确定的租赁价款、相关税费,以及固定资产交付使用前所发生的可归属于该项资产的运输费、途中保险费、安装调试费等确定。融资租入的固定资产,按照确定的固定资产成本,借记"固定资产"科目(不需安装)或"在建工程"科目(需要安装),按照租赁协议或者合同确定的租赁价款,贷记"长期应付款"科目,按照支付的运输费、途中保险费、安装调试费等,贷记"财政拨款收入""零余额账户用款额度""银行存款"等科目,定期支付租金时,按照实际支付的金额,借记"长期应付款"科目,贷记"财政拨款收入""零余额账户用款额度""银行存款"等科目。

按照规定跨年度分期付款购入固定资产的账务处理,参照上述融资租赁取得的固定资产。

（四）接受捐赠的固定资产

接受捐赠的固定资产，按照确定的固定资产成本，借记"固定资产"科目（不需安装）或"在建工程"科目（需要安装），按照实际发生的相关税费、运输费等，贷记"财政拨款收入""零余额账户用款额度""银行存款"等科目，按照其差额，贷记"捐赠收入"科目。接受捐赠的固定资产按照名义金额入账的，借记"固定资产"科目，贷记"捐赠收入"科目，按照发生的相关税费、运输费等，借记"其他费用"科目，贷记"零余额账户用款额度""银行存款"等科目。

（五）无偿调入的固定资产

无偿调入的固定资产，按照确定的固定资产成本，借记"固定资产"科目（不需安装）或"在建工程"科目（需要安装），按照实际发生的相关税费、运输费等，贷记"零余额账户用款额度""银行存款"等科目，按照其差额，贷记"无偿调拨净资产"等科目。

（六）置换取得的固定资产

置换取得的固定资产，参照"库存物品"科目中置换换入库存物品的相关规定进行账务处理。

四、固定资产的后续计量

（一）固定资产后续计量应注意的事项

单位计提融资租入固定资产折旧时，应当采用与自有固定资产相一致的折旧政策。能够合理确定租赁期届满时将会取得租入固定资产所有权的，应当在租入固定资产尚可使用年限内计提折旧；无法合理确定租赁期届满时将会取得租入固定资产所有权的，应当在租赁期与租入固定资产尚可使用年限两者中较短的期间内计提折旧。公共基础设施和保障性住房计提的累计折旧，应当分别通过"公共基础设施累计折旧（摊销）"科目和"保障性住房累计折旧"科目核算。

（二）固定资产后续计量的账务处理

1. 累计折旧的计提

按月计提固定资产折旧时，按照应计提折旧金额，借记"业务活动费用""单位管理费用""经营费用""加工物品""在建工程"等科目，贷记"固定资产累计折旧"科目。

2. 与固定资产有关的其他后续支出

将固定资产转入改建、扩建时，按照固定资产的账面价值，借记"在建工程"科目，按照固定资产已计提的折旧，借记"固定资产累计折旧"科目，按照固定资产的账面余额，贷记"固定资产"科目，按照为增加固定资产使用效能或延长其使用年限而发生的改建、扩建等后续支出，借记"在建工程"科目，贷记"零余额账户用款额度""银行存款"等科目；固定资产改建、扩建等完成交付使用时，按照在建工程成本，借记"固定资产"科目，贷记"在建工程"科目。

3. 不符合固定资产确认条件的后续支出

为保证固定资产正常使用的日常维修等支出,按照实际发生的成本,借记"业务活动费用""单位管理费用"等科目,贷记"零余额账户用款额度""银行存款"等科目。

五、固定资产的处置

(一) 报经批准出售、转让固定资产

报经批准出售、转让固定资产,按照被出售、转让固定资产的账面价值,借记"固定资产处置费用"科目,按照固定资产已计提的折旧,借记"固定资产累计折旧"科目;按照被处置固定资产的账面余额,贷记"固定资产"科目;同时,按照收到的价款,借记"银行存款"等科目,按照处置过程中发生的相关费用,贷记"银行存款"等科目,按照其差额,贷记"应缴财政款"科目。

(二) 报经批准对外捐赠固定资产

报经批准对外捐赠固定资产,按照固定资产已计提的折旧,借记"固定资产累计折旧"科目,按照被处置固定资产的账面余额,贷记"固定资产"科目,按照捐赠过程中发生的归属于捐出方的相关费用,贷记"银行存款"等科目,按照其差额,借记"资产处置费用"科目。

(三) 报经批准无偿调出固定资产

报经批准无偿调出固定资产,按照固定资产已计提的折旧,借记"固定资产累计折旧"科目,按照被处置固定资产的账面余额,贷记"固定资产"科目,按照其差额,借记"无偿调拨净资产"科目;同时,按照无偿调出过程中发生的归属于调出方的相关费用,借记"资产处置费用"科目,贷记"银行存款"等科目。

(四) 报经批准置换换出固定资产

报经批准置换换出固定资产,参照库存物品中置换换入库存物品的相关规定进行账务处理。

六、固定资产的清查

(一) 固定资产清查的方法

在进行固定资产清查前,首先必须核对固定资产账目,将全部账户登记入账,结出余额。在进行固定资产清查时,进行账实核对。清查的具体方法有:①账实核对法,即根据固定资产账目与实物进行逐项核对,以此查明单位固定资产实存数量的一种方法;②抄列实物清单法,即在进行清查时,直接根据单位的固定资产实物,实地逐项登记各种财产物资的品种、数量、价值等,以此查明单位固定资产实存数量的一种方法;③卡实直接核对法,即将固定资产实物与固定资产卡片进行逐项核对,以此查明单位固定资产实存数量的一种方法。

通过清查,对盘盈、盘亏的固定资产应编制固定资产盘盈、盘亏报告表,按规定的程序报经批准后,对盘盈的固定资产应增设固定资产卡片,对盘亏或减少的固定资产,应注销固定资产卡片,另行归档保存。

（二）固定资产清查的账务处理

盘盈的固定资产,其成本按照有关凭据注明的金额确定;没有凭据但按照规定经过资产评估的,其成本按照评估价值确定;没有凭据且未经过资产评估的,其成本按照重置成本确定;如无法采用上述方法确定盘盈固定资产成本的,则按照名义金额入账。盘盈的固定资产,按照确定的入账成本,借记"固定资产"科目,贷记"待处理财产损溢"科目。

盘亏或毁损、报废的固定资产,按照待处理固定资产的账面价值,借记"待处理财产损溢"科目,按照固定资产已计提的折旧,借记"固定资产累计折旧"科目,按照固定资产的账面余额,贷记"固定资产"科目。

【例 3-48】 2019 年 7 月 18 日,某行政单位(增值税一般纳税人)经批准购入一栋办公大楼,取得的增值税专用发票上注明设备价款 8 000 000 元,增值税税额 1 280 000 元,其中当月已认证的可抵扣增值税税额 768 000 元,尚未经税务机关认证的进项税额 512 000 元,该单位以银行存款支付了相关款项,应做如下财务会计分录:

2019 年 7 月 18 日购入设备时:
借:固定资产 8 000 000
　　应交增值税——应交税金(进项税额) 768 000
　　　　　　——待抵扣进项税额 512 000
　贷:银行存款 9 280 000

同时,应做如下预算会计分录:
借:事业支出 9 280 000
　贷:资金结存——货币资金 9 280 000

【例 3-49】 2019 年 6 月 30 日,某行政单位计提本月固定资产折旧 50 000 元,应做如下财务会计分录:
借:业务活动费用 50 000
　贷:固定资产累计折旧 50 000

【例 3-50】 2018 年 12 月末,某行政单位(增值税小规模纳税人)对固定资产进行盘点,盘亏笔记本电脑一台,账面余额为 12 000 元,已提折旧 2 000 元,报经批准后应由单位职工张善赔偿 5 000 元,款项已经收到,其他损失由单位承担,应做如下财务会计分录:

(1) 固定资产转入待处置资产时:
借:待处理财产损溢——待处理财产价值 10 000
　　固定资产累计折旧 2 000
　贷:固定资产 12 000

(2) 收到张善赔偿时:
借:库存现金 5 000
　贷:待处理财产损溢——处理净收入 5 000

(3) 固定资产报经批准予以核销时:
借:资产处置费用 10 000
　贷:待处理财产损溢——待处理财产价值 10 000

借:待处理财产损溢——处理净收入		5 000
贷:应缴财政款		5 000

第六节　工程物资与在建工程

一、工程物资

行政事业单位应当设置"工程物资"科目,用以核算为在建工程准备的各种物资的成本,包括工程用材料、设备等。该科目可以按照库存材料、库存设备等工程物资类别进行明细核算。

工程物资的确认与计量主要有以下内容:

(1) 购入为在建工程准备的物资,按照确定的物资成本,借记"工程物资"科目,贷记"财政拨款收入""零余额账户用款额度""银行存款""应付账款"等科目,按照预算会计项目,借记"行政支出""事业支出""经营支出"等科目,贷记"财政拨款预算收入""资金结存"科目。

(2) 领用工程物资,按照物资成本,借记"在建工程"科目,贷记"工程物资"科目。

(3) 工程完工后将剩余的工程物资转作本单位存货等,按照物资成本,借记"库存物品"等科目,贷记"工程物资"科目,涉及增值税业务的,相关账务处理见"应交增值税"科目。

二、在建工程

(一) 在建工程的含义

在建工程是指政府会计主体资产的新建、改建、扩建或技术改造、设备更新和大修理工程等尚未完工的工程支出。在建工程通常有自营和出包两种方式。自营在建工程是指政府会计主体自行购买工程用料、自行施工并进行管理的工程;出包在建工程是指政府会计主体通过签订合同,由其他工程队或单位承包建造的工程。"在建工程"科目核算政府会计主体建设项目工程的实际成本,政府会计主体在建的信息系统项目工程、公共基础设施项目工程、保障性住房项目工程的实际成本,也通过"在建工程"科目核算。"在建工程"科目应当设置"建筑安装工程投资""设备投资""待摊投资""其他投资""待核销基建支出""基建转出投资"等明细科目,并按照具体项目进行明细核算。

(1) "建筑安装工程投资"明细科目,核算政府会计主体发生的构成建设项目实际支出的建筑工程和安装工程的实际成本,不包括被安装设备本身的价值以及按照合同规定支付给施工单位的预付备料款和预付工程款。该明细科目应当设置"建筑工程"和"安装工程"两个明细科目进行明细核算。

(2) "设备投资"明细科目,核算政府会计主体发生的构成建设项目实际支出的各种设备的实际成本。

(3) "待摊投资"明细科目,核算政府会计主体发生的构成建设项目实际支出的、按照规定应当分摊计入有关工程成本和设备成本的各项间接费用与税费支出。该明细科目的具体核算内容包括以下方面:①勘察费、设计费、研究试验费、可行性研究费及项目其他前期费用。②土地征用及迁移补偿费、土地复垦及补偿费、森林植被恢复费及其他为取得土地使用权、租用权而发生的费用。③土地使用税、耕地占用税、契税、车船税、印花税及按照规定缴纳的其他税费。④项目建设管理费、代建管理费、临时设施费、监理费、招投标费、社会中介审计（审查）费及其他管理性质的费用。其中，项目建设管理费是指项目建设单位从项目筹建之日起至办理竣工财务决算之日止发生的管理性质的支出，包括不在原单位发工资的工作人员工资及相关费用、办公费、办公场地租用费、差旅交通费、劳动保护费、工具用具使用费、固定资产使用费、招募生产工人费、技术图书资料费（含软件）、业务招待费、施工现场津贴、竣工验收费等。⑤项目建设期间发生的各类专门借款利息支出或融资费用。⑥工程检测费、设备检验费、负荷联合试车费及其他检验检测类费用。⑦固定资产损失、器材处理亏损、设备盘亏及毁损、单项工程或单位工程报废、毁损净损失及其他损失。⑧系统集成等信息工程的费用支出。⑨其他待摊性质支出。该明细科目应当按照上述费用项目进行明细核算，其中有些费用（如项目建设管理费等），还应当按照更为具体的费用项目进行明细核算。

（4）"其他投资"明细科目，核算政府会计主体发生的构成建设项目实际支出的房屋购置支出，基本畜禽、林木等购置、饲养、培育支出，办公生活用家具、器具购置支出，软件研发和不能计入设备投资的软件购置等支出。单位为进行可行性研究而购置的固定资产，以及取得土地使用权支付的土地出让金，也通过该明细科目核算。该明细科目应当设置"房屋购置""基本畜禽支出""林木支出""办公生活用家具、器具购置""可行性研究固定资产购置""无形资产"等明细科目。

（5）"待核销基建支出"明细科目，核算建设项目发生的江河清障、航道清淤、飞播造林、补助群众造林、水土保持、城市绿化、取消项目的可行性研究费以及项目整体报废等不能形成资产部分的基建投资支出。该明细科目应按照待核销基建支出的类别进行明细核算。

（6）"基建转出投资"明细科目，核算为建设项目配套而建成的、产权不归属本单位的专用设施的实际成本。该明细科目应按照转出投资的类别进行明细核算。

（二）在建工程的确认与计量

1. 建筑安装工程投资

（1）将固定资产等资产转入改建、扩建等时，按照固定资产等资产的账面价值，借记"在建工程"科目（建筑安装工程投资），按照已计提的折旧或摊销，借记"固定资产累计折旧"等科目，按照固定资产等资产的原值，贷记"固定资产"等科目。

固定资产等资产改建、扩建过程中涉及替换（或拆除）原资产的某些组成部分的，按照被替换（或拆除）部分的账面价值，借记"待处理财产损溢"科目，贷记"在建工程"科目（建筑安装工程投资）。

（2）单位对于发包建筑安装工程，根据建筑安装工程价款结算账单与施工企业结算工程价款时，按照应承付的工程价款，借记"在建工程"科目（建筑安装工程投资），按照预付工程款余额，贷记"预付账款"科目，按照其差额，贷记"财政拨款收入""零余额账户用款额度""银行存款""应付账款"等科目。

（3）单位自行施工的小型建筑安装工程,按照发生的各项支出金额,借记"在建工程"科目（建筑安装工程投资）,贷记"工程物资""零余额账户用款额度""银行存款""应付职工薪酬"等科目。

（4）工程竣工,办妥竣工验收交接手续交付使用时,按照建筑安装工程成本（含应分摊的待摊投资）,借记"固定资产"等科目,贷记"在建工程"科目（建筑安装工程投资）。

2. 设备投资

（1）购入设备时,按照购入成本,借记"在建工程"科目（设备投资）,贷记"财政拨款收入""零余额账户用款额度""银行存款"等科目；采用预付款方式购入设备的,有关预付款的账务处理参照本科目有关"建筑安装工程投资"明细科目的规定。

（2）设备安装完毕,办妥竣工验收交接手续交付使用时,按照设备投资成本（含设备安装工程成本和分摊的待摊投资）,借记"固定资产"等科目,贷记"在建工程"科目（设备投资、建筑安装工程投资——安装工程）。

将不需要安装的设备和达不到固定资产标准的工具、器具交付使用时,按照相关设备、工具、器具的实际成本,借记"固定资产""库存物品"科目,贷记"在建工程"科目（设备投资）。

3. 待摊投资

建设工程发生的构成建设项目实际支出的、按照规定应当分摊计入有关工程成本和设备成本的各项间接费用与税费支出,先在该明细科目中归集；建设工程办妥竣工验收手续交付使用时,按照合理的分配方法,摊入相关工程成本、在安装设备成本等。

（1）单位发生的构成待摊投资的各类费用,按照实际发生金额,借记"在建工程"科目（待摊投资）,贷记"财政拨款收入""零余额账户用款额度""银行存款""应付利息""长期借款""其他应交税费""固定资产累计折旧""无形资产累计摊销"等科目。

（2）对于建设过程中试生产、设备调试等产生的收入,按照取得的收入金额,借记"银行存款"等科目,按照依据有关规定应当冲减建设工程成本的部分,贷记"在建工程"科目（待摊投资）,按照其差额贷记"应缴财政款"或"其他收入"科目。

（3）由于自然灾害、管理不善等造成的单项工程或单位工程报废或毁损,扣除残料价值和过失人或保险公司等赔款后的净损失,报经批准后计入继续施工的工程成本的,按照工程成本扣除残料价值和过失人或保险公司等赔款后的净损失,借记"在建工程"科目（待摊投资）,按照残料变价收入、过失人或保险公司赔款等,借记"银行存款""其他应收款"等科目,按照报废或毁损的工程成本,贷记"在建工程"科目（建筑安装工程投资）。

（4）工程交付使用时,按照合理的分配方法分配待摊投资,借记"在建工程"科目（建筑安装工程投资、设备投资）,贷记"在建工程"科目（待摊投资）。

待摊投资的分配方法,可按照下列公式计算：

① 按照实际分配率分配。适用于建设工期较短、整个项目的所有单项工程一次竣工的建设项目。

实际分配率=待摊投资明细科目余额÷(建筑工程明细科目余额+安装工程明细科目余额+设备投资明细科目余额)×100%

② 按照概算分配率分配。适用于建设工期长、单项工程分期分批建成投入使用的建设项目。

概算分配率=(概算中各待摊投资项目的合计数-其中可直接分配部分)÷(概算中建筑工程、安装工程和设备投资合计)×100%

③ 某项固定资产应分配的待摊投资=该项固定资产的建筑工程成本或该项固定资产(设备)的采购成本和安装成本合计×分配率

4. 其他投资

(1) 单位为建设工程发生的房屋购置支出,基本畜禽、林木等的购置、饲养、培育支出,办公生活用家具、器具购置支出,软件研发和不能计入设备投资的软件购置等支出,按照实际发生金额,借记"在建工程"科目(其他投资),贷记"财政拨款收入""零余额账户用款额度""银行存款"等科目。

(2) 工程完成将形成的房屋、基本畜禽、林木等各种财产以及无形资产交付使用时,按照其实际成本,借记"固定资产""无形资产"等科目,贷记"在建工程"科目(其他投资)。

5. 待核销基建支出

(1) 建设项目发生的江河清障、航道清淤、飞播造林、补助群众造林、水土保持、城市绿化等不能形成资产的各类待核销基建支出,按照实际发生金额,借记"在建工程"科目(待核销基建支出),贷记"财政拨款收入""零余额账户用款额度""银行存款"等科目。

(2) 取消的建设项目发生的可行性研究费,按照实际发生金额,借记"在建工程"科目(待核销基建支出),贷记"在建工程"科目(待摊投资)。

(3) 由于自然灾害等发生的建设项目整体报废所形成的净损失,报经批准后转入待核销基建支出,按照项目整体报废所形成的净损失,借记"在建工程"科目(待核销基建支出),按照报废工程回收的残料变价收入、保险公司赔款等,借记"银行存款""其他应收款"等科目,按照报废的工程成本,贷记"在建工程"科目(建筑安装工程投资等)。

(4) 建设项目竣工验收交付使用时,对发生的待核销基建支出进行冲销,借记"资产处置费用"科目,贷记"在建工程"科目(待核销基建支出)。

6. 基建转出投资

为建设项目配套而建成的、产权不归属本单位的专用设施,在项目竣工验收交付使用时,按照转出的专用设施的成本,借记"在建工程"科目(基建转出投资),贷记"在建工程"科目(建筑安装工程投资);同时,借记"无偿调拨净资产"科目,贷记"在建工程"科目(基建转出投资)。

【例3-51】 某政府会计主体自行建造仓库一座,购入为在建工程准备的各种物资200 000元,支付增值税税额32 000元,实际领用工程物资(含增值税)210 600元,剩余物资转作单位存货;另外还领用了单位原材料一批,实际成本为30 000元,应转出的增值税为 4 800 元;分配工程人员工资 50 000 元,单位后勤部门为工程提供有关劳务支出 10 000 元,工程完工交付使用。有关账务处理如下:

(1) 购入为在建工程准备的物资时:

借:工程物资　　　　　　　　　　　　　　　　　　　　232 000
　　贷:银行存款　　　　　　　　　　　　　　　　　　　　　　232 000

(2) 领用工程物资时:

借:在建工程——仓库　　　　　　　　　　　　　　　　210 600
　　贷:工程物资　　　　　　　　　　　　　　　　　　　　　　210 600

(3) 剩余工程物资转作单位存货时:

借:原材料　　　　　　　　　　　　　　　　　　　　　18 448.28
　　应交增值税——应交税金(进项税额)　　　　　　　　2 951.72
　　贷:工程物资　　　　　　　　　　　　　　　　　　　　　　21 400

(4) 领用原材料时:

借:在建工程——仓库　　　　　　　　　　　　　　　　30 000
　　贷:原材料　　　　　　　　　　　　　　　　　　　　　　　30 000

(5) 分配工程人员工资时:

借:在建工程——仓库　　　　　　　　　　　　　　　　50 000
　　贷:应付职工薪酬——工资　　　　　　　　　　　　　　　　50 000

(6) 单位后勤部门为工程提供劳务支出时:

借:在建工程——仓库　　　　　　　　　　　　　　　　10 000
　　贷:生产成本——辅助生产成本　　　　　　　　　　　　　　10 000

(7) 工程完工交付使用时:

借:固定资产　　　　　　　　　　　　　　　　　　　　300 600
　　贷:在建工程——仓库　　　　　　　　　　　　　　　　　　300 600

【例 3-52】 2018 年 4 月 1 日,某政府会计主体为自营在建工程购进一批工程物资,价值 500 000 元,增值税税额 80 000 元。6 月末,该批工程物资发生减值,减值金额为 50 000 元。7 月 10 日,全部领用该批工程物资。11 月 15 日,工程建造完工,为建造该固定资产,支付了建造工人工资 40 000 元,另外还发生了 25 000 元的借款费用,该借款费用满足资本化的条件。12 月 5 日,政府会计主体利用已完工的在建工程进行负荷联合试车,消耗原材料 10 000 元,并支付了 5 000 元的负荷联合试车费用,生产出的产品以实际成本转作库存商品。12 月 20 日,该项在建工程验收完毕,转入固定资产。有关账务处理如下:

(1) 购进工程物资时:

借:工程物资　　　　　　　　　　　　　　　　　　　　580 000
　　贷:银行存款　　　　　　　　　　　　　　　　　　　　　　580 000

(2) 发生减值时:

借:资产减值损失　　　　　　　　　　　　　　　　　　50 000
　　贷:工程物资减值准备　　　　　　　　　　　　　　　　　　50 000

(3) 领用工程物资时：
借：在建工程　　　　　　　　　　　　　　　530 000
　　工程物资减值准备　　　　　　　　　　　　50 000
　　贷：工程物资　　　　　　　　　　　　　　　580 000
(4) 支付建造工人工资时：
借：在建工程　　　　　　　　　　　　　　　　40 000
　　贷：应付职工薪酬——工资　　　　　　　　　40 000
(5) 借款费用资本化时：
借：在建工程　　　　　　　　　　　　　　　　25 000
　　贷：长期借款　　　　　　　　　　　　　　　25 000
(6) 进行负荷联合试车时：
借：在建工程——待摊支出　　　　　　　　　　15 000
　　贷：原材料　　　　　　　　　　　　　　　　10 000
　　　　银行存款　　　　　　　　　　　　　　　5 000
(7) 试产产品转作库存商品时：
借：库存商品　　　　　　　　　　　　　　　　15 000
　　贷：在建工程——待摊支出　　　　　　　　　15 000
(8) 在建工程转为固定资产时：
借：固定资产　　　　　　　　　　　　　　　　595 000
　　贷：在建工程　　　　　　　　　　　　　　　595 000

第七节　无形资产与其他资产

一、无形资产

(一) 无形资产的含义及其特征

无形资产是指政府会计主体控制的没有实物形态的可辨认非货币性资产,如专利权、商标权、著作权、土地使用权、非专利技术等。它具有以下特征:①能够从政府会计主体中分离或者划分出来,并能单独或者与相关合同、资产或负债一起,用于出售、转移、授予许可、租赁或者交换;②源自合同性权利或其他法定权利,无论这些权利是否可以从政府会计主体或其他权利和义务中转移或者分离。

(二) 无形资产的确认

无形资产同时满足下列条件的,应当予以确认:

(1) 与该无形资产相关的服务潜力很可能实现或者经济利益很可能流入政府会计主体;

(2) 该无形资产的成本或者价值能够可靠地计量。

政府会计主体在判断无形资产的服务潜力或经济利益是否很可能实现或流入时,应当对无形资产在预计使用年限内可能存在的各种社会、经济、科技因素做出合理估计,并且应当有确凿的证据支持。政府会计主体购入的不构成相关硬件不可缺少组成部分的软件,应当确认为无形资产。

政府会计主体自行研究开发项目的支出,应当区分研究阶段支出与开发阶段支出。研究是指为获取并理解新的科学或技术知识而进行的独创性的有计划调查。开发是指在进行生产或使用前,将研究成果或其他知识应用于某项计划或设计,以生产出新的或具有实质性改进的材料、装置、产品等。政府会计主体自行研究开发项目研究阶段的支出,应当于发生时计入当期费用。政府会计主体自行研究开发项目开发阶段的支出,先按合理方法进行归集,如果最终形成无形资产的,应当确认为无形资产;如果最终未形成无形资产的,应当计入当期费用。政府会计主体自行研究开发项目尚未进入开发阶段,或者确实无法区分研究阶段支出和开发阶段支出,但按法律程序已申请取得无形资产的,应当将依法取得时发生的注册费、聘请律师费等费用确认为无形资产。政府会计主体自创商誉及内部产生的品牌、报刊名等,不应确认为无形资产。与无形资产有关的后续支出,符合《政府会计准则第4号——无形资产》第三条规定的确认条件的,应当计入无形资产成本;不符合《政府会计准则第4号——无形资产》第三条规定的确认条件的,应当在发生时计入当期费用或者相关资产成本。

(三)无形资产的初始计量

无形资产在取得时应当按照成本进行初始计量。政府会计主体外购的无形资产,其成本包括购买价款、相关税费以及可归属于该项资产达到预定用途前所发生的其他支出。政府会计主体委托软件公司开发的软件,视同外购无形资产确定其成本。政府会计主体自行开发的无形资产,其成本包括自该项目进入开发阶段后至达到预定用途前所发生的支出总额。政府会计主体通过置换取得的无形资产,其成本按照换出资产的评估价值加上支付的补价或减去收到的补价,加上换入无形资产发生的其他相关支出确定。政府会计主体接受捐赠的无形资产,其成本按照有关凭据注明的金额加上相关税费确定;没有相关凭据可供取得但按规定经过资产评估的,其成本按照评估价值加上相关税费确定;没有相关凭据可供取得且未经资产评估的,其成本比照同类或类似资产的市场价格加上相关税费确定;没有相关凭据且未经资产评估、同类或类似资产的市场价格也无法可靠取得的,按照名义金额入账,相关税费计入当期费用。

确定接受捐赠无形资产的初始入账成本时,应当考虑该项资产尚可为政府会计主体带来服务潜力或经济利益的能力。政府会计主体无偿调入的无形资产,其成本按照调出方账面价值加上相关税费确定。

(四)无形资产的后续计量

1. 无形资产的摊销

政府会计主体应当于取得或形成无形资产时合理确定其使用年限。无形资产的使用年限为有限的,应当估计该使用年限。无法预见无形资产为政府会计主体提供服务潜力或者带来经济利益期限的,应当视为使用年限不确定的无形资产。政府会计主体应当对使用年限有限的无形资产进行摊销,但已摊销完毕仍继续使用的无形资产和以名义金额计量的无形资产除外。摊销是指在无形资产使用年限内,按照确定的方法对

应摊销金额进行系统分摊。对于使用年限有限的无形资产,政府会计主体应当按照以下原则确定无形资产的摊销年限:

(1) 法律规定了有效年限的,按照法律规定的有效年限作为摊销年限;

(2) 法律没有规定有效年限的,按照相关合同或单位申请书中的受益年限作为摊销年限;

(3) 法律没有规定有效年限、相关合同或单位申请书也没有规定受益年限的,应当根据无形资产为政府会计主体带来服务潜力或经济利益的实际情况,预计其使用年限;

(4) 非大批量购入、单价小于1 000元的无形资产,可以于购买的当期将其成本一次性全部转销。

政府会计主体应当按月对使用年限有限的无形资产进行摊销,并根据用途计入当期费用或者相关资产成本。政府会计主体应当采用年限平均法或者工作量法对无形资产进行摊销,应摊销金额为其成本,不考虑预计残值。因发生后续支出而增加无形资产成本的,对于使用年限有限的无形资产,应当按照重新确定的无形资产成本以及重新确定的摊销年限计算摊销额。使用年限不确定的无形资产不应摊销。

2. 无形资产的处置

政府会计主体按规定报经批准出售无形资产的,应当将无形资产的账面价值转销计入当期费用,并将处置收入大于相关处置税费后的差额按规定计入当期收入或者做应缴款项处理,将处置收入小于相关处置税费后的差额计入当期费用。政府会计主体按规定报经批准对外捐赠、无偿调出无形资产的,应当将无形资产的账面价值予以转销,对外捐赠、无偿调出中发生的归属于捐出方、调出方的相关费用应当计入当期费用。政府会计主体按规定报经批准以无形资产对外投资的,应当将该无形资产的账面价值予以转销,并将无形资产在对外投资时的评估价值与其账面价值的差额计入当期收入或费用。无形资产预期不能为政府会计主体带来服务潜力或者经济利益的,应当在报经批准后将该无形资产的账面价值予以转销。

(五) 无形资产的披露

政府会计主体应当按照无形资产的类别在附注中披露与无形资产有关的下列信息:

(1) 无形资产账面余额、累计摊销额、账面价值的期初、期末数及其本期变动情况。

(2) 自行开发无形资产的名称、数量,以及账面余额和累计摊销额的变动情况。

(3) 以名义金额计量的无形资产名称、数量,以及以名义金额计量的理由。

(4) 接受捐赠、无偿调入无形资产的名称、数量等情况。

(5) 使用年限有限的无形资产,其使用年限的估计情况;使用年限不确定的无形资产,其使用年限不确定的确定依据。

(6) 无形资产出售、对外投资等重要资产处置的情况。

二、其他资产

(一) 其他资产的含义

政府会计主体的其他资产包括公共基础设施和政府储备物资,它们属于政府会计主体控制的经管类资产。经管类资产的典型特征是政府会计主体控制的,供社会公众使用的经济资源,主要包括公共基础设施、政府储备物资、文物文化资产、保障性住房等。这里主要以公共基础设施和政府储备物资为例介绍经管类资产的会计处理。

(二)公共基础设施的确认与计量

1. 公共基础设施的含义

公共基础设施是指政府会计主体为满足公共需求而控制的,同时具有以下特征的有形资产:①是一个有形资产系统或网络的组成部分;②具有特定用途;③一般不可移动。

公共基础设施主要包括市政基础设施(如城市道路、桥梁、隧道、公交场站、路灯、广场、公园绿地、室外公共健身器材,以及环卫、排水、供水、供电、供气、供热、污水处理、垃圾处理系统等)、交通基础设施(如公路、航道、港口等)、水利基础设施(如大坝、堤防、水闸、泵站、渠道等)和其他公共基础设施。独立于公共基础设施,不构成公共基础设施使用不可缺少组成部分的管理维护用房屋建筑物、设备、车辆等,应当确认为固定资产。

2. 公共基础设施的确认

通常情况下,公共基础设施应当由按规定对其负有管理维护职责的政府会计主体予以确认。

多个政府会计主体共同管理维护的公共基础设施,应当由对该资产负有主要管理维护职责或者承担后续主要支出责任的政府会计主体予以确认。分为多个组成部分由不同政府会计主体分别管理维护的公共基础设施,应当由各个政府会计主体分别对其负责管理维护的公共基础设施的相应部分予以确认。负有管理维护公共基础设施职责的政府会计主体通过政府购买服务方式委托企业或其他会计主体代为管理维护的公共基础设施,该公共基础设施应当由委托方予以确认。

3. 公共基础设施的计量

为了核算公共基础设施,政府会计主体应当设置"公共基础设施"和"公共基础设施累计折旧(摊销)"科目。

(1)取得。在取得公共基础设施时,应当按照其成本入账,会计处理与固定资产基本相同。按月计提公共基础设施折旧时,应当按照应计提的折旧额,借记"业务活动费用"科目,贷记"公共基础设施累计折旧(摊销)"科目。

(2)处置。在处置公共基础设施时,应当按照所处置公共基础设施的账面价值,借记"资产处置费用""无偿调拨净资产""待处理财产损溢"等科目,按照已计提的折旧额,借记"公共基础设施累计折旧(摊销)"科目,按照公共基础设施的账面余额,贷记"公共基础设施"科目。

【例3-53】 某行政单位接上级主管部门通知,于2019年2月接管一条公路,该公路目前的账面价值为20 000 000元,相关手续办理花费50 000元,用银行存款支付;3月,为延长该公路的使用年限,对其进行扩建,花费8 000 000元,用财政直接支付方式支付;8月,工程竣工验收,但尚未办理竣工决算,估计价值38 000 000元。应做如下财务会计分录:

(1) 2月接管公路时:
借:公共基础设施　　　　　　　　　　　　　20 050 000
　　贷:无偿调拨净资产　　　　　　　　　　　　　　20 000 000
　　　　银行存款　　　　　　　　　　　　　　　　　　50 000
同时,应做如下预算会计分录:
借:其他支出　　　　　　　　　　　　　　　　50 000
　　贷:资金结存——货币资金　　　　　　　　　　　　50 000
(2) 3月进行扩建时:
借:在建工程　　　　　　　　　　　　　　　8 000 000
　　贷:财政拨款收入　　　　　　　　　　　　　　　8 000 000
借:在建工程　　　　　　　　　　　　　　　20 050 000
　　贷:公共基础设施　　　　　　　　　　　　　　　20 050 000
同时,应做如下预算会计分录:
借:行政支出　　　　　　　　　　　　　　　8 000 000
　　贷:财政拨款预算收入　　　　　　　　　　　　　8 000 000
(3) 8月竣工验收时因尚未办理竣工决算,按其估计价值,做如下财务会计分录:
借:公共基础设施　　　　　　　　　　　　　38 000 000
　　贷:在建工程　　　　　　　　　　　　　　　　　38 000 000

(三) 政府储备物资的确认与计量

1. 政府储备物资的含义

政府储备物资是指政府会计主体为满足国家安全与发展战略、进行抗灾救灾、应对公共突发事件等特定公共需求而控制的,同时具有下列特征的有形资产:

(1) 其购入、存储保管、更新(轮换)、动用等由政府及相关部门发布的专门管理制度严格规范;

(2) 其购入、存储保管、更新(轮换)、动用等的计划与执行需报经相关部门批准;

(3) 在应对可能发生的特定事件或情形时动用。

政府储备物资包括战略及能源物资、抢险抗灾救灾物资、农产品、医药物资和其他重要商品物资,通常情况下由政府会计主体委托承储单位存储。

2. 政府储备物资的确认

通常情况下,政府储备物资应当由按规定对其负有行政管理职责的政府会计主体予以确认。行政管理职责主要指提出或拟订收储计划、更新(轮换)计划、动用方案等。相关行政管理职责由不同政府会计主体行使的政府储备物资,由负责提出收储计划的政府会计主体予以确认。对政府储备物资不负有行政管理职责但接受委托具体负责执行其存储保管等工作的政府会计主体,应当将受托代储的政府储备物资作为受托代理资产核算。

3. 政府储备物资的计量

为了核算政府储备物资,政府会计主体应当设置"政府储备物资"科目。政府储备物资在取得时,应当按照其成本入账,会计处理与库存物品基本一致。因动用而发出无须收回的政府储备物资的,按照发出物资的账面余额,计入业务活动费用;因动用而发出需要收回或者预期可能收回的政府储备物资的,政府会计主体应当在按规定的质量验收标准收回物资时,将未收回物资的账面余额予以转销,计入业务活动费用;因行政管理主体变动等而将政府储备物资调拨给其他主体的,按照无偿调出政府储备物资的账面余额冲减无偿调拨净资产。对外销售政府储备物资并将销售收入纳入单位预算统一管理的,应当将发出物资的账面余额计入业务活动费用,将实现的销售收入计入当期收入;对外销售政府储备物资并按规定将销售净收入上缴财政的,应当将销售取得的价款大于所承担的相关税费后的差额确认为应缴财政款。

【例3-54】 某市行政单位为夏季防汛用物资做储备,自行购入防汛用器材,价款1 000 000元,采用财政直接支付方式支付;同时,接收某省级行政单位无偿调入的一批防汛用器材,价值200 000元,并用银行存款支付运输费40 000元,以及接收市内某器材公司捐赠的一批防汛用器材,价值50 000元,并用银行存款支付运输费10 000元。应做如下财务会计分录:

借:政府储备物资　　　　　　　　　　　　　　　1 000 000
　　贷:财政拨款收入　　　　　　　　　　　　　　　1 000 000
借:政府储备物资　　　　　　　　　　　　　　　240 000
　　贷:无偿调拨净资产　　　　　　　　　　　　　　200 000
　　　　银行存款　　　　　　　　　　　　　　　　40 000
借:政府储备物资　　　　　　　　　　　　　　　60 000
　　贷:捐赠收入　　　　　　　　　　　　　　　　50 000
　　　　银行存款　　　　　　　　　　　　　　　　10 000

同时,应做如下预算会计分录:

借:行政支出　　　　　　　　　　　　　　　　1 000 000
　　贷:财政拨款预算收入　　　　　　　　　　　　　1 000 000
借:其他支出　　　　　　　　　　　　　　　　40 000
　　贷:资金结存——货币资金　　　　　　　　　　　40 000
借:其他支出　　　　　　　　　　　　　　　　10 000
　　贷:资金结存——货币资金　　　　　　　　　　　10 000

思考题

1. 行政单位的资产有哪些?
2. 什么是零余额账户用款额度?
3. 事业单位的固定资产有哪几类?
4. 事业单位哪些情况能够引起固定资产总额发生变化?
5. 政府会计主体的固定资产可采用哪些方法计提折旧?

业务处理题

1. 某事业单位2018年7月12日将一台使用过的机器设备用于对外投资,双方协商作价900 000元,购入被投资单位70%的股权。该机器设备为2016年7月购入,原始价值为1 000 000元,预计使用年限为5年,同时该机器设备的运费20 000元由该事业单位承担,用银行存款支付。2018年12月31日,被投资单位实现利润300 000元,除净损益和利润分配以外的所有者权益变动金额为100 000元。2019年2月1日,被投资单位宣告发放现金股利100 000元。

要求:做出必要的会计处理。

2. 我国某事业单位执行《事业单位会计制度》,该事业单位已经实行国库集中收付制度改革,发生下列会计事项:

(1)月初,该事业单位收到代理银行通知,本月基本经费财政授权支付额度为30万元,已经到账。

(2)该事业单位通过财政直接支付,购买一台设备,价值10万元。

(3)该事业单位通过财政直接支付,购买一批材料已经入库,价值7 000元。

(4)该事业单位开出授权支付凭证,用财政授权支付额度购买零星办公用品,支付价款4 000元。

(5)该事业单位开出授权支付凭证,提取现金5 000元。

要求:做出必要的会计处理。

3. 某事业单位2018年发生以下经济业务:

(1)该事业单位融资租入设备一台,按租赁协议规定,设备价款600 000元,运输费4 000元,安装调试费6 000元,设备安装调试完毕交付使用。融资租入设备的租赁费分五年付清,通过银行支付第一年租赁费。

(2)该事业单位用修购基金购买设备一台,支付价款100 000元,增值税税额16 000元,运杂费3 000元。

(3)该事业单位属于一般纳税人,向其他单位投出材料一批,双方协议作价80 000元,不含增值税的账面价值为70 000元,应负担的增值税税额为11 200元。

(4)该事业单位根据该月取得的事业收入200 000元和经营收入300 000元,分别按3%和4%的比例提取修购基金。

要求:做出必要的会计处理。

4. 某事业单位12月1日通过政府采购购入计算机两台,共计6 530元,验收合格,交付使用。12月5日,通过财政授权支付购入办公桌十张,共计5 600元,扣留质量保证金1 000元。12月8日,经有关部门鉴定和批准,对危房及附属设施进行维修,总支出810 000元,财政直接支付。12月18日,通过政府采购购入小汽车一辆,价款129 800元,车辆购置税11 033元,共计140 833元,货款由财政直接支付。12月22日,经批准,将一台旧设备出售,该设备原价5万元,累计折旧4万元,收到出售货款1.2万元。12月28日,经批准,报废电视机一台,该电视机原价3 200元,累计折旧3 000元,残值收入200元,收入库存现金。

要求:做出必要的会计处理。

第四章 负债会计

引导案例

袁海霞:融资平台转型对地方债务风险化解有重要作用

2018年4月,由中国财政科学研究院《财政科学》杂志主办的主题为"地方政府隐性债务"的专题沙龙在北京举行。"作为隐性债务的主要载体,融资平台存量债务风险的化解以及其未来的发展转型对隐性债务化解有着重要的作用。"中诚信国际信用评级有限责任公司研究院首席分析师袁海霞表示。

袁海霞指出,防范化解重大风险,地方政府债务的风险首当其冲。防范地方政府债务,尤其是隐性债务风险,是守住不发生系统性和区域性风险底线的必然要求和重中之重。

她指出,研究地方政府债务离不开对融资平台的分析。融资平台是地方投融资体制改革的产物。随着20世纪90年代预算法和分税制改革,中央相应的财政事权和支出责任向地方政府转移,在这种情况下地方政府建设的资金缺口尤为凸显,于是融资平台成为地方政府融资的代理人。2008年金融危机后,"四万亿"政策推动下,融资平台实现第一轮扩张,地方政府债务快速增长;2011年后,影子银行快速发展,融资平台第二轮快速扩张,继续推动地方政府债务增长;2014年以来,中央政府对地方政府举债的监管加强,但地方政府债务隐性化问题加剧。《2018年国务院政府工作报告》提出,坚决打好三大攻坚战,推动重大风险防范化解取得明显进展。防风险背景下,防范地方政府债务风险是牢牢守住不发生系统性风险底线的必然要求,必须高度关注地方政府债务尤其是隐性债务所蕴含的风险。

对于如何有效遏制地方政府债务的隐性风险,袁海霞表示可以通过以下途径进行缓解:

第一,完善地方政府债务的管理机制,从进一步健全匹配的财税体制、提高地方政府债务管理的透明度、完善债务风险预警处置机制、着力贯彻落实好相关制度、提高地方政府债务发行的市场化水平方面来考虑。在确保不发生区域性风险的情况下落实好现有政策,妥善解决债务风险,规范新增的债务管理,是一个难题。

第二,建立持续的金融整顿的长效机制,加大对能够带来隐性债务风险的金融机构的监管。

第三,严格市场预期,加大对地方的问责和整改力度,彻底打破幻想,这对整体遏制隐性债务也是有帮助的。

她强调,作为隐性债务的主要载体,融资平台存量债务风险的化解以及其未来的发展转型对隐性债务化解有着重要的作用。因此,未来要推进地方融资平台的转型。对于经营性业务,要按照国有企业改革推进,按照经营性、公益性、商业化等分类推进整改;同时,在这个过程中要处理好政府和企业的关系。

资料来源:殷晓霞,"袁海霞:融资平台转型对地方债务风险化解有重要作用",中国发展门户网,2018年4月17日(http://cn.chinagate.cn/news/2018-04/17/content_50897154.htm,访问时间:2019年7月20日,有删改)。

思考并讨论:
1. 融资平台的存在主要是为了满足地方政府在提供公共管理和服务中的融资需求吗?
2. 何谓政府负债?
3. 政府负债包括哪些内容?

第一节 短期借款与应缴财政款

一、短期借款

短期借款是指政府会计主体经批准向银行或其他金融机构借入的期限在1年以内(含1年)的各种借款。从经济意义上来看,短期借款实质上反映了政府会计主体与资金供给者之间的短期资金借贷关系。政府会计主体借入款项时,应遵循以下借入款项的管理要求:①符合国家政策。政府会计主体借入的款项,必须按照国家的有关政策使用,不能盗用名义,用于违背国家政策的事项。②有借款计划。政府会计主体借入款项事先应编制计划,按批准的计划组织借款。③有还款能力。政府会计主体在申请借入款项时,应落实偿还借款的资金来源,不能盲目举借无还款能力的款项。④有经济效益。政府会计主体借入款项,就构成了一项负债。归还借入款项时,不仅应归还借入的本金,还应支付利息,因此,政府会计主体在申请借入款项时,必须考虑借入款项的经济效益,不能举借无经济效益的款项。⑤遵守信用。政府会计主体借入款项必须按照合同的规定及时偿还本息,不可拖欠违约。

短期借款确认与计量的内容主要有:

(1)借入各种短期借款时,按照实际借入的金额,应借记"银行存款"科目,贷记"短期借款"科目。

(2)支付借款利息时,应借记"其他费用"等科目,贷记"银行存款"科目。

(3)归还本金时,应借记"短期借款"等科目,贷记"银行存款"科目。

【例4-1】 2019年3月1日,某事业单位向建设银行某支行借入为期6个月的短期借款8 000 000元,将其存入银行,以备垫付工程款项,应做如下财务会计分录:

借:银行存款　　　　　　　　　　　　　　　　　　　　　　　8 000 000

贷:短期借款　　　　　　　　　　　　　　　　　　　　　　　　　　8 000 000

　　同时,应做如下预算会计分录:

　　借:资金结存——货币资金　　　　　　　　　　　　　　　　　　　8 000 000

　　　贷:债务预算收入　　　　　　　　　　　　　　　　　　　　　　8 000 000

【例4-2】 2019年3月10日,某事业单位的银行承兑汇票到期,单位无力支付票款6 000 000元,由银行代为付款,应做如下财务会计分录:

　　借:应付票据　　　　　　　　　　　　　　　　　　　　　　　　6 000 000

　　　贷:短期借款　　　　　　　　　　　　　　　　　　　　　　　6 000 000

　　同时,应做如下预算会计分录:

　　借:经营支出　　　　　　　　　　　　　　　　　　　　　　　　6 000 000

　　　贷:债务预算收入　　　　　　　　　　　　　　　　　　　　　6 000 000

【例4-3】 2019年3月15日,某事业单位用银行存款归还了月初向建设银行某支行借入的为期6个月的短期借款8 000 000元,应做如下财务会计分录:

　　借:短期借款　　　　　　　　　　　　　　　　　　　　　　　　8 000 000

　　　贷:银行存款　　　　　　　　　　　　　　　　　　　　　　　8 000 000

　　同时,应做如下预算会计分录:

　　借:债务还本支出　　　　　　　　　　　　　　　　　　　　　　8 000 000

　　　贷:资金结存——货币资金　　　　　　　　　　　　　　　　　8 000 000

二、应缴财政款

应缴财政款是指政府会计主体取得或应收的按照规定应当上缴财政的款项,包括应缴国库的款项和应缴财政专户的款项,但不包括单位按照国家税法等有关规定应当缴纳的各种税费。

(一) 应缴国库款

应缴国库款是指政府会计主体在业务活动中按规定取得的应缴国库的各种款项,包括代收的纳入预算管理的政府性基金、代收的行政性收费收入、罚没收入、无主财物变价收入以及其他按预算管理规定应上缴国库(不包括应交税费)的款项等。罚没收入是指行政单位依据国家法律、法规,对公民、法人和其他组织实施经济处罚所取得的各项罚款、没收款、没收财物变价款以及取得的无主财物变价款。行政性收费是指行政单位在行使行政职能的过程中,依据国家法律、法规,对公民、法人和其他组织收取的行政性费用,如各级公安、司法、工商行政管理等行政单位为发放各种证照等向有关单位和个人收取的证照工本费、手续费、企业登记注册费等。政府性基金是指行政单位依据国家法律、法规,对公民、法人和其他组织无偿征收的具有专门用途的财政资金。

(二) 应缴财政专户款

应缴财政专户款是指政府会计主体按规定代收的应上缴财政专户的预算外资金。

政府会计主体应当设置"应缴财政款"科目,对政府会计主体取得的按照规定应当上缴财政的款项进行核算。本科目应当按照应缴财政款项的类别进行明细核算。"应缴财政款"科目借方反映政府会计主体应缴财政款的减少,贷方反映政府会计主体应缴财政款的增加,期末贷方余额反映政府会计主体应当上缴但尚未缴纳的款项,年终清缴后,"应缴财政款"科目一般应无余额。政府会计主体取得或应收按照规定应当上缴财政的款项时,借记"银行存款""应收账款"科目,贷记"应缴财政款"科目;政府会计主体缴纳应当上缴财政的款项时,按照实际上缴的金额,借记"应缴财政款"科目,贷记"银行存款"等科目。

【例 4-4】 2019 年 5 月 1 日,某行政单位收到本部门负责收取的行政事业性收费 60 000 元(实行集中汇缴方式),银行账户已收到款项,应做如下财务会计分录:

(1) 收到款项时:

借:银行存款 60 000
　　贷:应缴财政款 60 000

(2) 上缴款项时:

借:应缴财政款 60 000
　　贷:银行存款 60 000

【例 4-5】 2019 年 5 月 1 日,某事业单位收到本期应上缴财政专户款 80 000 元,应做如下财务会计分录:

(1) 收到款项时:

借:银行存款 80 000
　　贷:应缴财政款 80 000

(2) 上缴款项时:

借:应缴财政款 80 000
　　贷:银行存款 80 000

【例 4-6】 甲事业单位用一批油料换入乙行政单位一批 A 材料。经协商,油料及 A 材料的运费由甲事业单位承担,乙行政单位向甲事业单位支付 10 000 元的交换差价(补价)。该批油料的账面成本及市场现价均为 100 000 元,运费为 2 000 元;A 材料的账面成本为 70 000 元,市场估价为 90 000 元,运费为 1 000 元。甲、乙单位的交换完成,都已将收到的物品入库,甲事业单位已用银行转账支票支付了全部运费,乙行政单位通过单位零余额账户向甲事业单位银行存款账户支付了全部补价。

(1) 甲事业单位应做如下财务会计分录:

换入材料的入账成本 = 100 000+2 000-10 000 = 92 000(元)

借:库存物品——A 材料 92 000
　　银行存款 10 000
　　资产处置费用 8 000
　　贷:库存物品——油料 100 000
　　　　银行存款 2 000
　　　　应缴财政款 8 000

(2) 乙行政单位应做如下财务会计分录:

换入油料的入账成本 = 90 000+1 000+10 000 = 101 000(元)

借:库存物品——油料 101 000
 贷:库存物品——A材料 70 000
  银行存款 1 000
  零余额账户用款额度 10 000
  其他收入 20 000

同时,应做如下预算会计分录:
借:其他支出 11 000
 贷:资金结存——货币资金 1 000
  资金结存——零余额账户用款额度 10 000

第二节 应交税费与应付职工薪酬

一、应交税费

应交税费是指政府会计主体按照国家税法等有关规定应当交纳的各种税费,包括增值税、城市维护建设税、教育费附加、房产税、车船税、城镇土地使用税等。

(一) 应交增值税的含义

应交增值税是指政府会计主体销售货物或者提供加工、修理修配劳务活动本期应交纳的增值税,按照缴税主体不同分为一般纳税人和小规模纳税人。属于一般纳税人的政府会计主体为进行应交增值税的会计核算,应在"应交增值税"科目下设置"应交税金""未交税金""预交税金""待抵扣进项税额""待认证进项税额""待转销项税额""简易计税""转让金融商品应交增值税""代扣代交增值税"等明细科目。属于增值税小规模纳税人的政府会计主体只需在"应交增值税"科目下设置"转让金融商品应交增值税""代扣代交增值税"等明细科目。

(二) 应交增值税的确认与计量

1. 进项税额的确认与计量

进项税额抵扣的情况较为复杂,根据税法规定,不同业务进项税额抵扣的情形分为可以抵扣、不可抵扣以及可以分期抵扣几种。

(1) 可以抵扣。单位购进用于增值税应税项目的资产或服务等时,应按照应计入相关成本费用或资产的金额,借记"业务活动费用""在途物品""库存物品""工程物资""在建工程""固定资产""无形资产"科目,按照当月已认证的可抵扣增值税税额,借记"应交增值税——应交税金(进项税额)"科目,按照当月未认证的可抵扣增值税税额,借记"应交增值税——待认证进项税额"科目,按照应付或实际支付的金额,贷记"银行存款"等科目。

(2) 不可抵扣。单位购进资产或服务等用于简易计税方法计税项目、免征增值税项目、集体福利或个人消费等,或小规模纳税人购进资产或服务等时,其进项税额不得抵扣。取得增值税专用发票时,应按照增值税专用发票注明的金额,借记相关成本费用或资产科目,按照待认证的增值税进项税额,借记"应交增值税——待认证进项税额"科目,按照应付或实际支付的金额,贷记"应付账款""银行存款"等科目,经税务机关认证为不可抵扣进项税额时,借记"应交增值税——应交税金(进项税额)"科目,贷记"应交增值税——待认证进项税额"科目,同时,将进项税额转出,借记相关成本费用或资产科目,贷记"应交增值税——应交税金(进项税额转出)"科目。

(3) 可以分期抵扣。单位取得应税项目为不动产或者不动产在建工程,其进项税额按照现行增值税制度规定自取得之日起分两年从销项税额中抵扣的,应按照取得成本,借记"固定资产""在建工程"等科目,按照当期可抵扣的增值税税额,借记"应交增值税——应交税金(进项税额)"科目,按照以后期间可抵扣的增值税税额,借记"应交增值税——待抵扣进项税额"科目,按照应付或实际支付的金额,贷记"应付账款""银行存款"等;尚未抵扣的进项税额待以后期间允许抵扣时,按照允许抵扣的金额,借记"应交增值税——应交税金(进项税额)"科目,贷记"应交增值税——待抵扣进项税额"科目。

(4) 进项税额抵扣情况发生改变。单位因发生非正常损失或改变用途等,原已计入进项税额、待抵扣进项税额或待认证进项税额,但按照现行增值税制度规定不得从销项税额中抵扣的,应借记"待处理财产损益""固定资产""无形资产"等科目,贷记"应交增值税——应交税金(进项税额转出)""应交增值税——待抵扣进项税额""应交增值税——待认证进项税额"科目。原不得抵扣进项税额的固定资产、无形资产等,因改变用途等用于允许抵扣进项税额的应税项目的,应按照允许抵扣的进项税额,借记"应交增值税——应交税金(进项税额)"科目,贷记"固定资产""无形资产"科目。

2. 销项税额的确认与计量

(1) 销售资产或提供服务销项税额的确认与计量。单位销售资产或提供服务,应当按照应收或已收的金额,借记"应收账款""银行存款"等科目,按照确认的收入金额,贷记"经营收入""事业收入"等科目,按照现行增值税制度规定计算的销项税额或采用简易计税方法计算的应纳增值税,贷记"应交增值税——应交税金(销项税额)"或"应交增值税——简易计税"科目。发生销售退回的,应根据按照规定开具的经字增值税专用发票做相反的会计分录。

(2) 金融商品转让销项税额的确认与计量。金融商品转让按照规定以盈亏相抵后的余额作为销售额。金融商品实际转让月末,如产生转让收益,则按照应纳税额,借记"投资收益"科目,贷记"应交增值税——转让金融商品应交增值税"科目;如产生转让损失,则可结转下月抵扣税额,借记"应交增值税——转让金融商品应交增值税"科目,贷记"银行存款"等科目。

3. 月末转出应交未交、多交增值税的确认与计量

月度终了,单位应当将当月应交未交或多交的增值税自"应交税金"明细科目转入"未交税金"明细科目。对于当月应交未交的增值税,借记"应交增值税——应交税金(转出未交增值税)"科目,贷记"应交增值税——未交税金"科目;对于当月多交的增值税,借记"应交增值税——未交税金"科目,贷记"应交增值税——应交税金(转出多交增值税)"科目。

4. 交纳增值税的确认与计量

（1）交纳当月应交增值税。单位交纳当月应交增值税，借记"应交增值税——应交税金（已交税金）"（小规模纳税人借记"应交增值税"）科目，贷记"银行存款"等科目。

（2）交纳以前期间未交增值税。单位交纳以前期间未交增值税，借记"应交增值税——未交税金"（小规模纳税人借记"应交增值税"）科目，贷记"银行存款"等科目。

（3）预交增值税。单位预交增值税，借记"应交增值税——预交税金"科目，贷记"银行存款"等科目。

（4）减免增值税。对于当期直接减免的增值税，借记"应交增值税——应交税金（减免税款）"科目，贷记"业务活动费用""经营费用"科目。

【例 4-7】 某事业单位为增值税一般纳税人，2018 年 12 月销售科研设备取得收入 468 000 元，开具增值税专用发票，注明价款 400 000 元，增值税税额 64 000 元，款项已全部收取，应做如下财务会计分录：

借：银行存款　　　　　　　　　　　　　　　　　　　464 000
　　贷：事业收入　　　　　　　　　　　　　　　　　　400 000
　　　　应交增值税——应交税金（销项税额）　　　　　 64 000

同时，应做如下预算会计分录：

借：资金结存——货币资金　　　　　　　　　　　　　464 000
　　贷：事业预算收入　　　　　　　　　　　　　　　　464 000

【例 4-8】 承上例，该事业单位购进科研设备一台，取得销售方开具的增值税专用发票，注明价款 700 000 元，增值税税额 112 000 元，销售方转来代垫设备运费的货物运输业增值税专用发票，注明价款 100 000 元，增值税税额 1 000 元，货款、运费均未支付。假设该项增值税税额当月已认证，应做如下财务会计分录：

借：固定资产　　　　　　　　　　　　　　　　　　　710 000
　　应交增值税——应交税金（进项税额）　　　　　　 113 000
　　贷：应付账款　　　　　　　　　　　　　　　　　　823 000

【例 4-9】 承上例，该事业单位用银行存款购进科研专用材料，取得增值税专用发票，注明价款 50 000 元，增值税税额 8 000 元。假设该项增值税税额当月已认证，应做如下财务会计分录：

借：库存物品　　　　　　　　　　　　　　　　　　　 50 000
　　应交增值税——应交税金（进项税额）　　　　　　　 8 000
　　贷：银行存款　　　　　　　　　　　　　　　　　　 58 000

【例 4-10】 承上例，该事业单位以前月份已开具增值税专用发票并收取的科研设备款 580 000 元，因设备质量原因，经协商调减 20%，当月凭对方税务机关出具的《开具红字增值税专用发票通知单》，开具红字增值税专用发票，注明价款 100 000 元，增值税税额 16 000 元，相应款项已退还，假设该项增值税税额发生时已认证，应做如下财务会计分录：

借：银行存款　　　　　　　　　　　　　　　　　　　116 000
　　贷：事业收入　　　　　　　　　　　　　　　　　　100 000

　　　　应交增值税——应交税金(销项税额)　　　　　　　　　　　16 000
　　同时,应做如下预算会计分录:
　　借:资金结存——货币资金　　　　　　　　　　　　　　　116 000
　　　贷:事业预算收入　　　　　　　　　　　　　　　　　　　　116 000

二、其他应交税费

(一) 其他应交税费的含义

其他应交税费是指政府会计主体按照国家税法等有关规定应当交纳的除增值税以外的各种税费,包括城市维护建设税、教育费附加、地方教育费附加、房产税、车船税、城镇土地使用税和企业所得税等。单位代扣代缴的个人所得税也通过本科目核算。应当交纳的印花税不需要预提应交税费,直接通过"业务活动费用""单位管理费用""经营费用"等科目核算,不通过"其他应交税费"科目核算。

(二) 其他应交税费的确认与计量

政府会计主体应当设置"其他应交税费"科目,用以反映政府会计主体按照国家税法等有关规定应当交纳的除增值税以外的各种税费,"其他应交税费"科目应当按照应交纳的税费种类进行明细核算。"其他应交税费"科目借方反映政府会计主体当期应交税费的减少,贷方反映政府会计主体当期应交税费的增加,期末贷方余额反映政府会计主体应交未交的税费金额。期末如为借方余额,反映政府会计主体多交纳的除增值税以外的税费金额。

政府会计主体发生城市维护建设税、教育费附加、地方教育费附加、房产税、车船税、城镇土地使用税等纳税义务时,应按照税法规定计算应交税费金额,借记"业务活动费用""单位管理费用""经营费用"等科目,贷记"其他应交税费"科目。政府会计主体代扣代缴个人所得税时,应按照税法规定计算应代扣代缴职工的个人所得税,借记"应付职工薪酬"科目,贷记"其他应交税费"科目;按照税法规定计算应代扣代缴职工以外其他人员的个人所得税,借记"业务活动费用""单位管理费用"科目,贷记"其他应交税费"科目。政府会计主体实际缴纳上述各种税费时,借记"其他应交税费"科目,贷记"财政拨款收入""零余额账户用款额度""银行存款"等科目。

【例4-11】 2019年6月,某行政单位为职工代扣代缴5月个人所得税55 000元,并以财政直接支付方式支付给相关部门,应做如下财务会计分录:

(1) 代扣个人所得税时:
借:应付职工薪酬　　　　　　　　　　　　　　　　　　　　55 000
　贷:其他应交税费——应交个人所得税　　　　　　　　　　　55 000

(2) 实际缴纳个人所得税时:
借:其他应交税费——应交个人所得税　　　　　　　　　　　55 000
　贷:财政拨款收入　　　　　　　　　　　　　　　　　　　　55 000
同时,应做如下预算会计分录:
借:行政支出　　　　　　　　　　　　　　　　　　　　　　　55 000

贷：财政拨款预算收入　　　　　　　　　　　　　　　　　　　　　　　　55 000

　　【例 4-12】　2018 年 12 月,某行政单位计算本年应交纳的车船使用税共 2 000 元,并且以银行转账方式支付给相关部门,应做如下财务会计分录:

　　(1) 计提税费时:
　　借:其他费用　　　　　　　　　　　　　　　　　　　　　　　　　　　　2 000
　　　　贷:其他应交税费——应交车船税　　　　　　　　　　　　　　　　　　2 000
　　(2) 实际缴纳税费时:
　　借:其他应交税费——应交车船税　　　　　　　　　　　　　　　　　　　2 000
　　　　贷:银行存款　　　　　　　　　　　　　　　　　　　　　　　　　　　2 000
　　同时,应做如下预算会计分录:
　　借:其他支出　　　　　　　　　　　　　　　　　　　　　　　　　　　　2 000
　　　　贷:资金结存——货币资金　　　　　　　　　　　　　　　　　　　　　2 000

三、应付职工薪酬

(一) 应付职工薪酬的含义

应付职工薪酬是指政府会计主体按照有关规定应付给职工及为职工支付的各种薪酬,包括基本工资、津贴补贴、奖金、社会保险费、住房公积金等。政府会计主体应当设置"应付职工薪酬"科目,对单位应付给职工及为职工支付的各种薪酬进行核算。"应付职工薪酬"科目应当根据国家有关规定按照"基本工资""国家统一规定的津贴补贴""规范津贴补贴(绩效工资)""改革性补贴""社会保险费""住房公积金""其他个人收入"等进行明细核算。

(二) 应付职工薪酬的确认与计量

应付职工薪酬确认与计量的内容主要有:

(1) 计算确认当期应付职工薪酬(含单位为职工计算交纳的社会保险费、住房公积金)。计提从事专业及其辅助活动人员的职工薪酬时,借记"业务活动费用""单位管理费用"科目,贷记"应付职工薪酬"科目;计提应由在建工程、加工物品、自行研发无形资产负担的职工薪酬时,借记"在建工程""加工物品""研发支出"科目,贷记"应付职工薪酬"科目;计提从事专业及其辅助活动之外的经营活动人员的职工薪酬时,借记"经营费用"科目,贷记"应付职工薪酬"科目;因解除与职工的劳动关系而给予补偿时,借记"单位管理费用"科目,贷记"应付职工薪酬"科目。

(2) 向职工支付工资、津贴补贴等薪酬。向职工支付工资、津贴补贴等薪酬时,按照实际支付的金额,借记"应付职工薪酬"科目,贷记"财政拨款收入""零余额账户用款额度""银行存款"等科目。

(3) 按照税法规定代扣职工个人所得税。按照税法规定代扣职工个人所得税时,借记"应付职工薪酬"科目,贷记"其他应交税费——应交个人所得税"科目;从应付职工薪酬中代扣为职工垫付的水电费、房租费用时,按照实际扣除的金额,借记"应付职工薪酬"科目,贷记"其他应收款"科目;从应付职工薪酬中代扣社会保险费、住房公积金时,按照实际扣除的金额,借记"应付职工薪酬"科目,贷记"应付职工薪酬——社会保险费、住房公积金"科目。

（4）缴纳职工社会保险费和住房公积金。根据国家有关规定缴纳职工社会保险费和住房公积金时，按照实际支付的金额，借记"应付职工薪酬——社会保险费、住房公积金"科目，贷记"财政拨款收入""零余额账户用款额度""银行存款"科目。

（5）从应付职工薪酬中支付其他款项。从应付职工薪酬中支付其他款项时，借记"应付职工薪酬"科目，贷记"财政拨款收入""零余额账户用款额度""银行存款"科目。

【例4-13】 2019年5月，某事业单位为开展专业业务活动及其辅助活动的人员发放工资500 000元，津贴300 000元，奖金100 000元，按规定应代扣代缴个人所得税30 000元，该单位以国库授权支付方式支付职工薪酬并上缴代扣的个人所得税，应做如下财务会计分录：

（1）计算应付职工薪酬时：

借：业务活动费用　　　　　　　　　　　　　　　　900 000
　　贷：应付职工薪酬　　　　　　　　　　　　　　　　900 000

（2）代扣个人所得税时：

借：应付职工薪酬　　　　　　　　　　　　　　　　30 000
　　贷：其他应交税费——应交个人所得税　　　　　　30 000

（3）实际支付职工薪酬时：

借：应付职工薪酬　　　　　　　　　　　　　　　　870 000
　　贷：零余额账户用款额度　　　　　　　　　　　　870 000

同时，应做如下预算会计分录：

借：事业支出　　　　　　　　　　　　　　　　　　870 000
　　贷：资金结存——零余额账户用款额度　　　　　　870 000

（4）上缴代扣的个人所得税时：

借：其他应交税费——应交个人所得税　　　　　　　30 000
　　贷：零余额账户用款额度　　　　　　　　　　　　30 000

同时，应做如下预算会计分录：

借：事业支出　　　　　　　　　　　　　　　　　　30 000
　　贷：资金结存——零余额账户用款额度　　　　　　30 000

第三节　应付及暂收款项与预提费用

一、应付及暂收款项

应付及暂收款项是指政府会计主体在开展业务活动过程中发生的各项债务，包括应付账款、应付票据、其他应付款等。

（一）应付账款

1.应付账款的含义

应付账款是指政府会计主体因购买物资或服务、工程建设等而应付的偿还期限在1

年以内(含1年)的款项。政府会计主体应设置"应付账款"科目,对于建设项目,还应设置"应付器材款""应付工程款"等明细科目。"应付账款"科目应当按照债权单位进行明细核算。

2.应付账款的确认与计量

应付账款确认与计量的内容主要有:

(1)发生应付账款时,按照应付未付的金额,借记"库存物品""固定资产"等科目,贷记"应付账款"科目。涉及增值税业务的,相关账务处理参见"应交增值税"科目。

(2)偿付应付账款时,按照实际支付的金额,借记"应付账款"科目,贷记"财务拨款收入""零余额账户用款额度""银行存款"等科目。

(3)报经批准核销应付账款时,借记"应付账款"科目,贷记"其他收入"科目。

【例4-14】 2019年5月1日,某行政单位从大众商场购入一批办公用品,价款20 000元,购入的办公用品已到货并验收入库,7月1日通过单位零余额账户支付货款,应做如下财务会计分录:

(1)2018年5月1日购入办公用品时:

借:库存物品　　　　　　　　　　　　　　　　　　　　20 000
　　贷:应付账款——大众商场　　　　　　　　　　　　　　　20 000

(2)7月1日支付货款时:

借:应付账款——大众商场　　　　　　　　　　　　　　　20 000
　　贷:零余额账户用款额度　　　　　　　　　　　　　　　　20 000

同时,应做如下预算会计分录:

借:行政支出　　　　　　　　　　　　　　　　　　　　20 000
　　贷:资金结存——零余额账户用款额度　　　　　　　　　　20 000

(二)应付票据

1. 应付票据的含义

应付票据是指政府会计主体因购买材料、物资所开出、承兑的商业汇票,包括银行承兑汇票和商业承兑汇票。按国家有关规定,单位之间只在有商品交易的情况下,才能使用商业汇票结算方式。在会计核算中,购买商品在采用商业汇票结算方式下,如果开出的是商业承兑汇票,则付款单位应在付款方承兑,如果开出的是银行承兑汇票,则必须经银行承兑。付款单位应在商业汇票到期前,及时将款项足额交存其开户银行,可使银行在到期日凭票将款项划转给收款人、被背书人或贴现银行。

2. 应付票据的确认与计量

政府会计主体应设置"应付票据"科目,以便核算政府会计主体发生债务时所开出、承兑的各种商业汇票,"应付票据"科目应当按照债权人进行明细核算。"应付票据"科目借方反映当期政府会计主体应付票据的减少,贷方反映当期政府会计主体应付票据的增加,期末贷方余额反映政府会计主体开出、承兑的尚未到期的应付票据金额。

应付票据确认与计量的内容主要有:

(1)开出、承兑商业汇票时,借记"库存物品""固定资产"科目,贷记"应付票据"

科目。

(2) 支付银行承兑汇票的手续费时,借记"业务活动费用""经营费用"科目,贷记"银行存款""零余额账户用款额度"科目。

(3) 商业汇票到期时,应当分别按以下情况处理:①收到银行支付到期票据的付款通知时,借记"应付票据"科目,贷记"银行存款"科目。②银行承兑汇票到期,单位无力支付票款的,按照应付票据账面余额,借记"应付票据"科目,贷记"短期借款"科目;商业承兑汇票到期,单位无力支付票款的,按照应付票据账面余额,借记"应付票据"科目,贷记"应付账款"科目。

【例4-15】 2018年某事业单位发生如下应付票据业务:3月15日,为开展专业业务活动向甲公司购入一批原材料,价款为50 000元,增值税税款为8 000元,开出并承兑一张期限为3个月的商业承兑汇票,金额为58 000元。假设该单位为增值税一般纳税人,应做如下财务会计分录:

(1) 3月15日开出、承兑商业汇票时:

借:库存物品   50 000
    应交增值税——应交税金(进项税额)   8 000
  贷:应付票据   58 000

(2) 6月15日票据到期用银行存款偿还时:

借:应付票据   58 000
  贷:银行存款   58 000

假设该票据为带息商业承兑汇票,票面利率为10%,偿还时:

借:应付票据   58 000
    业务活动费用   1450(58 000×10%×3/12)
  贷:银行存款   59 450

若商业承兑汇票到期时该单位无力偿还:

借:应付票据   58 000
  贷:应付账款   58 000

(三) 应付利息

1. 应付利息的含义

应付利息是指政府会计主体按照合同约定应支付的借款利息,包括短期借款、分期付息到期还本的长期借款等应支付的利息。

2. 应付利息的确认与计量

政府会计主体应按照债权人等对应付利息进行确认与计量,其内容主要有:

(1) 计提利息费用时,利息资本化的,按照计算确定的金额,借记"在建工程"科目,贷记"应付利息"科目;利息费用化的,按照计算确定的金额,借记"其他费用"科目,贷记"应付利息"科目。

(2) 支付利息费用时,按照支付的金额,借记"应付利息"科目,贷记"银行存款"科目。

【例4-16】 某事业单位借入5年期分期付息到期还本的长期借款5 000 000元,

合同约定利率为 3.5%,应做如下财务会计分录:

(1) 计算确定利息费用时:

该事业单位每年应支付的利息 = 5 000 000×3.5% = 175 000(元)

借:其他费用　　　　　　　　　　　　　　　　　　　175 000
　　贷:应付利息　　　　　　　　　　　　　　　　　　　175 000

(2) 实际支付利息时:

借:应付利息　　　　　　　　　　　　　　　　　　　175 000
　　贷:银行存款　　　　　　　　　　　　　　　　　　　175 000

同时,应做如下预算会计分录:

借:其他支出　　　　　　　　　　　　　　　　　　　175 000
　　贷:资金结存——货币资金　　　　　　　　　　　　　175 000

(四)应付政府补贴款

1. 应付政府补贴款的含义

应付政府补贴款是指负责发放政府补贴的行政单位,按照有关规定应付给政府补贴接受者的各种政府补贴款。应付政府补贴款应当在规定发放政府补贴的时间确认。

2. 应付政府补贴款的确认与计量

政府会计主体应当设置"应付政府补贴款"科目,对按照有关规定应付给政府补贴接受者的各种政府补贴款进行核算。"应付政府补贴款"科目应当按照应支付的政府补贴种类进行明细核算,还需要按照补贴接受者进行明细核算。

应付政府补贴款确认与计量的内容主要有:

(1) 发生应付政府补贴款时,按照计算确定的金额,借记"业务活动费用"科目,贷记"应付政府补贴款"科目。

(2) 支付应付政府补贴款时,按照支付金额,借记"应付政府补贴款"科目,贷记"零余额账户用款额度""银行存款"科目。

【例 4-17】 某行政单位 2019 年 3 月应发放各类政府补贴款 188 400 元,其中困难家庭补助为 145 000 元,失独家庭补贴为 8 400 元,高龄老人补贴 35 000 元,应做如下财务会计分录:

借:单位管理费用　　　　　　　　　　　　　　　　　188 400
　　贷:应付政府补贴款——困难家庭补助　　　　　　　　145 000
　　　　　　　　　　　——失独家庭补贴　　　　　　　　　8 400
　　　　　　　　　　　——高龄老人补贴　　　　　　　　35 000

【例 4-18】 承上例,该单位 2019 年 4 月通过零余额账户将应发放各类政府补贴款 188 400 元转入被补贴单位的储蓄存款账户,应做如下财务会计分录:

借:应付政府补贴款——困难家庭补助　　　　　　　　　145 000
　　　　　　　　——失独家庭补贴　　　　　　　　　　　8 400
　　　　　　　　——高龄老人补贴　　　　　　　　　　35 000
　　贷:零余额账户用款额度　　　　　　　　　　　　　　188 400

同时,应做如下预算会计分录:
借:行政支出   188 400
　　贷:资金结存——零余额账户用款额度   188 400

（五）预收账款

1. 预收账款的含义

预收账款是指政府会计主体按照合同约定预先收取但尚未结算的款项。与应付账款不同,预收账款所形成的负债不是以货币偿付的,而是以货物偿付的。

2. 预收账款的确认与计量

政府会计主体应当设置"预收账款"科目,并按照债权人进行明细核算。"预收账款"科目借方反映当期政府会计主体预收账款的减少,贷方反映当期政府会计主体预收账款的增加,期末贷方余额反映政府会计主体预先收取但尚未结算的款项余额。预收账款确认与计量的内容主要有:

(1) 从付款方预收款项时,按照实际预收金额,借记"银行存款"科目,贷记"预收账款"科目。

(2) 确认有关收入时,按照预收账款金额,借记"预收账款"科目,按照应确认的收入金额,贷记"事业收入""经营收入"等科目,按照付款方补付或退回付款方的金额,借记或贷记"银行存款"等科目。

(3) 无法偿还或负债人豁免偿还预收账款时,经批准核销,借记"预收账款"科目,贷记"其他收入"科目。

【例4-19】 某科研事业单位是增值税小规模纳税人,该单位对外承接一项科研设备研制任务。合同约定:设备总价款为200 000元,合同签订时支付30%的价款,设备交付时支付65%的价款,设备交付使用半年后再支付5%的价款。合同签订后该单位收到购买方预付的第一笔设备购置款60 000元。该单位研制该设备发生的成本费用为:支付资金20 000元,支付职工薪酬40 000元,加工设备折旧费5 000元,使用库存物品25 000元。该单位按期完成科研设备研制任务,将设备交付购买方,按照合同约定收到130 000元的货款和12 000元的增值税税款,设备交付使用半年后收到购买方支付的10 000元的尾款。应做如下财务会计分录:

(1) 收到购买方第一笔预付款时:

借:银行存款   60 000
　　贷:预收账款   60 000

同时,应做如下预算会计分录:

借:资金结存——货币资金   60 000
　　贷:事业预算收入   60 000

(2) 研制设备时:

设备加工成本 = 20 000+40 000+5 000+25 000 = 90 000(元)

借:加工物品   90 000
　　贷:银行存款   20 000

```
    应付职工薪酬                                    40 000
    固定资产累计折旧                                 5 000
    库存物品                                       25 000
```

（3）设备研制完成时：
```
借：库存物品                                      90 000
    贷：加工物品                                   90 000
```

（4）交付设备及结转费用时：
```
借：业务活动费用                                  90 000
    贷：库存物品                                   90 000
```

（5）收到 130 000 元的货款和 12 000 元的增值税税款确认收入时：
```
借：银行存款                                     142 000
    预收账款                                      60 000
    应收账款                                      10 000
    贷：事业收入                                  200 000
        应交增值税                                 12 000
```

同时，应做如下预算会计分录：
```
借：资金结存——货币资金                          142 000
    贷：事业预算收入                               14 200
```

（6）收到 10 000 元的尾款时：
```
借：银行存款                                     10 000
    贷：应收账款                                  10 000
```

同时，应做如下预算会计分录：
```
借：资金结存——货币资金                           10 000
    贷：事业预算收入                               10 000
```

（六）其他应付款

1. 其他应付款的含义

其他应付款是指单位除应缴财政款、应交增值税、其他应交税费、应付职工薪酬、应付账款、应付票据、应付利息、应付政府补贴款、预收账款以外的其他各项偿还期限在 1 年以内（含 1 年）的应付及暂收款项，如收取的押金、存入保证金、已经报销但尚未偿还银行的本单位公务卡欠款等。

2. 其他应付款的确认与计量

政府会计主体应当设置"其他应付款"科目，对政府会计主体其他应付款进行核算，且应当按照其他应付款的类别以及债权单位进行明细核算。"其他应付款"科目借方反映当期政府会计主体其他应付款的减少，贷方反映当期政府会计主体其他应付款的增加，期末贷方余额反映政府会计主体尚未支付的其他应付款。其他应付款确认与计量的内容主要有：

（1）发生其他应付及暂收款项时，按照发生其他应付及暂收款项的实际金额，借记

"银行存款"科目,贷记"其他应付款"科目。支付(或退回)其他应付及暂收款项时,借记"其他应付款"科目,贷记"银行存款"科目。将暂收款项转为收入时,借记"其他应付款"科目,贷记"事业收入"科目。

(2)收到同级政府财政部门预拨的下期预算款和没有纳入预算的暂付款项时,按照实际收到的金额,借记"银行存款"科目,贷记"其他应付款"科目;收到同级政府财政部门预拨的下期预算款不在当期进行预算会计处理,待到下一预算期或批准纳入预算时,借记"其他应付款"科目,贷记"财政拨款收入"科目。采用实拨资金方式通过本单位向下属单位转拨财政拨款时,按照实际收到的金额,借记"银行存款"科目,贷记"其他应付款"科目;向下属单位转拨财政拨款时,按照转拨的金额,借记"其他应付款"科目,贷记"银行存款"科目。

(3)本单位公务卡持卡人报销时,按照审核报销的金额,借记"业务活动费用""单位管理费用"科目,贷记"其他应付款"科目;偿还公务卡欠账时,借记"其他应付款"科目,贷记"零余额账户用款额度"科目。

(4)无法偿还或负债人豁免偿还的其他应付款项,应当按照规定经审批后进行账务处理,经批准核销时,借记"其他应付款"科目,贷记"其他收入"科目。

【例4-20】 2019年3月1日,某事业单位开展业务活动,收取申请者押金19 000元,收取供应商保证金40 000元,银行账户已收到款项,应做如下财务会计分录:

借:银行存款 59 000
　　贷:其他应付款——押金 19 000
　　　　　　——保证金 40 000

【例4-21】 承上例,该事业单位开展业务活动后结算,退回申请者押金和供应商保证金,通过银行账户已经支付上述款项,应做如下财务会计处理:

借:其他应付款——押金 19 000
　　　　　　——保证金 40 000
　　贷:银行存款 59 000

【例4-22】 某事业单位职工林飞燕于2019年5月1日用公务卡刷卡购买电脑配件,价款2 500元,从基本支出中报销,财会人员进行还款支付,应做如下财务会计分录:

(1)报销时:

借:业务活动费用 2 500
　　贷:其他应付款——待清算公务卡报销额度 2 500

(2)还款时:

借:其他应付款——待清算公务卡报销额度 2 500
　　贷:零余额账户用款额度 2 500

同时,应做如下预算会计分录:

借:事业支出——基本支出——商品和服务支出 2 500
　　贷:资金结存——零余额账户用款额度 2 500

二、预提费用

预提费用是指政府会计主体预先提取的已经发生但尚未支付的费用,如预提租金费用等。

政府会计主体应当设置"预提费用"科目,对政府会计主体预先提取的已经发生但尚未支付的费用,例如预提租金进行核算,并按照预提费用的种类进行明细核算。

预提费用确认与计量的内容主要有:

1. 项目间接费用或管理费

(1)按规定计提时,按照提取的金额,借记"单位管理费用"科目,贷记"预提费用"科目。

(2)实际支付时,按照实际支付的金额,借记"预提费用"科目,贷记"银行存款""库存现金"科目。

2. 租金

(1)按期预提时,按照预提的金额,借记"业务活动费用""单位管理费用"科目,贷记"预提费用"科目。

(2)实际支付时,按照实际支付的金额,借记"预提费用"科目,贷记"银行存款""零余额账户用款额度"等科目。

【例4-23】 某行政单位每月预提业务用水费10 000元,下月初支付,应做如下财务会计分录:

(1)预提时:

借:业务活动费用　　　　　　　　　　　　　　　　　　10 000
　　贷:预提费用　　　　　　　　　　　　　　　　　　　　　10 000

(2)下月初支付时:

借:预提费用　　　　　　　　　　　　　　　　　　　　10 000
　　贷:银行存款　　　　　　　　　　　　　　　　　　　　　10 000

同时,应做如下预算会计分录:

借:行政支出　　　　　　　　　　　　　　　　　　　　10 000
　　贷:资金结存——货币资金　　　　　　　　　　　　　　　10 000

第四节　长期应付款项

一、长期借款

(一)长期借款的含义

长期借款是指政府会计主体经批准向银行或其他金融机构等借入的期限超过1年(不含1年)的各种借款本息。长期借款的偿付方式一般包括以下三种:到期还本付息,分期付息到期还本,以及分期还本付息。

(二)长期借款的确认与计量

政府会计主体应当设置"长期借款"科目,并在其下设置"本金"和"应计利息"明细科目,按照贷款单位和贷款种类进行明细核算。对于建设项目借款,还应当按照具体项目进行明细核算。长期借款确认与计量的内容主要有:

1. 借入长期借款

借入各项长期借款时,按照实际借入的金额,借记"银行存款"科目,贷记"长期借款——本金"科目。

2. 计提长期借款利息

计提长期借款利息时,分别按以下情况处理:

(1) 资本化的利息。为建造固定资产、公共基础设施等应支付的专门借款利息,应计入工程成本,按照计算确定的应支付的利息金额,借记"在建工程"科目,贷记"应付利息"科目。

(2) 费用化的利息。属于工程项目完工交付使用后发生的利息,应计入当期费用,按照计算确定的应支付的利息金额,借记"其他费用"科目,贷记"应付利息"科目。

3. 支付长期借款利息

按期支付长期借款的利息时,按照计算确定的应支付的利息金额,借记"其他费用"科目,贷记"应付利息"科目(分期付息、到期还本借款的利息)或"长期借款——应计利息"科目(到期一次还本付息借款的利息)。

4. 偿付长期借款

到期归还长期借款本金、利息时,借记"长期借款——本金""长期借款——应计利息"科目,贷记"银行存款"科目。

【例 4-24】 某事业单位经批准于 2019 年 7 月 1 日从银行取得为期 3 年的长期借款 10 000 000 元用于工程建设,长期借款年利率为 6%,每年 7 月 1 日用银行存款支付长期借款年利息,3 年借款期满,该单位用银行存款偿还长期借款本金和第 3 年长期借款利息。假设该项长期借款取得时即全部投入工程项目建设中,且借款期均属于工程项目建设期。应做如下财务会计分录:

(1) 借入款项时:

借:银行存款	10 000 000
贷:长期借款——本金	10 000 000

同时,应做如下预算会计分录:

借:资金结存——货币资金	10 000 000
贷:债务预算收入	10 000 000

(2) 期末计息时:

月应付利息 = 10 000 000×0.06÷12 = 50 000(元)

借:在建工程	50 000
贷:应付利息	50 000

(3) 2020 年 7 月 1 日/2021 年 7 月 1 日支付长期借款年利息时:

年应付利息 = 50 000×12 = 600 000(元)

借:应付利息	600 000
贷:银行存款	600 000

同时,应做如下预算会计分录:

借:其他支出 600 000
  贷:资金结存——货币资金 600 000

(4)偿还贷款本金和第3年年利息时:

借:长期借款——本金 10 000 000
  应付利息 600 000
  贷:银行存款 10 600 000

同时,应做如下预算会计分录:

借:其他支出 600 000
  债务还本支出 10 000 000
  贷:资金结存——货币资金 10 600 000

二、长期应付款

(一)长期应付款的含义

长期应付款是指政府会计主体发生的除长期借款之外的长期应付款项,如以融资租赁方式取得固定资产应付的租赁费、以分期付款方式购入固定资产发生的应付款项等。长期应付款项是指偿还期限超过1年(不含1年)的应付款项。

(二)长期应付款的确认与计量

政府会计主体应当设置"长期应付款"科目,对政府会计主体长期应付款业务进行核算。"长期应付款"科目应当按照长期应付款的类别以及债权单位进行明细核算。"长期应付款"科目借方反映当期政府会计主体长期应付款的减少,贷方反映当期政府会计主体长期应付款的增加,期末贷方余额反映政府会计主体尚未支付的长期应付款。长期应付款确认与计量的内容主要有:

(1)发生长期应付款时,借记"固定资产""在建工程"科目,贷记"长期应付款"科目。

(2)偿付长期应付款时,按照实际支付的金额,借记"长期应付款"科目,贷记"财政拨款收入""零余额账户用款额度""银行存款"等科目。

(3)无法偿付或债权人豁免偿还的长期应付款,报经批准核销时,借记"长期应付款"科目,贷记"其他收入"科目。

【例4-25】 某事业单位2018年对管理的一座桥梁进行扩建,该桥梁的原价为20 000 000元,已计提折旧13 500 000元,有关该桥梁的扩建事项如下:

(1)2月1日开始对桥梁进行扩建,通过财政直接支付向施工单位预付工程款5 000 000元,应做如下财务会计分录:

① 将原桥梁原价转入在建工程:

借:公共基础设施累计折旧 13 500 000
  在建工程 6 500 000
  贷:公共基础设施——桥梁 20 000 000

② 向施工单位预付工程款:

借:预付账款——预付工程款 5 000 000
　　贷:财政拨款收入 5 000 000

同时,应做如下预算会计分录:

借:事业支出 5 000 000
　　贷:财政拨款预算收入 5 000 000

(2) 2月10日拆除部分桥梁构件,拆除的构件原净值为2 000 000元,出售拆除构件残料取得收入5 000元,存入银行,经批准拆除构件残料收入通过待摊费用冲减工程成本,原净值列入处置费用,应做如下财务会计分录:

① 构件残料收入通过待摊费用冲减工程成本:

借:银行存款 5 000
　　贷:在建工程——待摊费用 5 000

同时,应做如下预算会计分录:

借:资金结存——货币资金 5 000
　　贷:事业支出 5 000

② 原净值列入处置费用:

借:待处理财产损溢 2 000 000
　　贷:在建工程——建筑安装工程投资 2 000 000
借:资产处置费用 2 000 000
　　贷:待处理财产损溢 2 000 000

(3) 12月5日工程施工结束,进行工程结算并通过财政直接支付向施工单位支付剩余工程款24 000 000元,应做如下财务会计分录:

① 支付剩余工程款:

借:在建工程——建筑安装工程投资 29 000 000
　　贷:财政拨款收入 24 000 000
　　　　预付账款——预付工程款 5 000 000

同时,应做如下预算会计分录:

借:事业支出 24 000 000
　　贷:财政拨款预算收入 24 000 000

② 结转工程待摊费用(残料收入5 000元):

借:在建工程——待摊费用 5 000
　　贷:在建工程——建筑安装工程投资 5 000

(4) 12月10日桥梁扩建工程验收合格投入使用,全部工程成本为33 495 000元,应做如下财务会计分录:

借:公共基础设施——桥梁 33 495 000
　　贷:在建工程——建筑安装工程投资 33 495 000

第五节 预计负债与受托代理负债

一、预计负债

预计负债是指政府会计主体对或有事项所产生的现时义务而确认的负债,如对未决诉讼确认的负债等。政府会计主体应当设置"预计负债"科目,对政府会计主体预计负债进行核算,"预计负债"科目应当按照预计负债的项目进行明细核算。"预计负债"科目借方反映当期政府会计主体预计负债的减少,贷方反映当期政府会计主体预计负债的增加,期末贷方余额反映政府会计主体已经确认但尚未支付的预计负债金额。

预计负债确认与计量的内容主要有:

(1)确认预计负债时,按照预计的金额,借记"业务活动费用""经营费用"等科目,贷记"预计负债"科目。

(2)偿付预计负债时,按照偿付的金额,借记"预计负债"科目,贷记"银行存款""零余额账户用款额度"科目。

【例4-26】 某事业单位因合同违约而涉及一桩诉讼案。根据单位法律顾问判断,最终的判决结果很可能对单位不利。2018年12月31日,单位尚未接到法院的判决,因诉讼须承担的赔偿金额无法准确确定。不过,据专业人士估计,赔偿金额可能为1 000 000元至1 200 000元之间的某一金额(且各金额发生的可能性相同),据此确定预计负债金额为1 100 000元[(1 000 000+1 200 000)÷2]。假设这是一起因经营引起的案件,应做如下财务会计分录:

借:经营费用 1 100 000
　　贷:预计负债 1 100 000

【例4-27】 承上例,该单位用银行存款偿付赔偿金1 100 000元,应做如下财务会计分录:

借:预计负债 1 100 000
　　贷:银行存款 1 100 000

同时,应做如下预算会计分录:

借:经营支出 1 100 000
　　贷:资金结存——货币资金 1 100 000

二、受托代理负债

受托代理负债是指政府会计主体接受委托,取得受托代理资产时形成的负债,受托代理负债应当在政府会计主体收到受托代理资产并产生受托代理义务时确认。政府会计主体应当设置"受托代理负债"科目,对受托代理负债进行核算。"受托代理负债"科目应当按照委托人等进行明细核算。"受托代理负债"科目借方反映当期政府会计主体受托代理负债的减少,贷方反映当期政府会计主体受托代理负债的增加,期末贷方余额反映政府会计主体尚未清偿的受托代理负债。

受托代理负债的确认与计量参见受托代理资产、库存现金、银行存款等。

【例4-28】 某事业单位收到某民营企业家捐赠的100 000元资金和200 000元医疗设备,该企业家指定捐赠给受灾地区的和谐卫生院,应做如下财务会计分录:

(1) 收到指定捐赠的资金和设备时:

借:银行存款——受托代理资产　　　　　　　　100 000
　　受托代理资产——转赠物资　　　　　　　　200 000
　　贷:受托代理负债——和谐卫生院　　　　　　　　　300 000

(2) 转赠资金和设备时:

借:受托代理负债——和谐卫生院　　　　　　　300 000
　　贷:银行存款——受托代理资产　　　　　　　　　　100 000
　　　　受托代理资产——转赠物资　　　　　　　　　　200 000

思考题

1. 什么是负债?负债的确认要满足哪些条件?
2. 负债的计量方法有哪些?请加以介绍。
3. 政府会计主体应当在"应交增值税"科目下设置哪些明细科目进行核算?
4. 简述预提费用与待摊费用的区别。
5. 简述预计负债与或有负债的区别。

业务处理题

1. 2019年3月1日,某行政单位将其院内4间腾退的办公室出租给甲公司,双方协议租金8 000元/月,发票按月提供。租金按年预付,第一年租金已收到。假设房屋租金收入适用的增值税税率为6%,房产税税率为12%,城市维护建设税税率为7%,教育费附加税率为3%。

要求:计算当年租金收入和应交税费,并进行账务处理。

2. 某行政单位2019年3月发生如下业务:

(1) 3月1日,收到本部门负责收取的行政性收费1万元(实行集中缴库方式),银行存款已收讫。

(2) 3月10日,上缴执行的行政性收费2万元,银行存款已付讫。

(3) 3月15日,经有关部门批准有偿转让不再使用的专用设备一台,该设备原值为1 200 000元,已经计提折旧400 000元;按照评估价格出售,获得出售价款900 000元;支付有关拆卸费、运输费5 000元;按照出售收入应当缴纳有关税费60 480元;将出售该专用设备的净收入上缴国库。

要求:(1) 对上述业务进行账务处理。

(2) 计算当月应缴财政款账户余额。

第五章 净资产会计

引导案例

比起西方国家政府,中国政府是"全球首富"

2014年11月20日,中国首份官方主导的政府资产负债核算研究报告显示,2013年中国公共部门净资产为106.9万亿元,在2011年甚至超过300万亿元。比起西方国家政府,中国政府可以说是"全球首富"。

"西方国家的政府净资产一般不会这么多。"该课题组成员中国社会科学院经济所宏观室副主任汤铎铎说,"以美国为例,一般政府净资产是0,或是正负一点。"

西方国家的政府净资产一般持续为负,与GDP相比,超过100%的情况比较少。而中国的政府净资产是全年GDP的1.8倍。

资料来源:刘洋,"世界第一,中国政府净资产106万亿啥意思?",新浪新闻中心,2014年12月23日。

思考并讨论:
1. 为什么我国的政府净资产远远超过西方国家?
2. 政府净资产具体包括什么,它的意义是什么?
3. 我国政府净资产应怎样确认与计量?

第一节 净资产概述

一、净资产的含义

净资产是指政府会计主体资产扣除负债后的净额,它反映了国家和政府会计主体的资产所有权。净资产金额取决于资产和负债的计量。

二、净资产的分类

政府会计主体的净资产可分为本期盈余、本期盈余分配、累计盈余、专用基金、权益法调整、无偿调拨净资产、以前年度盈余调整等,其关系如图5-1所示。

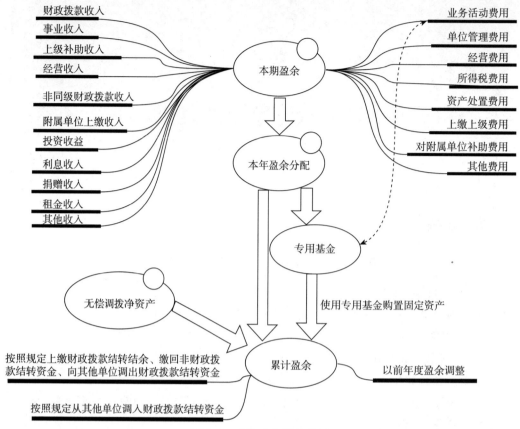

图 5-1 净资产各科目关系

三、净资产确认与计量的特殊情形

令政府部门会计人员最头疼的问题之一是决算时出现负的净资产,而负的净资产是通不过决算的。

出现负的净资产主要有两种情形:

第一种,举债借入的资金再支付出去,无收入有支出。比如,甲事业单位从银行借入1 000万元的借款,根据2012年《事业单位会计制度》,借入借款时不确认为收入,但用其中的400万元支付款项时将确认为支出,只有支出没有收入,就会产生负的净资产。新《政府会计制度》的重要创新之一是改进了预算会计功能,将依法纳入部门预算管理的现金收支都纳入预算会计核算范围,因此,预算会计体系设置"债务预算收入"和"债务还本支出"科目核算现金收支,可以有效地解决因举债而产生的负的净资产问题。

第二种,单位内部不同资金之间"调剂""挪用"。比如预算单位将项目经费挪用于基本支出(人员经费或日常办公经费),导致基本支出明细项——人员经费或人员公用经费支出大于收入,出现负的净资产。传统的政府会计制度下,一些预算单位通过往来款挂账,如其他应收款等来掩盖不同资金之间的调剂、挪用,而新政府会计制度下不同资金之间的调剂、挪用将"原形毕露"。

第二节 本期盈余

一、本期盈余的含义

本期盈余是指政府会计主体本期收入与费用相抵后的余额。"本期盈余"科目期末如为贷方余额,反映政府会计主体自年初至当期期末累计实现的盈余;如为借方余额,反映政府会计主体自年初至当期期末累计发生的亏损。年末结账后,"本期盈余"科目应无余额。

二、本期盈余的确认与计量

1. 期末结转各类收入科目

本期盈余反映政府会计主体本期各项收入、费用相抵后的余额。期末,政府会计主体应当将各类收入科目的本期发生额转入"本期盈余"科目,借记"财政拨款收入""事业收入""上级补助收入""附属单位上缴收入""经营收入""非同级财政拨款收入""投资收益""捐赠收入""利息收入""租金收入""其他收入"科目,贷记"本期盈余"科目。

2. 期末结转各类费用科目

期末,政府会计主体应当将各类费用科目本期发生额转入"本期盈余"科目,借记"本期盈余"科目,贷记"业务活动费用""单位管理费用""经营费用""所得税费用""资产处置费用""上缴上级费用""对附属单位补助费用""其他费用"科目。

3. 年末完成收入、费用结转后的科目余额结转

年末,政府会计主体应当将"本期盈余"科目余额转入"本年盈余分配"科目,借记或贷记"本期盈余"科目,贷记或借记"本年盈余分配"科目。经过上述结转后,还应当将"本年盈余分配"科目余额转入"累计盈余"科目,借记或贷记"本年盈余分配"科目,贷记或借记"累计盈余"科目。

三、本期盈余的确认与计量例解

1. 本期盈余——收入结转

【例5-1】 2018年11月30日,某事业单位期末各收入科目贷方余额如下:财政拨款收入2 000万元,事业收入1 800万元,上级补助收入20万元,附属单位上缴收入40万元,经营收入1 500万元,非同级财政拨款收入400万元,投资收益120万元,捐赠收入80万元,利息收入24万元,租金收入200万元,其他收入1 600万元。期末结转本期收入业务,应做如下财务会计分录:

借:财政拨款收入　　　　　　　　　　　　　　　　　　20 000 000
　　事业收入　　　　　　　　　　　　　　　　　　　　18 000 000
　　上级补助收入　　　　　　　　　　　　　　　　　　　　200 000
　　附属单位上缴收入　　　　　　　　　　　　　　　　　　400 000

经营收入	15 000 000
非同级财政拨款收入	4 000 000
投资收益	1 200 000
捐赠收入	800 000
利息收入	240 000
租金收入	2 000 000
其他收入	16 000 000
贷:本期盈余	77 840 000

若11月30日,"投资收益"科目期末为借方余额120万元,其他各收入科目余额不变,则应做如下财务会计分录:

借:财政拨款收入	20 000 000
事业收入	18 000 000
上级补助收入	200 000
附属单位上缴收入	400 000
经营收入	15 000 000
非同级财政拨款收入	4 000 000
捐赠收入	800 000
利息收入	240 000
租金收入	2 000 000
其他收入	16 000 000
贷:本期盈余	76 640 000
借:本期盈余	1 200 000
贷:投资收益	1 200 000

2. 本期盈余——费用结转

【例5-2】 2018年11月30日,某事业单位期末各类费用科目借方余额如下:业务活动费用3 000万元,单位管理费用1 500万元,经营费用1 000万元,资产处置费用70万元,上缴上级费用10万元,对附属单位补助费用50万元,所得税费用20万元,其他费用2 000万元。期末结转本期费用业务,应做如下财务会计分录:

借:本期盈余	76 500 000
贷:业务活动费用	30 000 000
单位管理费用	15 000 000
经营费用	10 000 000
资产处置费用	700 000
上缴上级费用	100 000
对附属单位补助费用	500 000
所得税费用	200 000
其他费用	20 000 000

【例5-3】 2019年5月30日,某行政单位期末各类费用科目借方余额如下:业务

活动费用200万元,资产处置费用20万元,其他费用30万元。期末结转本期费用业务,应做如下财务会计分录:

借:本期盈余　　　　　　　　　　　　　　　　　　　　250 000
　　贷:业务活动费用　　　　　　　　　　　　　　　　　　2 000 000
　　　　资产处置费用　　　　　　　　　　　　　　　　　　　200 000
　　　　其他费用　　　　　　　　　　　　　　　　　　　　　300 000

3. 本期盈余——年末结转

【例5-4】 某事业单位各期按规定完成各类收入和费用结转后,在2018年12月31日,本期盈余贷方余额为100万元。年末结转应做如下财务会计分录:

借:本期盈余　　　　　　　　　　　　　　　　　　　　1 000 000
　　贷:本年盈余分配　　　　　　　　　　　　　　　　　　1 000 000

【例5-5】 某事业单位各期按规定完成各类收入和费用结转后,在2018年12月31日,本期盈余借方余额为150万元。年末结转应做如下财务会计分录:

借:本年盈余分配　　　　　　　　　　　　　　　　　　1 500 000
　　贷:本期盈余　　　　　　　　　　　　　　　　　　　　1 500 000

第三节　本年盈余分配

一、本年盈余分配的含义

本年盈余分配是指政府会计主体本年度盈余分配的情况和结果。

二、本年盈余分配的年末结转处理

年末,在完成会计年度最后一个月收入、费用结转后,行政单位直接将"本期盈余"科目余额转入"累计盈余"科目,借记或贷记"本期盈余"科目,贷记或借记"累计盈余"科目。

年末,在完成会计年度最后一个月收入、费用结转后,事业单位根据有关规定需要从结余中提取专用基金的,先提取专用基金,再将提取后的金额转入"累计盈余"科目,依次进行以下账务处理:

(1) 将"本期盈余"科目余额转入"本年盈余分配"科目,借记或贷记"本期盈余"科目,贷记或借记"本年盈余分配"科目。

(2) 根据有关规定从本年度非财政拨款结余或经营结余中提取专用基金的,按照预算会计下计算的提取金额,借记"本年盈余分配"科目,贷记"专用基金"科目。同时,借记"非财政拨款结余分配"科目,贷记"专用结余"科目。

(3) 将"本年盈余分配"科目余额转入"累计盈余"科目,借记或贷记"本年盈余分配"科目,贷记或借记"累计盈余"科目。

在完成上述结转后,"本期盈余"和"本年盈余"分配科目年末均应无余额。

三、本年盈余分配的年末结转处理例解

【例 5-6】 某事业单位 2018 年 12 月 31 日"本期盈余"科目贷方余额为 30 000 元,按照预算会计计算提取专用基金 6 000 元,年末"本年盈余"分配科目余额为 50 000 元。应做如下财务会计分录:

(1) 将"本期盈余"科目余额转入"本年盈余分配"科目:

借:本期盈余　　　　　　　　　　　　　　　　　　30 000
　　贷:本年盈余分配　　　　　　　　　　　　　　　　30 000

(2) 提取专用基金:

借:本年盈余分配　　　　　　　　　　　　　　　　6 000
　　贷:专用基金　　　　　　　　　　　　　　　　　　6 000

同时,应做如下预算会计分录:

借:非财政拨款结余分配　　　　　　　　　　　　　6 000
　　贷:专用结余　　　　　　　　　　　　　　　　　　6 000

(3) 结转"本年盈余分配"科目:

借:本年盈余分配　　　　　　　　　　　　　　　　50 000
　　贷:累计盈余　　　　　　　　　　　　　　　　　　50 000

第四节　累计盈余

一、累计盈余的含义

累计盈余是指政府会计主体历年实现的盈余扣除盈余分配后滚存的金额,以及因无偿调入、调出资产产生的净资产变动额。按照规定上缴、缴回、单位间调剂结转结余资金产生的净资产变动额,以及对以前年度盈余的调整金额,也通过累计盈余加以核算。

二、累计盈余的确认与计量

累计盈余确认与计量的内容主要有:

(1) 年末,将"本年盈余分配"科目余额转入累计盈余,借记或贷记"本年盈余分配"科目,贷记或借记"累计盈余"科目。

(2) 年末,将"无偿调拨净资产"科目余额转入累计盈余,借记或贷记"无偿调拨净资产"科目,贷记或借记"累计盈余"科目。

(3) 按照规定上缴财政拨款结转结余、缴回非财政拨款结转资金、向其他单位调出财政拨款结转资金时,按照实际上缴、缴回、调出金额,借记"累计盈余"科目,贷记"财政应返还额度""零余额账户用款额度""银行存款"等科目。按照规定从其他单位调入财政拨款结转资金时,按照实际调入金额,借记"零余额账户用款额度""银行存款"等科目,贷记"累计盈余"科目。

(4) 年末,将"以前年度盈余调整"科目余额转入累计盈余,借记或贷记"以前年度盈余调整"科目,贷记或借记"累计盈余"科目。

（5）按照规定使用专用基金购置固定资产、无形资产时，按照固定资产、无形资产成本，借记"固定资产""无形资产"科目，贷记"银行存款"等科目；同时，按照专用基金使用金额，借记"专用基金"科目，贷记"累计盈余"科目。

【例 5-7】 某行政单位 2018 年 12 月 31 日各类净资产科目贷方余额如下：

本年盈余分配 35 000 元，无偿调拨净资产 200 000 元，以前年度盈余调整 500 000 元；另外，使用从非财政拨款结余或经营结余中提取的专用基金 100 000 元购置固定资产。应做如下财务会计分录：

（1）年末将"本年盈余分配"科目余额转入时：

借：本年盈余分配	35 000
贷：累计盈余	35 000

（2）年末将"无偿调拨净资产"科目余额转入时：

借：无偿调拨净资产	200 000
贷：累计盈余	200 000

（3）年末结转"以前年度盈余调整"科目余额时：

借：以前年度盈余调整	50 000
贷：累计盈余	500 000

（4）年末使用专用基金购置固定资产时：

借：固定资产	100 000
贷：银行存款	100 000
借：专用基金	100 000
贷：累计盈余	100 000

同时，应做如下预算会计分录：

借：专用结余	100 000
贷：资金结存	100 000

第五节　专用基金

一、专用基金的含义

根据《事业单位财务规则》的规定，专用基金是指事业单位按规定提取或设置的具有专门用途的资金。

专用基金主要包括以下内容：

（1）修购基金：按照事业收入和经营收入的一定比例提取，并按照规定在相应的购置和修缮科目中列支（各列支 50%），以及按照其他规定转入，用于事业单位固定资产维修和购置的资金。

（2）职工福利基金：按非财政拨款结余的一定比例提取以及按照其他规定提取转入，用于单位职工集体福利设施、集体福利待遇等的资金。

（3）医疗基金：未纳入公费医疗经费开支范围的事业单位，按当地财政部门规定的公费医疗经费开支标准，从收入中提取，并参照公费医疗制度有关规定规定用于职工公费医疗开支的资金。

（4）住房基金：由在职职工个人及其所在单位,按照职工个人工资和职工工资总额的一定比例逐月缴纳,归个人所有,存入个人公积金,用于购建、大修住房的资金。

（5）其他基金：按照其他有关规定提取或者设置的专用基金。

二、专用基金的特点

专用基金的特点主要有：

（1）专用基金的提取均有专门规定,即根据一定的比例或数额提取;

（2）专用基金规定有专门的用途和使用范围,除财务制度规定允许合并使用外,一般不得互相占用、挪用;

（3）专用基金的使用属一次性消耗,没有循环周转,不可能通过专用基金支出直接取得补偿。

三、专用基金的管理原则和方法

专用基金的管理原则有先提后用、专设账户和专款专用三种。

先提后用是指各项专用基金必须根据规定的来源提取,在取得资金以后才能安排使用。专设账户是指各项专用基金应单独设立账户进行管理和核算。专款专用是指各项专用基金都要按规定用途和使用范围安排开支,支出不得超出基金规模,保证基金使用合理、合法。

专用基金的管理方法包括提取按比例、支出按规定用途、收支按规定三种。

四、专用基金的确认与计量

事业单位应当设置"专用基金"科目,并按照专用基金的类别进行明细核算。

（1）年末,根据有关规定从本年度非财政拨款结余或经营结余中提取专用基金的,按照预算会计下计算的提取金额,借记"本年盈余分配"科目,贷记"专用基金"科目。

（2）根据有关规定从收入中提取专用基金并计入费用的,一般按照预算会计下基于预算收入计算的提取金额,借记"业务活动费用"等科目,贷记"专用基金"科目。国家另有规定的,从其规定。

（3）根据有关规定设置的其他专用基金,按照实际收到的基金金额,借记"银行存款"等科目,贷记"专用基金"科目。

（4）按照规定使用提取的专用基金时,借记"专用基金"科目,贷记"银行存款"等科目。按照规定使用提取的专用基金购置固定资产、无形资产的,按照固定资产、无形资产成本,借记"固定资产""无形资产"科目,贷记"银行存款"等科目;同时,按照专用基金使用金额,借记"专用基金"科目,贷记"累计盈余"科目。

专用基金确认与计量的内容主要有：

1. 专用基金——修购基金的提取和使用

（1）按照事业收入和经营收入的一定比例提取,并在事业支出和经营支出的修缮费、设备购置费中各列支50%,借记"事业支出——修缮费、设备购置费""经营支出——修缮费、设备购置费"科目,贷记"专用基金——修购基金"科目。

(2) 固定资产变价收入转为修购基金,当事业单位发生清理报废残值变价收入时,借记"银行存款""库存现金"科目,贷记"专用基金——修购基金"科目;当事业单位支付清理报废费用时,借记"专用基金——修购基金"科目,贷记"银行存款""库存现金"科目。

(3) 使用修购基金,借记"专用基金——修购基金"科目,贷记"银行存款"科目。

2. 专用基金——职工福利基金的提取和使用

(1) 按照非财政拨款结余的一定比例提取,或在结余分配中扣除应交税金后提取,借记"结余分配——职工福利基金"科目,贷记"专用基金——职工福利基金"科目。

(2) 使用职工福利基金,借记"专用基金——职工福利基金"科目,贷记"银行存款"科目。

3. 专用基金——医疗基金的提取和使用

(1) 按照收入的一定比例提取,借记"事业支出——社会保障费""经营支出——社会保障费"科目,贷记"专用基金——医疗基金"科目。

(2) 使用医疗基金,借记"专用基金——医疗基金"科目,贷记"银行存款"科目。

4. 专用基金——住房基金的提取和使用

(1) 按职工工资总额的一定比例提取,借记"事业支出——社会保障费""经营支出——社会保障费"科目,贷记"专用基金——住房基金"科目。

(2) 使用住房基金,借记"专用基金——住房基金"科目,贷记"银行存款"科目。

【例 5-8】 2018 年某事业单位年末按照规定从本年度非财政拨款结余或经营结余中提取专用基金 100 000 元,应做如下财务会计分录:

借:本年盈余分配 100 000
　　贷:专用基金 100 000

同时,应做如下预算会计分录:

借:非财政拨款结余分配 100 000
　　贷:专用结余 100 000

【例 5-9】 2018 年某事业单位按照规定从收入中提取专用基金 300 000 元并计入费用,应做如下财务会计分录:

借:业务活动费用 300 000
　　贷:专用基金 300 000

【例 5-10】 2018 年某事业单位收到根据有关规定设置的其他专用基金 200 000 元,应做如下财务会计分录:

借:银行存款 200 000
　　贷:专用基金 200 000

【例 5-11】 2018 年某事业单位按照规定使用从非财政拨款结余中提取的专用基金 50 000 元,应做如下财务会计分录:

借:专用基金 50 000

  贷:银行存款 50 000

同时,应做如下预算会计分录:

  借:专用结余 50 000

    贷:资金结存——货币资金 50 000

【例5-12】 2018年某事业单位按照规定使用从非财政拨款结余中提取的专用基金购买专用设备一台,价值600 000元,应做如下财务会计分录:

  借:固定资产 600 000

    贷:银行存款 600 000

  借:专用基金 600 000

    贷:累计盈余 600 000

同时,应做如下预算会计分录:

  借:事业支出 600 000

    贷:资金结存——货币资金 600 000

第六节　权益法调整

一、权益法调整的含义

  权益法调整是指事业单位持有的长期股权投资采用权益法核算时,按照被投资单位除净损益和利润分配以外的所有者权益变动应享有的份额调整长期股权投资账面余额而计入净资产的金额。

二、权益法调整的确认与计量

  年末,事业单位按照被投资单位除净损益和利润分配以外的所有者权益变动应享有(或应分担)的份额,借记或贷记"长期股权投资——其他权益变动"科目,贷记或借记"权益法调整"科目。

  采用权益法核算的长期股权投资,因被投资单位除净损益和利润分配以外的所有者权益变动而将应享有(或应分担)的份额计入单位净资产的,处置该项投资时,按照原计入净资产的相应部分金额,借记(或贷记)"权益法调整"科目,贷记(或借记)"投资收益"科目。

  "权益法调整"科目期末余额,反映事业单位在被投资单位除净损益和利润分配以外的所有者权益变动中累积享有(或分担)的份额。

  【例5-13】 某事业单位按照被投资单位除净损益和利润分配以外的所有者权益变动取得增加份额200 000元,应做如下财务会计分录:

  借:长期股权投资——其他权益变动 200 000

    贷:权益法调整 200 000

  【例5-14】 某事业单位在对长期股权投资进行处置时,与所处置投资对应部分的"权益法调整"科目借方余额为50 000元,应做如下财务会计分录:

  借:投资收益 50 000

贷：权益法调整　　　　　　　　　　　　　　　　　　　　　　　　50 000

第七节　无偿调拨净资产

一、无偿调拨净资产科目设置

政府会计主体应当设置"无偿调拨净资产"科目，用以核算其无偿调入或调出非现金资产所引起的净资产变动金额。

二、无偿调拨净资产的确认与计量

无偿调拨净资产确认与计量的内容主要有：

（1）按照规定取得无偿调入的存货、长期股权投资、固定资产、无形资产、公共基础设施、政府储备物资、文物文化资产、保障性住房等，按照确定的成本，借记"库存物品""长期股权投资""固定资产""无形资产""公共基础设施""政府储备物资""文物文化资产""保障性住房"等科目，按照调入过程中发生的归属于调入方的相关费用，贷记"零余额账户用款额度""银行存款"等科目，按照其差额，贷记"无偿调拨净资产"科目。

（2）按照规定经批准无偿调出存货、长期股权投资、固定资产、无形资产、公共基础设施、政府储备物资、文物文化资产、保障性住房等，按照调出资产的账面余额或账面价值，借记"无偿调拨净资产"科目，按照固定资产累计折旧、无形资产累计摊销、公共基础设施累计折旧或摊销、保障性住房累计折旧的金额，借记"固定资产累计折旧""无形资产累计摊销""公共基础设施累计折旧（摊销）""保障性住房累计折旧"科目，按照调出资产的账面余额，贷记"库存物品""长期股权投资""固定资产""无形资产""公共基础设施""政府储备物资""文物文化资产""保障性住房"等科目；同时，按照调出过程中发生的归属于调出方的相关费用，借记"资产处置费用"科目，贷记"零余额账户用款额度""银行存款"等科目。

（3）年末，将"无偿调拨净资产"科目余额转入累计盈余，借记或贷记"无偿调拨净资产"科目，贷记或借记"累计盈余"科目。年末结账后，"无偿调拨净资产"科目应无余额。

三、无偿调拨净资产主要业务和事项账务处理例解

【例5-15】　某行政单位取得无偿调入的固定资产100 000元，发生安装费10 000元；经上级单位批准无偿调出固定资产30 000元，发生拆卸费2 000元，该资产已提取折旧10 000元，发生的相关费用均通过银行存款支付。应做如下财务会计分录：

（1）无偿调入固定资产时：

借：固定资产　　　　　　　　　　　　　　　　　　　　　　　　110 000
　　贷：无偿调拨净资产　　　　　　　　　　　　　　　　　　　　100 000
　　　　银行存款　　　　　　　　　　　　　　　　　　　　　　　 10 000

同时，应做如下预算会计分录：

借：其他支出　　　　　　　　　　　　　　　　　　　　　　　　 10 000

贷：资金结存——货币资金	10 000

（2）无偿调出固定资产时：

借：无偿调拨净资产	20 000
固定资产累计折旧	10 000
贷：固定资产	30 000
借：资产处置费用	2 000
贷：银行存款	2 000

同时，应做如下预算会计分录：

借：其他支出	2 000
贷：资金结存——货币资金	2 000

【例5-16】 某行政单位2018年年末将"无偿调拨净资产"科目余额20 000元转入"累计盈余"科目，应做如下财务会计分录：

（1）"无偿调拨净资产"科目余额在贷方时：

借：无偿调拨净资产	20 000
贷：累计盈余	20 000

（2）"无偿调拨净资产"科目余额在借方时：

借：累计盈余	20 000
贷：无偿调拨净资产	20 000

第八节　以前年度盈余调整

一、以前年度盈余调整科目设置

"以前年度盈余调整"科目核算政府会计主体本年度发生的调整以前年度盈余的事项，包括本年度发生的重要前期差错更正涉及调整以前年度盈余的事项。政府会计主体对相关事项调整后，应当及时将"以前年度盈余调整"科目余额转入"累计盈余"科目，借记或贷记"累计盈余"科目，贷记或借记"以前年度盈余调整"科目。

二、以前年度盈余调整的确认与计量

以前年度盈余调整确认与计量的内容主要有：

（1）调整增加以前年度收入时，按照调整增加的金额，借记有关科目，贷记"以前年度盈余调整"科目。调整减少的，做相反会计分录。

（2）调整增加以前年度费用时，按照调整增加的金额，借记"以前年度盈余调整"科目，贷记有关科目。调整减少的，做相反会计分录。

（3）盘盈的各种非流动资产，报经批准后处理时，借记"待处理财产损溢"科目，贷记"以前年度盈余调整"科目。

（4）经上述调整后，应将"以前年度盈余调整"科目余额转入"累计盈余"科目，借记或贷记"累计盈余"科目，贷记或借记"以前年度盈余调整"科目。

三、以前年度盈余调整的确认与计量例解

【例5-17】 某事业单位2019年有一笔属于上年度提供收入的退回,上年度已确认收入10 000元,增值税1 600元,该笔业务涉及的支出为5 000元。该单位已在服务发生时确认了收入,但至今未收到款项,并已在上年年末按5%计提了坏账准备。应做如下财务会计分录:

(1) 提供收入退回时:

借:以前年度盈余调整　　　　　　　　　　　　　　　　　11 600
　　贷:应收账款　　　　　　　　　　　　　　　　　　　　　10 000
　　　　应交增值税——应交税金(销项税额)　　　　　　　　1 600

同时,应做如下预算会计分录:

借:非财政拨款结余——年初余额调整　　　　　　　　　　10 000
　　贷:资金结存——货币资金　　　　　　　　　　　　　　10 000

(2) 对于该笔业务涉及的支出:

借:业务活动费用　　　　　　　　　　　　　　　　　　　 5 000
　　贷:以前年度盈余调整　　　　　　　　　　　　　　　　 5 000

同时,应做如下预算会计分录:

借:资金结存——货币资金　　　　　　　　　　　　　　　 5 000
　　贷:非财政拨款结余——年初余额调整　　　　　　　　　 5 000

(3) 对于该笔业务已计提的坏账准备:

坏账准备=(10 000+1 600)×5%=580(元)

借:坏账准备　　　　　　　　　　　　　　　　　　　　　　 580
　　贷:以前年度盈余调整　　　　　　　　　　　　　　　　　 580

(4) 调减报告年度应交所得税金额时:

应交所得税金额=(10 000−5 000−11 600×5%)×25%=1 105(元)

借:其他应交税费——单位应交所得税　　　　　　　　　　 1 105
　　贷:以前年度盈余调整　　　　　　　　　　　　　　　　 1 105

(5) 经过上述调整后,将"以前年度盈余调整"科目余额转入累计盈余时:

以前年度盈余调整=10 000−5 000−580−1 105=3 315(元)

借:累计盈余　　　　　　　　　　　　　　　　　　　　　 3 315
　　贷:以前年度盈余调整　　　　　　　　　　　　　　　　 3 315

思考题

1. 简述政府净资产的含义与种类。
2. 简述专用基金的概念及其核算方法。
3. 简述权益法调整的含义及其核算方法。
4. 简述无偿调拨净资产的含义及其核算方法。

业务处理题

1. 某行政单位2018年11月30日各类收入科目贷方余额如下：财政拨款收入10 000元，事业收入5 000元，上级补助收入5 000元，附属单位上缴收入10 000元，经营收入5 000元，投资收益5 000元，其他收入5 000元；各类费用科目借方余额如下：业务活动费用5 000元，单位管理费用2 000元，经营费用2 000元，资产处置费用1 000元，所得税费用5 000元，其他费用5 000元。

要求：做出必要的会计处理。

2. 某行政单位2018年12月31日净资产科目贷方余额如下：本年盈余分配35 000元，无偿调拨净资产200 000元，以前年度盈余调整500 000元；另外，使用从非财政拨款结余或经营结余中提取的专用基金100 000元购置固定资产。

要求：做出必要的会计处理。

第六章 收入会计

> **引导案例**
>
> ### 康宁赴港上市背后：民营精神专科医院有多赚钱？
>
> 又一家国内的民营医院即将登陆港股，而这次的上市企业备受瞩目多少与其服务对象有关：这是一家专门服务于精神病患者的专科医疗集团。
>
> 根据公开信息，2015年上半年，康宁医疗集团的两大主要营收板块：医疗服务和药品收入分别高达1.12亿元及4 223万元，总业务毛利率达到40.6%。
>
> "精神病医院的选址不需要在城市的核心地区，房租、硬件投入比较低，同时精神病又不是一个以手术为主要治疗方式的疾病，是依靠药物、理疗为主的慢性疾病，回报比较稳定。"在国内首家民营精神专科医院温州康宁医院股份有限公司宣布其登陆港股计划后，弘晖资本创始人、2013年参与鼎晖及福德资本进行联合投资的王晖如此回忆自己当年的投资逻辑。
>
> **治疗费用不低于癌症**
>
> 精神疾病的治疗费用可能比普通人预料的要高很多。与康宁医院的营收模式相近，多数民营精神专科医院的收入主要来自医疗服务以及药物。
>
> 在位于上海市长宁路1355号的上海新科医院三楼，五名病人正躺在病房里做着一种名为经颅磁的理疗。作为一种治疗精神分裂、抑郁症的理疗手段，经颅磁在新科医院的收费约为2 000元一次，严重的精神病患者每天需要一次，每个疗程五次。在公立医院，这个项目的收费不到千元。另一种治疗严重精神分裂的理疗手段电休克疗法，在公立医院的收费为800元一次，每个疗程需要10—12次，而民营医院的收费可能会高两到三倍。
>
> 相较于理疗收费，治疗精神疾病的药物同样不便宜。奥氮平（一种治疗精神分裂的常用药物）进口售价为300元/盒，合资企业为140元/盒。而每盒的剂量仅够服用一周，精神病患者需要长期服用，每月此药消费就达上千元。而这只是这些精神病患者需服用的长期药物中最普通的一种。
>
> "精神疾病的治疗费用并不比癌症少。"新科医院行政院长陈志勇告诉《第一财经日报》记者，"通常情况下，针对精神疾病的检查在民营医院一套下来就需要三四千，而且不能进医保。"
>
> 记者通过了解得知，作为一种慢性疾病，精神病患者常常需要反复进院治疗，每次

住院两三个月,花费三四万元是常态。

病人为何愿意去民营医院?

陈志勇告诉记者,相同的疾病,民营医院的平均花费是公立医院的三到四倍,并且多数不能进入医保。那为何花费昂贵,病人还是愿意自己掏钱去民营医院?"相较于公立医院,民营医院在病人的保密工作上做得更好。因为有些精神疾病是遗传的,患者会认为一旦泄露对他们未来的发展会有影响。"陈志勇道出了其中的奥秘。

正如当年"莆田系"性病医院、男子医院得以在江湖上站稳脚跟的原因一样,精神病患者及家属对隐私的特别需求,让他们中的一些人不敢去传统的公立医院留下"治疗印记",从而给民营精神专科医院带来了发展空间。

"普通人对精神疾病的歧视和恐惧不仅体现在患者身上,我们这里的医生、护士,工作久了都找不到对象。"陈志勇说,他们这里的医生每周实行 6 天工作制,待遇万元左右。

"2014 年全年我们医院的患者数量大约是 3 万人,全部都是门诊,还没有住院病人。"陈志勇告诉记者。就他们医院来说,每年的房租费用需要 600 万元,人员工资需要几十万元,营收达到千万级别。这家医院开业 4 年后就开始盈利,现在每年仅赋税就达 100 万元。

相较于其他专科医院,低投入、稳定收益让王晖认为投资康宁一定不会是个亏本的买卖,如今康宁如愿在香港上市,强烈的市场预期似乎也印证了他当年的判断。

多数仍在夹缝中生存

对于投资一家医院来说,4 年收回成本并实现盈利在收入上已经相当不错,但陈志勇依旧有满肚子难言的苦水。

"58 号文已经下发了这么多年,可是在现实中还是不能落实,我们做民营医院的还是没法跟公立医院去正面竞争。"

2010 年 11 月 26 日,国务院办公厅下发《关于进一步鼓励和引导社会资本举办医疗机构的意见》(〔2010〕国办发 58 号文,简称"58 号文"),旨在消除阻碍非公立医疗机构发展的政策障碍,确保非公立医疗机构在准入、执业等方面与公立医疗机构享受同等待遇。但在陈志勇看来,3 年的时间,自己对这个政策的期待还是难以实现。

"公立医院房租、税收不用交不说,就在最近,长宁区的公立精神病医院刚批复新建一个有 800 张床位的精神疾病中心,我们也想扩张,但就是批复不下来。政府有规划,实际上在政策上还是让公立医院垄断了。"陈志勇说。

据《第一财经日报》记者了解,目前全国在运营的民营医院中,超过 80% 的民营医院隶属于"莆田系"麾下,它们中的一些在运作上市,希望在资本上能有进一步的操作空间,也有一些依旧将长期目标定位为医院实体。

"上市弄不好产业就不是自己的了,有利有弊,我们不缺钱、不缺设备,缺的是专家资源,毕竟现在不是以前填张单子就能看病的时代,还是希望从'游击队'向'正规军'发展。"陈志勇对记者说。

资料来源:王悦,"康宁赴港上市背后:民营精神专科医院有多赚钱?",《第一财经日报》,2015 年 11 月 12 日。

思考并讨论：
1. 应如何评价民营精神专科医院有多赚钱这一现象？
2. 事业单位的收入包含哪些内容？
3. 政府会计中的收入与企业会计中的收入在确认时有何不同？

第一节 收入概述

一、收入的含义和特点

政府会计中的收入是指报告期内导致政府会计主体净资产增加的、含有服务潜力或者经济利益的经济资源的流入。

政府会计中的收入应具备以下特点：①与收入相关的含有服务潜力或者经济利益的经济资源很可能流入政府会计主体；②含有服务潜力或者经济利益的经济资源流入会导致政府会计主体资产的增加或者负债的减少；③经济资源的流入金额能够可靠地计量。

二、收入的种类

政府会计中的收入主要包括财政拨款收入、事业收入、上级补助收入、附属单位上缴收入、经营收入、非同级财政拨款收入、投资收益、捐赠收入、利息收入、租金收入和其他收入。其中，事业单位专属的收入有事业收入、上级补助收入、附属单位上缴收入、经营收入和投资收益。

（1）财政拨款收入是指行政事业单位从同级政府财政部门取得的各类财政拨款。其中，同级政府财政部门是行政事业单位的预算管理部门，行政事业单位的预算需要经过同级政府财政部门批准后才能开始执行；各类财政拨款是指所有财政拨款，包括一般公共预算财政拨款和政府性基金预算财政拨款等种类。

（2）事业收入是指中央和地方各部门所属事业单位的业务收入上缴国家预算的资金，不同于实行证照管理取得的规费收入，事业收入主要为事业单位开展各种技艺性服务所形成，不包括从同级政府财政部门取得的各类财政拨款。

（3）上级补助收入是指事业单位从主管部门和上级单位取得的非财政补助收入，用于补助正常业务资金的不足。

（4）附属单位上缴收入是指事业单位附属独立核算单位按照有关规定上缴的收入，包括附属事业单位上缴的收入和附属企业上缴的利润等。

（5）经营收入是指事业单位在专业业务活动及其辅助活动之外开展非独立核算经营活动取得的收入。

（6）非同级财政拨款收入是指行政事业单位从非同级政府财政部门取得的经费拨款，包括从同级政府其他部门取得的横向转拨财政款、从上级或下级政府财政部门取得的经费拨款等。

（7）投资收益是指事业单位股权投资和债券投资所实现的收益或发生的损失。

（8）捐赠收入是指事业单位接受其他单位或者个人捐赠取得的收入。

（9）利息收入是指事业单位取得的银行存款利息收入。

（10）租金收入是指事业单位经批准利用国有资产出租取得并按照规定纳入本单位预算管理的租金收入。

（11）其他收入是指事业单位取得的除财政拨款收入、事业收入、上级补助收入、附属单位上缴收入、经营收入、非同级财政拨款收入、投资收益、捐赠收入、利息收入、租金收入以外的各项收入，包括现金盘盈收入、按照规定纳入单位预算管理的科技成果转化收入、行政单位收回已核销的其他应收款、无法偿付的应付及预收款项、置换换出资产评估增值等。

第二节　行政事业单位共有收入的确认与计量

一、财政拨款收入

为核算财政拨款收入业务，行政事业单位应当设置"财政拨款收入"科目，同级政府财政部门预拨的下期预算款和没有纳入预算的暂付款项，以及采用实拨资金方式通过本单位转拨给下属单位的财政拨款，通过"其他应付款"科目核算，不通过该科目核算。该科目贷方登记财政拨款收入的增加数，借方登记财政拨款收入的减少数，期末结账转入"本期盈余"科目后应无余额。

（一）通过财政直接支付方式取得的财政拨款收入

在财政直接支付方式下，单位在需要使用财政资金时，按照批复的部门预算和资金使用计划，向财政国库支付执行机构提出支付申请。财政国库支付执行机构根据批复的部门预算和资金使用计划及相关要求对支付申请审核无误后，向代理银行发出支付令，并通知中国人民银行国库部门，通过代理银行进入全国银行清算系统实时清算，财政资金从国库单一账户划拨到收款人的银行账户。

在这种支付方式下，单位提出支付申请，由财政部门发出支付令，再由代理银行经办资金支付。所以，对于财政直接支付的资金，单位应于收到财政直接支付入账通知书时，按照通知书中标明的金额确认财政拨款收入，同时计入相关支出或增记相关资产。年度终了，单位依据本年度财政直接支付预算指标数与当年财政直接支付实际支出数的差额，确认财政拨款收入并增记财政应返还额度；下年度恢复财政直接支付额度后，单位在发生实际支出时，做冲减财政应返还额度的会计处理。

（二）通过财政授权支付方式取得的财政拨款收入

在财政授权支付方式下，单位按照批复的部门预算和资金使用计划，向财政国库支付执行机构申请授权支付的月度用款限额，财政国库支付执行机构将批准后的限额通知代理银行和单位，并通知中国人民银行国库部门。单位在月度用款限额内，自行开具支付令，通过财政国库支付执行机构转由代理银行向收款人付款，并与国库单一账户清算。

在这种支付方式下,单位申请到的是用款限额而不是存入单位账户的实有资金,单位可以在用款限额内自行开具支付令,再由代理银行向收款人付款。所以单位应于收到授权支付额度到账通知书时,按照通知书中标明的金额确认财政拨款收入,并增记零余额账户用款额度,支用额度时做冲减零余额账户用款额度的会计处理。年度终了,单位依据代理银行提供的对账单注销额度时,增记财政应返还额度并冲减零余额账户用款额度;如果单位本年度财政授权支付预算指标数大于零余额账户用款额度下达数,则根据两者的差额,确认财政拨款收入并增记财政应返还额度;下年度恢复额度或下年度收到财政部门批复的上年末未下达零余额账户用款额度时,做冲减财政应返还额度的会计处理。

(三)通过财政实拨资金方式取得的财政拨款收入

在财政实拨资金方式下,单位在收到财政拨款时,按照实际收到的金额,借记"银行存款等"科目,贷记"财政拨款收入"科目。

【例6-1】 2018年10月9日,某事业单位根据批准的部门预算和资金使用计划,向同级政府财政部门申请支付第三季度水费105 000元;10月18日,财政部门经审核后,以财政直接支付方式向自来水公司支付了该单位的水费105 000元;10月23日,该单位收到了财政直接支付入账通知书。应做如下财务会计分录:

借:单位管理费用　　　　　　　　　　　　　　　　　　　105 000
　　贷:财政拨款收入　　　　　　　　　　　　　　　　　　　105 000

同时,应做如下预算会计分录:

借:事业支出　　　　　　　　　　　　　　　　　　　　　105 000
　　贷:财政拨款预算收入　　　　　　　　　　　　　　　　　105 000

【例6-2】 2018年12月31日,某行政单位财政直接支付指标数与当年财政直接支付实际支出数之间的差额为100 000元;2019年年初,财政部门恢复了该单位的财政直接支付额度;2019年1月15日,该单位以财政直接支付方式购买一批办公用物资(属于上年预算指标数),支付给供应商50 000元价款,应做如下财务会计分录:

(1) 2018年12月31日,补记指标:

借:财政应返还额度——财政直接支付　　　　　　　　　100 000
　　贷:财政拨款收入　　　　　　　　　　　　　　　　　　100 000

同时,应做如下预算会计分录:

借:资金结存——财政应返还额度　　　　　　　　　　　100 000
　　贷:财政拨款预算收入　　　　　　　　　　　　　　　　100 000

(2) 2019年1月15日,使用上年预算指标购买办公用品:

借:库存物品　　　　　　　　　　　　　　　　　　　　　50 000
　　贷:财政应返还额度——财政直接支付　　　　　　　　　　50 000

同时,应做如下预算会计分录:

借:行政支出　　　　　　　　　　　　　　　　　　　　　50 000
　　贷:资金结存——财政应返还额度　　　　　　　　　　　　50 000

【例6-3】 2019年3月,某科研所根据经过批准的部门预算和资金使用计划,向同级政府财政部门申请财政授权支付用款额度 180 000 元;4 月 6 日,财政部门经审核后,以财政授权支付方式下达了 170 000 元用款额度;4 月 8 日,该科研所收到了代理银行转来的授权支付额度到账通知书,应做如下财务会计分录:

  借:零余额账户用款额度   170 000
    贷:财政拨款收入   170 000

同时,应做如下预算会计分录:

  借:资金结存——零余额账户用款额度   170 000
    贷:财政拨款预算收入   170 000

【例 6-4】 2018 年 12 月 31 日,某事业单位经与代理银行提供的对账单核对无误后,将 150 000 元零余额账户用款额度予以注销。另外,本年度财政授权支付预算指标数大于零余额账户用款额度下达数,未下达的用款额度为 200 000 元。2019 年度,该单位收到代理银行提供的额度恢复到账通知书及财政部门批复的上年末未下达零余额账户用款额度。应做如下财务会计分录:

(1)注销额度:

  借:财政应返还额度——财政授权支付   150 000
    贷:零余额账户用款额度   150 000

同时,应做如下预算会计分录:

  借:资金结存——财政应返还额度   150 000
    贷:资金结存——零余额账户用款额度   150 000

(2)补记指标数:

  借:财政应返还额度——财政授权支付   200 000
    贷:财政拨款收入   200 000

同时,应做如下预算会计分录:

  借:资金结存——财政应返还额度   200 000
    贷:财政拨款预算收入   200 000

(3)恢复额度:

  借:零余额账户用款额度   150 000
    贷:财政应返还额度——财政授权支付   150 000

同时,应做如下预算会计分录:

  借:资金结存——零余额账户用款额度   150 000
    贷:资金结存——财政应返还额度   150 000

(4)收到财政部门批复的上年末未下达额度:

  借:零余额账户用款额度   200 000
    贷:财政应返还额度——财政授权支付   200 000

同时,应做如下预算会计分录:

  借:资金结存——零余额账户用款额度   200 000
    贷:资金结存——财政应返还额度   200 000

二、非同级财政拨款收入

为核算非同级财政拨款收入业务,行政事业单位应当设置"非同级财政拨款收入"科目。事业单位因开展科研及其辅助活动从非同级政府财政部门取得的经费拨款,应当通过"事业收入——非同级财政拨款"科目核算。该科目贷方登记非同级财政拨款收入的增加数,借方登记非同级财政拨款收入的减少数,期末结账转入"本期盈余"科目后应无余额。

【例 6-5】 某纳入省级政府财政部门预算范围的事业单位从当地市级政府财政部门获得一笔财政资金 55 000 元,该笔财政资金属于当地市政府支持该事业单位发展的专项资金,款项已存入该事业单位的银行存款账户。应做如下财务会计分录:

借:银行存款　　　　　　　　　　　　　　　　　　　　　55 000
　　贷:非同级财政拨款收入　　　　　　　　　　　　　　　　55 000

行政事业单位取得的非同级财政拨款收入通常需要用于完成相应的专门项目或专项任务。

三、捐赠收入

为核算捐赠收入业务,行政事业单位应当设置"捐赠收入"科目,该科目贷方登记捐赠收入的增加数,借方登记捐赠收入的减少数,期末结账转入"本期盈余"科目后应无余额。"捐赠收入"科目应当按照捐赠资产的用途和捐赠单位等进行明细核算。

行政事业单位关于捐赠收入的账务处理如下:

(1) 接受捐赠的货币资金,按照实际收到的金额,借记"银行存款""库存现金"等科目,贷记"捐赠收入"科目。

(2) 接受捐赠的存货、固定资产等非现金资产,按照确定的成本,借记"库存物品""固定资产"等科目,按照发生的相关税费、运输费等,贷记"银行存款"等科目,按照其差额,贷记"捐赠收入"科目。

(3) 接受捐赠的资产按照名义金额入账的,按照名义金额,借记"库存物品""固定资产"等科目,贷记"捐赠收入"科目;同时,按照发生的相关税费、运输费等,借记"其他费用"科目,贷记"银行存款"等科目。

(4) 期末,将"捐赠收入"科目本期发生额转入本期盈余,借记"捐赠收入"科目,贷记"本期盈余"科目。期末结转后,"捐赠收入"科目应无余额。

【例 6-6】 某事业单位接受捐赠一笔货币资金 60 000 元,按捐赠约定用于专门用途,款项已存入开户银行。应做如下财务会计分录:

借:银行存款　　　　　　　　　　　　　　　　　　　　　60 000
　　贷:捐赠收入　　　　　　　　　　　　　　　　　　　　　60 000

四、利息收入

为核算利息收入业务,行政事业单位应当设置"利息收入"科目,该科目贷方登记利息收入的增加数,借方登记利息收入的减少数,期末结账转入"本期盈余科"目后应无余额。

行政事业单位关于利息收入的账务处理如下:

(1) 取得银行存款利息时,按照实际收到的金额,借记"银行存款"科目,贷记"利息收入"科目。

(2) 期末,将"利息收入"科目本期发生额转入本期盈余,借记"利息收入"科目,贷记"本期盈余"科目。期末结转后,"利息收入"科目应无余额。

五、租金收入

为核算租金收入业务,行政事业单位应当设置"租金收入"科目,该科目贷方登记租金收入的增加数,借方登记租金收入的减少数,期末结账转入"本期盈余"科目后应无余额。"租金收入"科目应当按照出租国有资产类别和收入来源等进行明细核算。

行政事业单位关于租金收入的账务处理如下:

(1) 国有资产出租收入,应当在租赁期内各个期间按照直线法予以确认。

① 采用预收租金方式的,预收租金时,按照收到的金额,借记"银行存款"等科目,贷记"预收账款"科目;分期确认租金收入时,按照各期租金金额,借记"预收账款"科目,贷记"租金收入"科目。

② 采用后付租金方式的,每期确认租金收入时,按照各期租金金额,借记"应收账款"科目,贷记"租金收入"科目;收到租金时,按照实际收到的金额,借记"银行存款"等科目,贷记"应收账款"科目。

③ 采用分期收取租金方式的,每期收取租金时,按照租金金额,借记"银行存款"等科目,贷记"租金收入"科目。

涉及增值税业务的,相关账务处理参见"应交增值税"科目。

(2) 期末,将"租金收入"科目本期发生额转入本期盈余,借记"租金收入"科目,贷记"本期盈余"科目。期末结转后,"租金收入"科目应无余额。

六、其他收入

为核算其他收入业务,行政事业单位应当设置"其他收入"科目,该科目贷方登记其他收入的增加数,借方登记其他收入的减少数,期末结账转入"本期盈余"科目后应无余额。"其他收入"科目应当按照其他收入的类别、来源等进行明细核算。

行政事业单位关于其他收入的账务处理如下:

(1) 现金盘盈收入。每日现金账款核对中发现的现金溢余,属于无法查明原因的部分,报经批准后,借记"待处理财产损溢"科目,贷记"其他收入"科目。

(2) 科技成果转化收入。单位科技成果转化所取得的收入,按照规定留归本单位的,按照所取得收入扣除相关费用之后的净收益,借记"银行存款"等科目,贷记"其他收入"科目。

(3) 收回已核销的其他应收款。行政单位已核销的其他应收款在以后期间收回的,按照实际收回的金额,借记"银行存款"等科目,贷记"其他收入"科目。

(4) 无法偿付的应付及预收款项。无法偿付或债权人豁免偿还的应付账款、预收账款、其他应付款及长期应付款,借记"应付账款""预收账款""其他应付款""长期应付款"等科目,贷记"其他收入"科目。

(5) 置换换出资产评估增值。资产置换过程中,换出资产评估增值的,按照评估价值高于资产账面价值或账面余额的金额,借记有关科目,贷记"其他收入"科目。具体账务处理参见"库存物品"等科目。

以未入账的无形资产取得的长期股权投资,按照评估价值加相关税费作为投资成本,借记"长期股权投资"科目,按照发生的相关税费,贷记"银行存款""其他应交税费"等科目,按其差额,贷记"其他收入"科目。

(6) 确认(1)至(5)以外的其他收入时,按照应收或实际收到的金额,借记"其他应收款""银行存款""库存现金"等科目,贷记"其他收入"科目。涉及增值税业务的,相关账务处理参见"应交增值税"科目。

(7) 期末,将"其他收入"科目本期发生额转入本期盈余,借记"其他收入"科目,贷记"本期盈余"科目。期末结转后,"其他收入"科目应无余额。

【例6-7】 某事业单位经批准出售一项自主研发的无形资产,该项无形资产的账面余额为175 000元,尚未计提摊销,出售价款为385 000元,款项已收到并存入开户银行。按照规定,该项无形资产的出售收入纳入本单位预算管理,暂不考虑增值税业务。应做如下财务会计分录:

(1) 转销无形资产账面余额时:
借:资产处置费用　　　　　　　　　　　　　　　　175 000
　　贷:无形资产　　　　　　　　　　　　　　　　　　　175 000

(2) 收到无形资产出售价款时:
借:银行存款　　　　　　　　　　　　　　　　　　385 000
　　贷:其他收入　　　　　　　　　　　　　　　　　　　385 000

行政事业单位还可以通过授予许可的方式向其他单位转让无形资产使用权,并由此取得转让无形资产使用权收入。为激励研发人员积极投入研发创新活动,事业单位通常需要将一部分科技成果转化收入用于研发人员的奖励。

【例6-8】 某事业单位经批准以一项未入账的无形资产取得一项长期股权投资,该项未入账的无形资产的评估价值为633 000元,暂不考虑相关税费。应做如下财务会计分录:

借:长期股权投资　　　　　　　　　　　　　　　　633 000
　　贷:其他收入　　　　　　　　　　　　　　　　　　　633 000

第三节　事业单位专有收入的确认与计量

事业单位专有收入包括事业收入、上级补助收入、附属单位上缴收入、经营收入和投资收益。

一、事业收入

为核算事业单位开展专业业务活动及其辅助活动取得的收入,事业单位应设置"事业收入"科目。"事业收入"科目属于收入类科目,贷方登记事业单位取得的事业收入数,借方登记事业单位事业收入的退回和结转数;年终结转后,"事业收入"科目应无余额。"事业收入"科目应当按照事业收入的类别、来源等进行明细核算。对于因开展科研及其辅助活动从非同级政府财政部门取得的经费拨款,应当在"事业收入"科目下单设"非同级财政拨款"明细科目进行核算。

事业单位关于事业收入的账务处理如下:

(1)采用财政专户返还方式管理的事业收入。①实现应上缴财政专户的事业收入时,按照实际收到或应收的金额,借记"银行存款""应收账款"等科目,贷记"应缴财政款"科目。②向财政专户上缴款项时,按照实际上缴的款项金额,借记"应缴财政款"科目,贷记"银行存款"等科目。③收到从财政专户返还的事业收入时,按照实际收到的返还金额,借记"银行存款"等科目,贷记"事业收入"科目。

(2)采用预收款方式确认的事业收入。①实际收到预收款项时,按照收到的款项金额,借记"银行存款"等科目,贷记"预收账款"科目。②以合同完成进度确认事业收入时,按照基于合同完成进度计算的金额,借记"预收账款"科目,贷记"事业收入"科目。

(3)采用应收款方式确认的事业收入。①根据合同完成进度计算本期应收的款项,借记"应收账款"科目,贷记"事业收入"科目。②实际收到款项时,借记"银行存款"等科目,贷记"应收账款"科目。

(4)其他方式下确认的事业收入,按照实际收到的金额,借记"银行存款""库存现金"等科目,贷记"事业收入"科目。

上述涉及增值税业务的,相关账务处理参见"应交增值税"科目。

(5)期末,将"事业收入"科目本期发生额转入本期盈余,借记"事业收入"科目,贷记"本期盈余"科目。期末结转后,"事业收入"科目应无余额。

【例6-9】 某事业单位实行财政专户返还方式管理办法,按收入总额的80%返还给单位。该单位2018年10月从事专业业务活动取得收入5 122 700元,该项收入采用集中汇缴的方式通过财政部门为单位设置的过渡账户缴入同级财政专户。应做如下财务会计分录:

(1)收到款项时:

借:银行存款　　　　　　　　　　　　　　　　　　5 122 700
　　贷:应缴财政款　　　　　　　　　　　　　　　　　　5 122 700

(2)上缴款项时:

借:应缴财政款　　　　　　　　　　　　　　　　　　5 122 700
　　贷:银行存款　　　　　　　　　　　　　　　　　　　5 122 700

(3)收到从财政专户返还的款项时:

借:银行存款　　　　　　　　　　　　　　　　　　　4 098 160
　　贷:事业收入　　　　　　　　　　　　　　　　　　　4 098 160

【例6-10】 某事业单位收到代理银行转来的财政授权支付额度到账通知书,财政部门通过财政授权支付方式核拨的财政专户管理资金66 000元已经下达。应做如下财务会计分录：

  借:零余额账户用款额度   66 000
    贷:事业收入   66 000

【例6-11】 某事业单位开展专业业务活动取得一笔事业收入,金额为2 453元,款项已存入银行。应做如下财务会计分录：

  借:银行存款   2 453
    贷:事业收入   2 453

【例6-12】 某事业单位开展专业业务活动销售自制产品一批,共取得销售收入27 192元,该事业单位为小规模纳税人。应做如下财务会计分录：

  借:银行存款   27 192
    贷:事业收入   26 400
      应交增值税   792

二、上级补助收入

  为核算事业单位从主管部门和上级单位取得的非财政补助收入,事业单位应设置"上级补助收入"科目。"上级补助收入"科目属于收入类科目,贷方登记事业单位实际收到的非财政补助收入数额,借方登记事业单位上级补助收入的缴回或结转数;平时余额在贷方,反映事业单位实际收到的上级补助收入的累计数;年终结转后,"上级补助收入"科目应无余额。"上级补助收入"科目应当按照发放补助单位、补助项目等进行明细核算。

  事业单位关于上级补助收入的账务处理如下：

  (1)确认上级补助收入时,按照应收或实际收到的金额,借记"其他应收款"、"银行存款"等科目,贷记"上级补助收入"科目。实际收到应收的上级补助款时,按照实际收到的金额,借记"银行存款"等科目,贷记"其他应收款"科目。

  (2)期末,将"上级补助收入"科目本期发生额转入本期盈余,借记"上级补助收入"科目,贷记"本期盈余"科目。期末结转后,"上级补助收入"科目应无余额。

【例6-13】 某事业单位2019年从主管部门和上级单位取得的非财政拨款收入共计649 000元,其中专项资金484 000元。应做如下财务会计分录：

  (1)收到款项时：

  借:银行存款   649 000
    贷:上级补助收入——主管部门——基本支出   165 000
            ——项目支出   484 000

  同时,应做如下预算会计分录：

  借:资金结存——货币资金   649 000
    贷:上级补助预算收入   649 000

  (2)年终转账时：

  借:上级补助收入——主管部门——基本支出   165 000
          ——项目支出   484 000

贷:本期盈余 　　　　　　　　　　　　　　　　　　　　　　　　649 000

同时,应做如下预算会计分录:

借:上级补助预算收入 　　　　　　　　　　　　　　　　　　　　649 000

　　贷:其他结余 　　　　　　　　　　　　　　　　　　　　　　　165 000

　　　　非财政拨款结转——本年收支结转 　　　　　　　　　　　484 000

三、附属单位上缴收入

为核算事业单位附属独立核算单位按照有关规定上缴的收入,事业单位应设置"附属单位上缴收入"科目。"附属单位上缴收入"科目属于收入类科目,贷方登记事业单位收到的附属独立核算单位按照有关规定上缴的收入数,借方登记事业单位缴款的退回及结转数;年终结转后,"附属单位上缴收入"科目应无余额。"附属单位上缴收入"科目应当按照附属单位、缴款项目等进行明细核算。

事业单位关于附属单位上缴收入的账务处理如下:

(1)确认附属单位上缴收入时,按照应收或收到的金额,借记"其他应收款""银行存款"等科目,贷记"附属单位上缴收入"科目。实际收到应收附属单位上缴款时,按照实际收到的金额,借记"银行存款"等科目,贷记"其他应收款"科目。

(2)期末,将"附属单位上缴收入"科目本期发生额转入本期盈余,借记"附属单位上缴收入"科目,贷记"本期盈余"科目。期末结转后,"附属单位上缴收入"科目应无余额。

【例6-14】 某事业单位2019年收到所属独立核算的甲单位上缴的款项286 000元,均为专项资金;乙单位上缴的款项726 000元,均为非专项资金。应做如下财务会计分录:

(1)收到款项时:

借:银行存款 　　　　　　　　　　　　　　　　　　　　　　　112 000

　　贷:附属单位上缴收入——甲单位 　　　　　　　　　　　　　286 000

　　　　　　　　　　　　　　——乙单位 　　　　　　　　　　　726 000

同时,应做如下预算会计分录:

借:资金结存——货币资金 　　　　　　　　　　　　　　　　　112 000

　　贷:附属单位上缴预算收入 　　　　　　　　　　　　　　　　112 000

(2)年终转账时:

借:附属单位上缴收入——甲单位 　　　　　　　　　　　　　　286 000

　　　　　　　　　　　——乙单位 　　　　　　　　　　　　　726 000

　　贷:本期盈余 　　　　　　　　　　　　　　　　　　　　　　112 000

同时,应做如下预算会计分录:

借:附属单位上缴预算收入 　　　　　　　　　　　　　　　　　112 000

　　贷:非财政拨款结转——本年收支结转 　　　　　　　　　　　286 000

　　　　其他结余 　　　　　　　　　　　　　　　　　　　　　　726 000

四、经营收入

为核算事业单位在专业业务活动及其辅助活动之外开展非独立核算经营活动取得的收入,事业单位应设置"经营收入"科目。"经营收入"科目属于收入类科目,贷方登记事业单位取得的经营收入数,借方登记事业单位经营收入的冲销或结转数;年终结转后,"经营收入"科目应无余额。"经营收入"科目应当按照经营活动类别、项目和收入来源等进行明细核算。

经营收入应当在提供服务或发出存货,同时收讫价款或者取得索取价款的凭据时,按照实际收到或应收的金额予以确认。

事业单位关于经营收入的账务处理如下:

(1)实现经营收入时,按照确定的收入金额,借记"银行存款""应收账款""应收票据"等科目,贷记"经营收入"科目。涉及增值税业务的,相关账务处理参见"应交增值税"科目。

(2)期末,将"经营收入"科目本期发生额转入本期盈余,借记"经营收入"科目,贷记"本期盈余"科目。期末结转后,"经营收入"科目应无余额。

【例6-15】 2019年8月2日,某事业单位所属非独立核算的复印社收到服务收入2 464元,已存入银行;年终,该事业单位将"经营收入"科目贷方余额275 000元转入本期盈余。应做如下财务会计分录:

(1)8月2日:
借:银行存款　　　　　　　　　　　　　　　　　　　2 464
　　贷:经营收入——服务收入　　　　　　　　　　　　　　2 464
同时,应做如下预算会计分录:
借:资金结存——货币资金　　　　　　　　　　　　　2 464
　　贷:经营预算收入　　　　　　　　　　　　　　　　　　2 464
(2)年终:
借:经营收入　　　　　　　　　　　　　　　　　　　275 000
　　贷:本期盈余　　　　　　　　　　　　　　　　　　　275 000
同时,应做如下预算会计分录:
借:经营预算收入　　　　　　　　　　　　　　　　　275 000
　　贷:经营结余　　　　　　　　　　　　　　　　　　　275 000

五、投资收益

为核算事业单位股权投资和债券投资所实现的收益或发生的损失,事业单位应设置"投资收益"科目。"投资收益"科目属于收入类科目,贷方登记事业单位股权投资和债券投资所实现的收益,借方登记事业单位股权投资和债券投资所发生的损失;年终结转后,"投资收益"科目应无余额。"投资收益"科目应当按照投资的种类等进行明细核算。

事业单位关于投资收益的账务处理如下:

(1) 收到短期投资持有期间的利息,按照实际收到的金额,借记"银行存款"科目,贷记"投资收益"科目。

(2) 出售或到期收回短期债券本息,按照实际收到的金额,借记"银行存款"科目,按照出售或收回短期投资的成本,贷记"短期投资"科目,按照其差额,贷记或借记"投资收益"科目。涉及增值税业务的,相关账务处理参见"应交增值税"科目。

(3) 持有的分期付息、一次还本的长期债券投资,按期确认利息收入时,按照计算确定的应收未收利息,借记"应收利息"科目,贷记"投资收益"科目;持有的到期一次还本付息的债券投资,按期确认利息收入时,按照计算确定的应收未收利息,借记"长期债券投资——应计利息"科目,贷记"投资收益"科目。

(4) 出售长期债券投资或到期收回长期债券投资本息,按照实际收到的金额,借记"银行存款"等科目,按照债券初始投资成本和已计未收利息金额,贷记"长期债券投资——成本、应计利息"科目(到期一次还本付息债券)或"长期债券投资""应收利息"科目(分期付息债券),按照其差额,贷记或借记"投资收益"科目。涉及增值税业务的,相关账务处理参见"应交增值税"科目。

(5) 采用成本法核算的长期股权投资持有期间,被投资单位宣告分派现金股利或利润时,按照宣告分派的现金股利或利润中属于单位应享有的份额,借记"应收股利"科目,贷记"投资收益"科目。采用权益法核算的长期股权投资持有期间,按照应享有或应分担的被投资单位实现的净损益的份额,借记或贷记"长期股权投资——损益调整"科目,贷记或借记"投资收益"科目;被投资单位发生净亏损,但以后年度又实现净利润的,单位在其收益分享额弥补未确认的亏损分担额等后,恢复确认投资收益,借记"长期股权投资——损益调整"科目,贷记"投资收益"科目。

(6) 按照规定处置长期股权投资时有关投资收益的账务处理,参见"长期股权投资"科目。

(7) 期末,将"投资收益"科目本期发生额转入本期盈余,借记或贷记"投资收益"科目,贷记或借记"本期盈余"科目。期末结转后,"投资收益"科目应无余额。

【例 6-16】 2019 年 5 月,某事业单位发生如下业务:持有的 1 年期国债到期,收回本金 132 000 元,利息收入 5 280 元,款项已存入银行;收到联营乙公司分配的 2018 年利润 209 000 元,已存入银行;持有的 3 年期国债到期,收回的本金和利息分别为 110 000 元和 19 800 元。应做如下财务会计分录:

(1) 收到 1 年期国债本金及利息时:

借:银行存款　　　　　　　　　　　　　　　137 280
　　贷:短期投资　　　　　　　　　　　　　　132 000
　　　　投资收益　　　　　　　　　　　　　　 5 280

同时,应做如下预算会计分录:

借:资金结存——货币资金　　　　　　　　　 5 280
　　贷:投资预算收益　　　　　　　　　　　　 5 280

(2) 收到联营乙公司分配的利润时:

借:银行存款　　　　　　　　　　　　　　　209 000

　　　　贷：投资收益　　　　　　　　　　　　　　　　　　　　　209 000
　　同时，应做如下预算会计分录：
　　借：资金结存——货币资金　　　　　　　　　　　　　　　209 000
　　　　贷：投资预算收益　　　　　　　　　　　　　　　　　　209 000
（3）收到3年期国债本金及利息时：
　　借：银行存款　　　　　　　　　　　　　　　　　　　　　129 800
　　　　贷：长期债券投资　　　　　　　　　　　　　　　　　　110 000
　　　　　　投资收益　　　　　　　　　　　　　　　　　　　　 19 800
　　同时，应做如下预算会计分录：
　　借：资金结存——货币资金　　　　　　　　　　　　　　　 19 800
　　　　贷：投资预算收益　　　　　　　　　　　　　　　　　　 19 800

思考题

1. 简述政府会计收入的概念和种类。
2. 简述非税收入"收支两条线"管理的概念及其做法。
3. 简述事业收入的概念、种类与核算方法。
4. 简述其他收入的概念、种类与核算方法。
5. 简述上级补助收入的概念、种类与核算方法。

业务处理题

1. 2018年10月9日，某事业单位根据批准的部门预算和用款计划，向同级政府财政部门申请支付第三季度水费210 000元；10月18日，财政部门经审核后，以财政直接支付方式向自来水公司支付了该单位的水费210 000元；10月23日，该事业单位收到了财政直接支付入账通知书。

2. 2018年12月31日，某行政单位财政直接支付指标数与当年财政直接支付实际支出数之间的差额为200 000元；2019年年初，财政部门恢复了该行政单位的财政直接支付额度；2019年1月15日，该行政单位以财政直接支付方式购买一批办公用物资（属于上年预算指标数），支付给供应商100 000元价款。

3. 2018年3月，某科研所根据经过批准的部门预算和用款计划，向同级政府财政部门申请财政授权支付用款额度360 000元；4月6日，财政部门经审核后，以财政授权支付方式下达了340 000元用款额度；4月8日，该科研所收到了代理银行转来的财政授权支付额度到账通知书。

4. 2018年12月31日，某事业单位经与代理银行提供的对账单核对无误后，将300 000元零余额账户用款额度予以注销；另外，本年度财政授权支付预算指标数大于零余额账户用款额度下达数，未下达的用款额度为400 000元；2019年度，该事业单位收到代理银行提供的额度恢复到账通知书及财政部门批复的上年末未下达零余额账户用款额度。

5. 某纳入省级政府财政部门预算范围的事业单位从当地市级政府财政部门获得一笔财政资金 110 000 元,该笔财政资金属于当地市政府支持该事业单位发展的专项资金,款项已存入该事业单位的银行存款账户。

6. 某事业单位接受捐赠一笔货币资金 120 000 元,按捐赠约定规定用于专门用途,款项已存入开户银行。

要求:根据上述业务做出必要的会计处理。

第七章 费用会计

引导案例

透视发票里的腐败:家属旅游和私家车养护费统统报销

2016年12月22日,中央纪委网站公开曝光八起违反八项规定精神问题。其中,包括税务总局官员公款旅游违规报销、南京烟草专卖局干部虚开发票套取会议经费用于接待等问题。通过梳理各地纪委通报发现,2016年以来各地公开通报的违规报销问题不胜枚举。

《新华视点》记者调查发现,"报销腐败"是一个长期存在的突出腐败现象。有的领导干部报销内容无所不包,生活几乎"零成本";有的落马干部甚至以餐饮、烟酒的名义,把行贿"黑金"入账报销。

报销被个别干部当作"隐性福利",有的把行贿"黑金"也入账

记者通过梳理2016年以来各地纪检部门通报的问题发现,违规报销涉及面广、报销名目多,具有相当的普遍性。涉案人员上至厅级官员下至村民小组长,涉及单位既有政府机关又有国有企业、学校等,一些单位甚至还出现集体常态化违规报销问题。比如,2012年6月至2015年4月,云南省商务厅8名原领导班子成员、8名现任厅级领导、2名厅办公室负责人,均在云南云商会展有限公司和云南省外经贸投融资担保公司报销个人通信费。

报销的钱主要花在什么地方?据调查,违规报销用途大致分为两种:一种是成为单位的"小金库",用于解决公务接待中的超支、超标等不合理费用,或是津补贴等单位集体福利。比如,2010年10月至2015年9月,湖北黄冈黄州区农业局局长刘某就安排农业局有关人员,以虚列工作经费及虚开费用发票等方式套取项目资金设立"小金库",用于农业局各项开支。另一种则是成为少数干部个人生活消费的"提款机"。记者发现,报销发票被个别干部当作"隐性福利"和"灰色收入",私人KTV、烟酒、私家车养护、家属旅游……各种五花八门的消费都来报销。如湖北一副县长因私事请老同学帮忙,安排交通、住宿并宴请,所有费用均以公务接待名义违规报销;云南文山市委一名干部未经审批参加高校学习,将应由个人负担的学费、教材费等相关费用共计2万多元在单位报销。

更令人关注的是,此前查处的河南漯河市委原常委、秘书长谢连章腐败案中,包括漯河市交通局局长等40多名向谢连章行贿的领导干部和公职人员中,行贿资金多数来源为公款。他们行贿后再通过单位财务会计以餐饮、烟酒等发票入账报销。

虚列开支和变更名目为主要手段

记者调查发现,"报销腐败"具有一定的隐蔽性,其操作手法也多种多样。

一种是虚列开支,无中生有。"在办公、差旅等经费管理日趋严格的情况下,弹性较大的培训、会务等经费容易成为'浑水摸鱼'的渠道。"广西一名县级审计局局长说,"比如,一个会议有50人参会,报销时按80人或100人报。只要有会议通知、签到表等材料且不超标,即使是审计部门也不会去仔细核查。"广西凤山县纪委副书记彭孟智介绍,2013—2015年间,县扶贫办两名干部就利用组织农民实用技术培训工作的便利,通过虚开发票套取培训资料复印费5万多元用于个人开支。

另一种是变更名目,偷梁换柱。原福建省人民防空办公室法规处副调研员、福建省人防建筑设计研究院副院长刘某的操作手法比较典型,他将其在国外购买路易威登包的费用19 960元开成两张茶叶发票,又将购买冬虫夏草的费用开为购酒发票,均以"招待费"名义在单位报销。此外,他购买的沙发、床铺等家具,则开成"办公家具"发票报销。有基层干部坦言,一些变更名目的报销,被形象地称为"吃床腿""吃轮胎"。因为住宿费、修车费可以报销,于是有人就将各种费用进行变更后来报销。

强化财务纪律整治,压缩"报销腐败"空间

一名县级财政部门负责人告诉记者,目前被查出"报销腐败"问题的多是由于内部人士举报。虽然财政、审计等部门都有监管职能,但是在实际工作中监管很难到位。"审计部门一般只关注发票真假,财政部门则关注是否超过预算。"

财会专家马靖昊表示,我国财务制度法规近年来不断健全和完善,如从国家层面有会计法和税法,具体到系统和单位,往往也有自己制定的管理办法,新修订的《中国共产党纪律处分条例》更是重申了财经纪律。"但制度的生命力在于执行。"马靖昊认为,"报销腐败"的手法简单却仍然频发多发,暴露出长期以来基层财务制度流于形式、公款支出缺乏有效监管等问题。

中国社会科学院中国廉政研究中心副秘书长高波建议,当务之急是围绕财务纪律执行,开展一系列专项整治;各地开展的巡视巡察中,注重吸纳专业的审计力量;与此同时,系统研究如何堵塞财务漏洞,将其作为一项"不能腐"的制度进行系统性完善。

目前,财政部等大力推行公务卡制度改革,有助于从源头堵住"报销腐败"漏洞。"但财政管理制度建设是一项系统工程,公务卡只是其中一个手段,并非抑制腐败的万能卡。"一些纪检部门人士表示,"更应严格信息公开制度,将公务消费信息更多置于公众监督之下,让'报销腐败'无处遁形。"

资料来源:http://society.huanqiu.com/shrd/2016-12/9870491_2.html? agt = 15438(访问时间:2019年7月20日,有删改)。

思考并讨论:

1. 根据上述案例,指出费用的确认条件。
2. 政府会计费用的组成内容是什么?
3. 政府会计中费用与企业会计中费用有何不同?

第一节 费用概述

一、费用的含义及其特征

费用是指政府会计主体在日常活动中发生的、会导致所有者权益减少的、与向所有者分配利润无关的经济利益的总流出。根据费用的定义,费用具有以下特征:

(1)费用是政府会计主体在日常活动中形成的。费用必须是政府会计主体在其日常活动中形成的,这些日常活动的界定与收入定义中涉及的日常活动相一致。因日常活动所产生的费用通常包括销售成本(营业成本)、管理费用等。

费用形成于政府会计主体日常活动的特征使其与产生于非日常活动的损失相区分。政府会计主体从事或发生的某些活动或事项也能导致经济利益流出政府会计主体,但不属于政府会计主体的日常活动。例如,政府会计主体处置固定资产、无形资产等非流动资产,因违约支付罚款,对外捐赠,因自然灾害等非常原因造成财产损毁等,这些活动或事项形成的经济利益的总流出属于政府会计主体的损失而不是费用。

(2)费用会导致所有者权益的减少。费用既可能表现为资产的减少,如减少银行存款、库存物品等;又可能表现为负债的增加,如增加应付职工薪酬等。根据"资产-负债=所有者权益"会计等式,费用一定会导致政府会计主体所有者权益的减少。

经营管理中的某些支出并不减少企业的所有者权益,也就不构成费用。例如,企业以银行存款偿还一项负债,只是一项资产和一项负债的等额减少,对所有者权益没有影响,因此不构成政府会计主体的费用。

(3)费用是与向所有者分配利润无关的经济利益的总流出。费用的发生应当会导致经济利益的流出,从而导致资产的减少或者负债的增加(最终也会导致资产的减少)。其表现形式包括现金或者现金等价物的流出,存货、固定资产和无形资产等的流出或者消耗等。企业向所有者分配利润也会导致经济利益的流出,但该经济利益的流出显然属于所有者权益的抵减项目,不应确认为费用,应当将其排除在费用的定义之外。

二、费用的分类

政府会计主体的费用按照发生费用的业务活动类型可以分为业务活动费用、单位管理费用、经营费用等。其中,行政事业单位共同的费用有:业务活动费用、资产处置费用、其他费用等;事业单位特有的费用有:上缴上级费用、对附属单位补助费用、经营费用、单位管理费用与所得税费用。

第二节 行政事业单位共有费用的确认与计量

一、业务活动费用

业务活动费用是指行政事业单位为实现其职能目标,依法履职或开展专业业务活动及其辅助活动所发生的各项费用。

行政事业单位应当设置"业务活动费用"科目,并按照项目、服务或者业务类别、支付对象等进行明细核算。为了满足成本核算需要,"业务活动费用"科目下还可按照"工资福利费用""商品和服务费用""对个人和家庭的补助费用""对企业补助费用""固定资产折旧费""无形资产摊销费""公共基础设施折旧(摊销)费""保障性住房折旧费""计提专用基金"等成本项目设置明细科目,归集能够直接计入业务活动或采用一定方法计算后计入业务活动的费用。

行政事业单位关于业务活动费用的账务处理如下:

(1)为履职或开展业务活动人员计提的薪酬,按照计算确定的金额,借记"业务活动费用"科目,贷记"应付职工薪酬"科目。

(2)为履职或开展业务活动发生的外部人员劳务费,按照计算确定的金额,借记"业务活动费用"科目,按照代扣代缴个人所得税的金额,贷记"其他应交税费——应交个人所得税"科目,按照扣税后应付或实际支付的金额,贷记"其他应付款""财政拨款收入""零余额账户用款额度""银行存款"等科目。

(3)为履职或开展业务活动领用库存物品,以及动用发出相关政府储备物资,按照领用库存物品或发出相关政府储备物资的账面余额,借记"业务活动费用"科目,贷记"库存物品""政府储备物资"科目。

(4)为履职或开展业务活动所使用的固定资产、无形资产以及为所控制的公共基础设施、保障性住房计提的折旧、摊销,按照计提金额,借记"业务活动费用"科目,贷记"固定资产累计折旧""无形资产累计摊销""公共基础设施累计折旧(摊销)""保障性住房累计折旧"科目。

(5)为履职或开展业务活动发生的城市维护建设税、教育费附加、地方教育费附加、车船税、房产税、城镇土地使用税等,按照计算确定应交纳的金额,借记"业务活动费用"科目,贷记"其他应交税费"等科目。

(6)为履职或开展业务活动发生其他各项费用时,按照费用确认金额,借记"业务活动费用"科目,贷记"财政拨款收入""零余额账户用款额度""银行存款""应付账款""其他应付款""其他应收款"等科目。

(7)按照规定从收入中提取专用基金并计入费用的,一般按照预算会计下基于预算收入计算提取的金额,借记"业务活动费用"科目,贷记"专用基金"科目。国家另有规定的,从其规定。

(8)发生当年购货退回等业务,对于已计入本年业务活动费用的,按照收回或应收的金额,借记"财政拨款收入""零余额账户用款额度""银行存款""其他应收款"等科目,贷记"业务活动费用"科目。

(9)期末,将"业务活动费用"科目本期发生额转入本期盈余,借记"本期盈余"科目,贷记"业务活动费用"科目。期末结转后,"业务活动费用"科目应无余额。

【例7-1】 某行政单位2019年3月应付在职人员薪酬74 000元,代扣代缴个人所得税17 000元,在职人员的薪酬通过财政直接支付方式支付,个人所得税通过财政授权支付方式支付。应做如下财务会计分录:

(1)计提职工薪酬时:

借:业务活动费用 74 000
 贷:应付职工薪酬 74 000

(2)支付职工薪酬时:

实际支付职工薪酬=74 000-17 000=57 000(元)

借:应付职工薪酬 74 000
 贷:财政拨款收入 57 000
  其他应交税费——应交个人所得税 17 000

同时,应做如下预算会计分录:

借:行政支出 74 000
 贷:财政拨款预算收入 74 000

(3)代扣代缴个人所得税:

借:其他应交税费——应交个人所得税 17 000
 贷:零余额账户用款额度 17 000

同时,应做如下预算会计分录:

借:行政支出 17 000
 贷:资金结存——零余额账户用款额度 17 000

【例7-2】 某行政单位2019年3月27日聘请专家参加评审工作,发生劳务费5 400元,代扣代缴个人所得税864元,通过财政授权支付方式支付。应做如下财务会计分录:

(1)支付专家劳务费时:

实际支付金额=5 400-864=4 536(元)

借:业务活动费用 5 400
 贷:零余额账户用款额度 4 536
  其他应交税费——应交个人所得税 864

同时,应做如下预算会计分录:

借:行政支出 4 536
 贷:资金结存——零余额账户用款额度 4 536

(2)实际缴纳税款时:

借:其他应交税费——应交个人所得税 864
 贷:零余额账户用款额度 864

同时,应做如下预算会计分录:

借:行政支出 864
 贷:资金结存——零余额账户用款额度 864

【例7-3】 某行政单位2019年7月1日采购了一批办公用品,预付账款3 200元,7月5日,办公用品入库,补付尾款1 200元,通过财政授权支付方式支付。应做如下财务会计分录:

(1) 7月1日预付账款时：
借：预付账款   3 200
    贷：零余额账户用款额度   3 200
同时，应做如下预算会计分录：
借：行政支出   3 200
    贷：资金结存——零余额账户用款额度   3 200
(2) 7月5日办公用品入库补付尾款时：
借：业务活动费用   4 400
    贷：零余额账户用款额度   1 200
        预付账款   3 200
同时，应做如下预算会计分录：
借：行政支出   1 200
    贷：资金结存——零余额账户用款额度   1 200

二、资产处置费用

资产处置费用是指行政事业单位经批准处置资产时发生的费用，包括转销的被处置资产价值，以及在处置过程中发生的相关费用或者处置收入小于相关费用形成的净支出。资产处置的形式按照规定包括无偿调拨、出售、出让、转让、置换、对外捐赠、报废、毁损以及货币性资产损失核销等。单位在资产清查中查明的资产盘亏、毁损以及资产报废等，应当先通过"待处理财产损溢"科目进行核算，再将处理资产价值和处理净支出计入本科目。短期投资、长期股权投资、长期债券投资的处置，按照相关资产科目的规定进行账务处理。

行政事业单位应当设置"资产处置费用"科目，并按照处置资产的类别、资产处置的形式等进行明细核算。

行政事业单位关于资产处置费用的账务处理如下：

(1) 不通过"待处理财产损溢"科目核算的资产处置。具体为：

① 按照规定报经批准处置资产时，按照处置资产的账面价值，借记"资产处置费用"科目［处置固定资产、无形资产、公共基础设施、保障性住房的，还应借记"固定资产累计折旧""无形资产累计摊销""公共基础设施累计折旧（摊销）""保障性住房累计折旧"科目］，按照处置资产的账面余额，贷记"库存物品""固定资产""无形资产""公共基础设施""政府储备物资""文物文化资产""保障性住房""其他应收款""在建工程"等科目。

② 处置资产过程中仅发生相关费用的，按照实际发生金额，借记"资产处置费用"科目，贷记"银行存款""库存现金"等科目。

③ 处置资产过程中取得收入的，按照取得的价款，借记"库存现金""银行存款"等科目，按照处置资产过程中发生的相关费用，贷记"银行存款""库存现金"等科目，按照其差额，借记"资产处置费用"科目或贷记"应缴财政款"等科目。

涉及增值税业务的，相关账务处理参见"应交增值税"科目。

（2）通过"待处理财产损溢"科目核算的资产处置。具体为：

① 单位账款核对中发现的现金短缺，属于无法查明原因的，报经批准核销时，借记"资产处置费用"科目，贷记"待处理财产损溢"科目。

② 单位资产清查过程中盘亏或者毁损、报废的存货、固定资产、无形资产、公共基础设施、政府储备物资、文物文化资产、保障性住房等，报经批准处理时，按照处理资产价值，借记"资产处置费用"科目，贷记"待处理财产损溢——待处理财产价值"科目。处理收支结清时，处理过程中所取得收入小于所发生相关费用的，按照相关费用减去处理收入后的净支出，借记"资产处置费用"科目，贷记"待处理财产损溢——处理净收入"科目。

（3）期末，将"资产处置费用"科目本期发生额转入本期盈余，借记"本期盈余"科目，贷记"资产处置费用"科目。期末结转后，"资产处置费用"科目应无余额。

【例7-4】 某事业单位按规定处置一项固定资产，其原始价值50 000元，已经计提固定资产累计折旧20 000元，取得处置收入25 000元，用银行存款支付处置过程中发生的相关费用580元。应做如下财务会计分录：

（1）处置固定资产并支付相关费用：

借：资产处置费用	30 580
固定资产累计折旧	20 000
贷：固定资产	50 000
银行存款	580

同时，应做如下预算会计分录：

借：其他支出	30 580
贷：资金结存	30 580

（2）取得处置收入：

借：银行存款	25 000
贷：资产处置费用	25 000

同时，应做如下预算会计分录：

借：资金结存	25 000
贷：其他支出	25 000

三、其他费用

其他费用是指行政事业单位发生的除业务活动费用、单位管理费用、经营费用、资产处置费用、上缴上级费用、附属单位补助费用、所得税费用以外的各项费用，包括利息费用、坏账损失、罚没支出、现金资产捐赠支出以及相关税费、运输费等。

行政事业单位应当设置"其他费用"科目，并按照其他费用的类别等进行明细核算。单位发生的利息费用较多的，可以单独设置"利息费用"科目。

行政事业单位关于其他费用的账务处理如下：

（1）利息费用。按期计算确认借款利息费用时，按照计算确定的金额，借记"在建工程"科目或"其他费用"科目，贷记"应付利息""长期借款——应计利息"科目。

（2）坏账损失。年末，事业单位按照规定对收回后不需上缴财政的应收账款和其他应收款计提坏账准备时，按照计提金额，借记"其他费用"科目，贷记"坏账准备"科目；冲减多提的坏账准备时，按照冲减金额，借记"坏账准备"科目，贷记"其他费用"科目。

（3）罚没支出。单位发生罚没支出的，按照实际缴纳或应当缴纳的金额，借记"其他费用"科目，贷记"银行存款""库存现金""其他应付款"等科目。

（4）现金资产捐赠。单位对外捐赠现金资产的，按照实际捐赠的金额，借记"其他费用"科目，贷记"银行存款""库存现金"等科目。

（5）其他相关费用。单位接受捐赠（或无偿调入）以名义金额计量的存货、固定资产、无形资产，以及成本无法可靠取得的公共基础设施、文物文化资产等发生的相关税费、运输费等，按照实际支付的金额，借记"其他费用"科目，贷记"财政拨款收入""零余额账户用款额度""银行存款""库存现金"等科目。

单位发生的与受托代理资产相关的税费、运输费、保管费等，按照实际支付或应付的金额，借记"其他费用"科目，贷记"零余额账户用款额度""银行存款""库存现金""其他应付款"等科目。

（6）期末，将"其他费用"科目本期发生额转入本期盈余，借记"本期盈余"科目，贷记"其他费用"科目。期末结转后，"其他费用"科目应无余额。

【例7-5】 某事业单位接受捐赠一台专用设备，同类设备的市场价格为198 000元，用银行存款支付运输费330元。应做如下财务会计分录：

借：固定资产　　　　　　　　　　　　　　　198 000
　　贷：捐赠收入　　　　　　　　　　　　　　　　198 000
借：其他费用——接受捐赠运费支出　　　　　　330
　　贷：银行存款　　　　　　　　　　　　　　　　　330

同时，应做如下预算会计分录：

借：其他支出　　　　　　　　　　　　　　　　330
　　贷：资金结存——货币资金　　　　　　　　　　330

第三节　事业单位专有费用的确认与计量

事业单位专有费用包括单位管理费用、经营费用、上缴上级费用、对附属单位补助费用等。

一、单位管理费用

单位管理费用是指事业单位本级行政及后勤管理部门开展管理活动发生的各项费用，包括单位行政及后勤管理部门发生的人员经费、公用经费、资产折旧（摊销）等费用，以及由单位统一负担的离退休人员经费、工会经费、诉讼费、中介费等。

事业单位关于单位管理费用的账务处理如下：

（1）为管理活动人员计提薪酬，按照计算确定的金额，借记"单位管理费用"科目，贷记"应付职工薪酬"科目。

（2）为开展管理活动发生外部人员劳务费，按照计算确定的金额，借记"单位管理费用"科目，按照代扣代缴个人所得税的金额，贷记"其他应交税费——应交个人所得税"科目，按照扣税后应付或实际支付的金额，贷记"其他应付款""财政拨款收入""零余额账户用款额度""银行存款"等科目。

（3）为开展管理活动内部领用库存物品，按照领用物品的实际成本，借记"单位管理费用"科目，贷记"库存物品"科目。

（4）为管理活动所使用固定资产、无形资产计提折旧、摊销，按照应提折旧、摊销额，借记"单位管理费用"科目，贷记"固定资产累计折旧""无形资产累计摊销"科目。

（5）为开展管理活动发生城市维护建设税、教育费附加、地方教育费附加、车船税、房产税、城镇土地使用税等，按照计算确定应交纳的金额，借记"单位管理费用"科目，贷记"其他应交税费"等科目。

（6）为开展管理活动发生的其他各项费用，按照费用确认金额，借记"单位管理费用"科目，贷记"财政拨款收入""零余额账户用款额度""银行存款""其他应付款""其他应收款"等科目。

（7）发生当年购货退回等业务，对于已计入本年单位管理费用的，按照收回或应收的金额，借记"财政拨款收入""零余额账户用款额度""银行存款""其他应收款"等科目，贷记"单位管理费用"科目。

（8）年终，将"单位管理费用"科目本期发生额转入本期盈余，借记"本期盈余"科目，贷记"单位管理费用"科目。期末结转后，"单位管理费用"科目应无余额。

【例7-6】 某事业单位2019年5月计提管理人员工资70 000元，代扣代缴个人所得税1 400元，6月上缴个人所得税1 400元，工资和个人所得税均使用银行存款支付。

应做如下财务会计分录：

（1）2019年5月计提管理人员工资时：

借：单位管理费用	70 000
贷：应付职工薪酬	70 000

（2）2019年5月实际支付管理人员工资并代扣个人所得税时：

实际支付金额=74 000-1 400=68 600（元）

借：应付职工薪酬	70 000
贷：银行存款	68 600
其他应交税费——应交个人所得税	1 400

同时，应做如下预算会计分录：

借：事业支出	68 600
贷：资金结存——货币资金	68 600

（3）2019年6月实际缴纳个人所得税时：

借：其他应交税费——应交个人所得税	1 400
贷：银行存款	1 400

同时,应做如下预算会计分录:

借:事业支出　　　　　　　　　　　　　　　　　　　　　　　　　1 400
　　贷:资金结存——货币资金　　　　　　　　　　　　　　　　　　　　　1 400

二、经营费用

经营费用是指事业单位在专业业务活动及其辅助活动之外开展非独立核算经营活动发生的各项费用,包括职工薪酬、公务费、业务费、设备购置费、修缮费及其他费用等。事业单位经营费用的特点表现为:经营费用是因非独立核算的经营活动而产生的;经营费用需要由经营活动收入来补偿;经营费用应当与经营收入相互配比,以反映经营活动所取得的财务成果。事业单位开展非独立核算经营活动的,应当正确归集开展经营活动发生的各项费用,无法直接归集的,应当按照规定的标准或比例合理分摊。

为确认与计量事业单位在专业业务活动及其辅助活动之外开展非独立核算经营活动发生的支出情况,事业单位应设置"经营费用"科目。"经营费用"科目属于费用类科目,借方登记事业单位实际发生的经营费用,贷方登记事业单位当年经营费用收回数和期末结转数;平时余额在借方,反映事业单位实际发生的经营费用累计数;年终结账后,"经营费用"科目应无余额。"经营费用"科目应当按照经营活动类别、项目、支付对象等进行明细核算。

事业单位关于经营费用的账务处理如下:

（1）为经营活动人员计提的薪酬,按照计算确定的金额,借记"经营费用"科目,贷记"应付职工薪酬"科目。

（2）开展经营活动领用或发出库存物品,按照物品实际成本,借记"经营费用"科目,贷记"库存物品"科目。

（3）为经营活动所使用固定资产、无形资产计提的折旧、摊销,按照应提折旧、摊销额,借记"经营费用"科目,贷记"固定资产累计折旧""无形资产累计摊销"科目。

（4）开展经营活动发生城市维护建设税、教育费附加、地方教育费附加、车船税、房产税、城镇土地使用税等,按照计算确定应交纳的金额,借记"经营费用"科目,贷记"其他应交税费"等科目。

（5）发生与经营活动相关的其他各项费用时,按照费用确认金额,借记"经营费用"科目,贷记"银行存款""其他应付款""其他应收款"等科目。

（6）发生当年购货退回等业务,对于已计入本年经营费用的,按照收回或应收的金额,借记"银行存款""其他应收款"等科目,贷记"经营费用"科目。

（7）年终,将"经营费用"科目本期发生额转入本期盈余,借记"本期盈余"科目,贷记"经营费用"科目。

【例7-7】　某事业单位为非独立核算的招待所,2019年8月应付职工薪酬125 840元,代扣个人所得税1 760元,代扣社会保险费4 180元,以上款项均以银行存款支付。应做如下财务会计分录:

（1）计提职工薪酬时:

借:经营费用　　　　　　　　　　　　　　　　　　　　　　　　　125 840

　　　　贷：应付职工薪酬——工资（离退休费）　　　　　　　　　　125 840
　　（2）代扣个人所得税、社会保险费时：
　　　　借：应付职工薪酬——工资（离退休费）　　　　　　　　　　　5 940
　　　　　贷：应付职工薪酬——社会保险费　　　　　　　　　　　　　4 180
　　　　　　　其他应交税费——应交个人所得税　　　　　　　　　　　1 760
　　（3）支付职工薪酬、代缴个人所得税和社会保险费时：
　　　　借：应付职工薪酬——工资（离退休费）　　　　　　　　　　119 900
　　　　　　　　　　　　　——社会保险费　　　　　　　　　　　　　4 180
　　　　　　　其他应交税费——应交个人所得税　　　　　　　　　　　1 760
　　　　　贷：银行存款　　　　　　　　　　　　　　　　　　　　　125 840

【例7-8】 某事业单位开展非独立核算经营活动，为生产产品领用A材料770元。应做如下财务会计分录：

　　　借：经营费用　　　　　　　　　　　　　　　　　　　　　　　　770
　　　　贷：库存物品——A材料　　　　　　　　　　　　　　　　　　770

【例7-9】 年终结账，某事业单位将"经营费用"科目借方余额74 690元转入"经营结余"科目。应做如下财务会计分录：

　　　借：本期盈余　　　　　　　　　　　　　　　　　　　　　　74 690
　　　　贷：经营费用　　　　　　　　　　　　　　　　　　　　　74 690

三、上缴上级费用

　　上缴上级费用是指附属于上级单位的、独立核算的事业单位按照财政部门和主管部门的规定上缴上级单位的费用。其主要来源于独立核算的事业单位利用自身资源取得的非财政补助收入。按规定，非财政补助收入大于支出较多的事业单位，可以实行收入上缴办法，具体办法由财政部门会同有关主管部门根据事业单位的具体情况而定。但是，事业单位返还上级单位在其事业支出中垫支的工资、水电费、房租、住房公积金及福利费等各项费用时，应当计入相应的费用项目，不能作为上缴上级支出处理。上缴上级费用与主管部门或上级单位的附属单位上缴收入相对应，属于非财政性资金往来款项业务，反映了有关单位之间调剂收支余缺的机动和财力。

　　为确认与计量事业单位按照财政部门和主管部门的规定上缴上级单位的费用情况，事业单位应设置"上缴上级费用"科目。"上缴上级费用"科目属于费用类科目，借方登记事业单位按规定标准或比例上缴上级单位费用数，贷方登记事业单位上缴上级费用期末结转数；平时余额在借方，反映事业单位上缴上级单位费用累计数；年终结账后，"上缴上级费用"科目应无余额。"上缴上级费用"科目应当按照收缴款项单位、缴款项目等进行明细核算。

　　事业单位关于上缴上级费用的账务处理如下：

　　（1）按规定将款项上缴上级单位的，按照实际上缴的金额，借记"上缴上级费用"科目，贷记"银行存款"等科目。

　　（2）年终，将"上缴上级费用"科目本期发生额转入本期盈余，借记"本期盈余"科目,贷记"上缴上级费用"科目。

【例 7-10】 某事业单位按规定比例计算上缴上级费用 27 500 元,已通过银行转账上缴了款项。应做如下财务会计分录:

借:上缴上级费用　　　　　　　　　　　　　　　　　　　27 500
　贷:银行存款　　　　　　　　　　　　　　　　　　　　　　　27 500

【例 7-11】 年终,某事业单位将"上缴上级费用"科目借方余额 27 500 元转入"本期盈余"科目。应做如下财务会计分录:

借:本期盈余　　　　　　　　　　　　　　　　　　　　　27 500
　贷:上缴上级费用　　　　　　　　　　　　　　　　　　　　　27 500

四、对附属单位补助费用

对附属单位补助费用是指事业单位用财政补助收入之外的收入对实行独立核算的附属单位进行补助而发生的费用。附属单位是实行独立核算的下级单位,包括附属事业单位和附属企业。作为上级单位,事业单位可以对附属单位进行一定的资金补助,以支持其更好地开展业务活动。对附属单位进行补助的款项一般来自事业单位在业务活动中所取得的自有资金、上级单位的补助收入以及下级单位的上缴收入,不能用财政补助收入进行补助。本级事业单位的对附属单位补助费用与其下级单位的上级补助收入相对应,属于非财政性资金往来款项业务,反映了有关单位之间调剂收支余缺的机动和财力。

为确认与计量事业单位用财政补助收入之外的收入对实行独立核算的附属单位进行补助发生的费用情况,事业单位应设置"对附属单位补助费用"科目。"对附属单位补助费用"科目属于费用类科目,借方登记事业单位对附属单位的补助费用数,贷方登记事业单位对附属单位补助费用收回数及期末结转数;平时余额在借方,反映事业单位对附属单位的补助累计数;年终结账后,"对附属单位补助费用"科目应无余额。"对附属单位补助费用"科目应当按照接受补助单位、补助项目等进行明细核算。

事业单位关于对附属单位补助费用的账务处理如下:

(1)发生对附属单位补助支出的,按照实际补助的金额,借记"对附属单位补助费用"科目,贷记"银行存款"等科目。

(2)年终,将"对附属单位补助费用"科目本期发生额转入本期盈余,借记"本期盈余"科目,贷记"对附属单位补助费用"科目。

【例 7-12】 某事业单位用自有资金通过银行向所属 B 单位拨付补助款 38 500 元。应做如下财务会计分录:

借:对附属单位补助费用　　　　　　　　　　　　　　　38 500
　贷:银行存款　　　　　　　　　　　　　　　　　　　　　　　38 500

【例 7-13】 年终,某事业单位将"对附属单位补助费用"科目借方余额 27 500 元转入"本期盈余"科目。应做如下财务会计分录:

借:本期盈余　　　　　　　　　　　　　　　　　　　　　27 500
　贷:对附属单位补助费用　　　　　　　　　　　　　　　　　　27 500

五、所得税费用

所得税费用是指有企业所得税缴纳义务的事业单位按规定缴纳企业所得税所形成的费用。

为确认与计量事业单位按规定缴纳企业所得税所形成的费用,事业单位应设置"所得税费用"科目。"所得税费用"科目属于费用类科目,借方登记事业单位按规定应缴纳的所得税费用,贷方登记事业单位所得税费用期末结转数;平时余额在借方,反映事业单位应缴纳的所得税费用累计数;年终结账后,"所得税费用"科目应无余额。事业单位关于所得税费用的账务处理如下:

(1)发生企业所得税纳税义务时,按照税法规定计算的应交税金数额,借记"所得税费用"科目,贷记"其他应交税费——单位应交所得税"科目。

(2)实际缴纳企业所得税时,按照缴纳金额,借记"其他应交税费——单位应交所得税"科目,贷记"银行存款"科目。

(3)年终,将"所得税费用"科目本年发生额转入本期盈余,借记"本期盈余"科目,贷记"所得税费用"科目。年终结账后,"所得税费用"科目应无余额。

【例7-14】 某事业单位发生企业所得税纳税业务,按照税法规定计算的应交税金数额为1 120元。应做如下财务会计分录:

借:所得税费用 1 120
　　贷:其他应交税费——单位应交所得税 1 120

思考题

1. 简述政府与非营利组织会计费用的含义及其特征。
2. 简述业务活动费用的账务处理。
3. 简述单位管理费用的账务处理。
4. 简述所得税费用的账务处理。

业务处理题

1. 某事业单位2018年10月计提管理人员工资70 000元,代扣代缴个人所得税1 400元,11月上缴个人所得税1 400元,工资和个人所得税均使用银行存款支付。

要求:做出必要的会计处理。

2. 某事业单位2018年按照规定应当上缴上级部门80 000元,该款项已于当年12月上缴,12月31日"上缴上级费用"科目和"上缴上级支出"科目累计借方余额均为80 000元,期末进行结转。

要求:做出必要的会计处理。

第八章 预算收入会计

引导案例

年底扎堆培训开会,只为"突击花钱"?

随着各级财务预算制度更加规范、经费支出监督更加有力,年终"突击花钱"的情况已有明显好转。但一些行政事业单位以年底进行密集培训、召开各种会议的形式"突击花钱"的现象仍然较为突出,有的单位或部门甚至安排"重复培训""走过场参会"等,出现了"四风"隐性变异的新动向。

年初计划是"空谈",年底培训急花钱。

"虽然年初都要向上报送单位全年的培训计划,但报的计划都是虚的,最后还要看当年的实际情况而定。"北京一位行政单位工作人员告诉《半月谈》记者,进入2018年年底,她一直忙着做一份员工的培训统计表格,需要列明培训项目、主办单位和培训时长等。"很多员工没达到相应的培训学时,只能在年底扎堆组织几批。"

《半月谈》记者注意到,扎堆安排的培训包括一些业务专项培训及上级部门组织的培训等。按照相应的规定,这些培训时间都在3天以内,每天8个学时,人均培训费用每天500元左右,费用由本单位承担。该工作人员说,单位使用的培训费用为专项业务经费,除培训费用外,还包括办公费用等。

2018年12月,《半月谈》记者采访了多地20余名各级行政事业单位工作人员,其中近六成受访者表示所在单位存在年底集中安排培训和论坛会议的情况。部分全年参加培训3次以上的受访者说,有2/3的培训集中在11月和12月两个月,其中只有少量的年底培训带有全年工作总结性质,或以"发现问题、解决问题"为目的。

在一些可从事大规模培训的会议中心和酒店,年底培训的气氛"火热"非常。在位于北京市海淀区的一家大型酒店里,正在进行及结束不久的集中培训就有多个。酒店工作人员告诉《半月谈》记者,该酒店有近30个大型会议室,年底前几乎被预订一空,只剩下一间会议室在12月中下旬尚有空档。

《半月谈》记者随着工作人员看了会议场地,这间有空档的会议室刚刚举办完某培训会没多久,门口还留着相关标识。房间大概有400平方米,能够容纳100余人参会。酒店工作人员告诉记者,该会议室收费标准为8 000元/半天,酒店内部普通标间住宿费为550元/晚,自助餐标准为98元/1人。就在记者咨询会议室收费的过程中,又有工作人员带着另一拨人到这间会议室察看场地。

在北京西北二环周边的一家酒店，一些工作人员正在为"某集团党支部书记和党务工作人员培训"活动做收尾工作。酒店工作人员说，该酒店会议室价格为8 500元/8小时，12月中下旬的会议室早已被一些国有企业、事业单位预订一空。

在浙江某县的主要接待酒店内，多个会议室同时召开乡村振兴论坛、财税专员培训班、乡贤论坛、"全球化战略与体系创新"国际研讨会、乡村创业新业态展会等会议。酒店大堂经理说，2018年11月以来，这样的培训和会议一个接一个。

"突击花钱"实为"形式主义花销"

一些受访者指出，由于现有的财务预算制度不够完善，"如不把今年核定的钱花完，就会影响来年财政的核发资金数量"，这成为不少单位在年底"突击花钱"组织培训和会议的理由。

"突击花钱"造成财力、人力的浪费，增加年底工作压力。部分受访者表示，年底扎堆培训中不乏一些"重复培训"情况。某行政单位工作人员说，他在2018年10月、12月参加了3次相似的培训，不仅培训方向基本相同，而且"一两位讲课的老师都成了熟面孔，课件的内容也没有改变"。

北京一位基层公务员说，年底本来就很忙，除业务工作以外，还要迎接各类检查，再赶上接踵而至的各类短期培训，工作只能加班熬夜干。浙江农村的一位青年创客说，因为其创业小有所成，农业部门、共青团、民主党派频繁邀请他去市区、省城甚至省外参加各种论坛、评比，尽管不需要自掏腰包，但过于劳心劳力，他也只能拒绝。

变相"突击花钱"还致使形式主义抬头。参与上述乡贤论坛的乡镇干部说，这种培训会、论坛的培训预期本就不高，参加者又多是代替领导来出席的。开个务虚会、农村逛一圈、酒店住一晚，在单位内部往往被视作员工福利。

"突击花钱"还存在"隐蔽交易"问题，容易滋生腐败。《半月谈》记者调查发现，一些会议酒店可以许诺给相关单位"开发票抵消费"的服务，发票类型和金额都能按需求提供。一些单位可以年底先到酒店花钱开发票，等来年再实质性消费。

完善预算制度，加强监督

部分受访者及专家表示，以"突击花钱"为目的的扎堆培训和会议实际效果甚微，对此需进一步加强监管，确保各单位、部门从工作实际出发，制订有规划性和可操作性的计划，开展能切实提高党性修养、思想站位、业务水平的培训和相关会议。

北京航空航天大学教授任建明、中央党校（国家行政学院）教授竹立家认为，财务预算制度不够完善、申请下一年度款项时的标准不完善、财政部门的评估体系和拨款依据不明确，是造成年底搞培训、会议"突击花钱"的原因之一。

"我国政府根据本年度的实际支出来确定下年预算。如果上年预算没花出去，可能要被问责——具体有没有办事、当时预算是否属于编造、为什么没有花出去所有钱等。而虚报预算需承担较大的责任，所以各单位在年底时会采用较安全的形式将钱花出去。"任建明说，还有一些单位预算拨款流程较长，往往不能及时拿到经费，只能在年底"突击花钱"。

任建明、竹立家建议，针对当下一些新的"突击花钱"手段，相关监管部门应提前介入研究，理清关键点，尽快把问题消除在萌芽状态。例如，财政、纪检等部门可以成立综合性研究小组,针对该问题进行探讨,以优化预算制度和监管制度;依据相应的法律法规,对单位、部门"月度消费""季度消费"异常情况进行监督管理;提升政府的管理水平和管理意识,做好培训学习需求分析,有针对性地规划公务培训学习工作,避免培训学习无的放矢;同时,加强培训成效考核监督,遏制论坛会议、考察学习走形式的现象。

资料来源:涂铭、鲁畅、方向禹,"年底扎堆培训开会,只为'突击花钱'?",《经济日报》,2019年01月28日。

思考并讨论:
1. 预算收入包括哪些内容?
2. 应如何确认预算收入?
3. 应如何计量预算收入?

第一节　预算收入概述

一、预算收入的含义

预算收入是指政府会计主体在预算年度内依法取得的并纳入预算管理的现金流入。预算收入一般在实际收到时予以确认,以实际收到的金额计量。

二、预算收入的管理

加强对政府会计主体收入的管理,对于提高财政资金的使用效益、保护社会公众的基本权益有着重要的意义。政府会计主体收入管理的内容主要包括以下几点:

(1) 加强收入的预算管理。政府会计主体应当将各项收入全部纳入单位预算,统一核算,统一管理。

(2) 保证收入的合法性与合理性。政府会计主体的各项收入应当依法取得,符合国家有关法律、法规和规章制度的规定,各收费项目、收费范围和收费标准必须按照法定程序审批,取得收费许可后方可实施。

(3) 及时上缴各项财政收入。政府会计主体依法取得的应当上缴财政的罚没收入、行政事业性收费收入、政府性基金、国有资产处置和出租出借收入等,以及事业单位对按照规定上缴国库或者财政专户的资金不属于政府会计主体的收入,应当按照国库集中收缴的有关规定及时足额上缴,不得隐瞒、滞留、截留、挪用和坐支。

第二节　预算收入的确认与计量

预算收入是指政府会计主体依法取得的非偿还性资金,预算收入按照不同的来源渠道和资金性质分为财政拨款预算收入、非同级财政拨款预算收入、事业预算收入、上级补助预算收入、附属单位上缴预算收入、经营预算收入、债务预算收入、投资预算收益和其他预算收入等。政府会计主体依法取得的应当上缴财政的罚没收入、行政事业性收费收入、政府性基金、国有资产处置和出租出借收入等,不属于政府会计主体的收入。

政府会计主体取得的各项收入,应当符合国家规定,全部纳入单位预算,并按照财务管理的分项如实核算,统一管理。政府会计主体应建立健全收入内部管理制度:各项收入应当由财会部门归口管理并进行会计核算,严禁账外设账;业务部门应当在涉及收入的合同协议签订后,及时将合同等有关材料提交财会部门作为账务处理依据,确保各项收入应收尽收,及时入账;财会部门应当定期检查收入金额是否与合同约定相符,对应收未收项目应当查明情况,明确责任主体,落实催收责任。有政府非税收入收缴职能的单位,应当按照规定项目和标准征收政府非税收入,并按照规定开具财政票据,做到收缴分离、票款一致,并及时足额上缴国库或财政专户,不得以任何形式截留、挪用或私分。政府会计主体的预算收入应当按照收付实现制基础进行确认与计量。

一、财政拨款预算收入的确认与计量

财政拨款预算收入是指政府会计主体从同级政府财政部门取得的财政预算资金。这是政府会计主体的主要收入来源,占政府会计主体收入总额的比重较大,也是政府会计主体开展业务活动的基本财力保障。

为了确认与计量政府会计主体从同级政府财政部门取得的财政预算资金的拨入、缴回和年终结转等情况,政府会计主体应设置"财政拨款预算收入"科目。"财政拨款预算收入"科目属于收入类科目,贷方登记政府会计主体实际取得的财政预算资金数,借方登记政府会计主体财政预算资金的缴回和结转数;平时余额在贷方,反映政府会计主体实际取得的财政预算资金累计数;年终结账后,"财政拨款预算收入"科目应无余额。

"财政拨款预算收入"科目应当设置"基本支出"和"项目支出"两个明细科目,分别核算政府会计主体取得的用于基本支出和项目支出的财政拨款资金,并在"基本支出"明细科目下按照人员经费和日常公用经费进行明细核算,在"项目支出"明细科目下按照具体项目进行明细核算;同时,按照《政府收支分类科目》中"支出功能分类"科目的项级科目进行明细核算。有一般公共财政拨款、政府性基金预算财政拨款等两种或两种以上财政拨款的行政单位,还应当按照财政拨款种类进行明细核算。

政府会计主体关于财政拨款预算收入的主要账务处理如下:

(1)财政直接支付方式下,单位根据收到的"财政直接支付入账通知书"及相关原始凭证,按照通知书中的直接支付金额,借记"行政支出""事业支出"等科目,贷记"财政拨款预算收入"科目。年末,根据本年度财政直接支付预算指标数与当年财政直接支付实际支出数的差额,借记"资金结存——财政应返还额度"科目,贷记"财政拨款预算收入"科目。

(2)财政授权支付方式下,单位根据收到的"财政授权支付额度到账通知书",按照通知书中的授权支付额度,借记"资金结存——零余额账户用款额度"科目,贷记"财政拨款预算收入"科目。年末,单位本年度财政授权支付预算指标数大于零余额账户用款额度下达数的,按照两者差额,借记"资金结存——财政应返还额度"科目,贷记"财政拨款预算收入"科目。

(3)其他方式下,单位按照本期预算收到财政拨款预算收入时,按照实际收到的金

额,借记"资金结存——货币资金"科目,贷记"财政拨款预算收入"科目。单位收到下期预算的财政预拨款,应当在下个预算期,按照预收的金额,借记"资金结存——货币资金"科目,贷记"财政拨款预算收入"科目。

(4) 因差错更正、购货退回等发生国库直接支付款项退回的,属于本年度支付的款项,按照退回金额,借记"财政拨款预算收入"科目,贷记"行政支出""事业支出"等科目。

(5) 年末,将"财政拨款预算收入"科目本年发生额转入财政拨款结转,借记"财政拨款预算收入"科目,贷记"财政拨款结转——本年收支结转"科目。年末结转后,"财政拨款预算收入"科目应无余额。

【例8-1】 某行政单位收到零余额账户代理银行转来的财政授权支付额度到账通知书,列明本月基本支出用款额度462 000元,应做如下会计分录:

借:资金结存——零余额账户用款额度　　　　　　462 000
　　贷:财政拨款预算收入　　　　　　　　　　　　　　462 000

【例8-2】 某行政单位通过财政直接支付大型修缮款41 800元,根据收到的财政直接支付入账通知书及相关原始凭证,应做如下会计分录:

借:行政支出　　　　　　　　　　　　　　　　　　41 800
　　贷:财政拨款预算收入——项目支出　　　　　　　　41 800

【例8-3】 某行政单位收到同级政府财政部门拨入的当月日常办公经费33 000元,已转入该单位银行账户中,应做如下会计分录:

借:资金结存——货币资金　　　　　　　　　　　　33 000
　　贷:财政拨款预算收入——基本支出　　　　　　　　33 000

【例8-4】 年末结转,某行政单位将本年财政拨款预算收入贷方发生额80万元转入"财政拨款结转"科目,应做如下会计分录:

借:财政拨款预算收入　　　　　　　　　　　　　　800 000
　　贷:财政拨款结转——本年收支结转　　　　　　　　800 000

二、非同级财政拨款预算收入的确认与计量

非同级财政拨款预算收入是指政府会计主体从非同级政府财政部门取得的财政拨款,包括本级横向转拨财政款和非本级财政拨款。

为了确认与计量政府会计主体非同级财政拨款预算收入业务,应设置"非同级财政拨款预算收入"科目。"非同级财政拨款预算收入"科目属于收入类科目,贷方登记政府会计主体非同级财政拨款预算收入的增加数,借方登记政府会计主体非同级财政拨款预算收入的减少数;平时余额在贷方,反映政府会计主体非同级财政拨款预算收入的累计增加数;年末结账根据情况转入"非财政拨款结转""其他结余"科目后,"非同级财政拨款预算收入"科目应无余额。"非同级财政拨款预算收入"科目应当按照非同级财政拨款预算收入的类别、来源、《政府收支分类科目》中"支出功能分类"科目的项级科目等进行明细核算。

政府会计主体关于非同级财政拨款预算收入的主要账务处理如下:

（1）取得非同级财政拨款预算收入时，按照实际收到的金额，借记"资金结存——货币资金"科目，贷记"非同级财政拨款预算收入"科目。

（2）年末，将"非同级财政拨款预算收入"科目本年发生额中的专项资金收入转入非财政拨款结转，借记"非同级财政拨款预算收入"科目下各专项资金收入明细科目，贷记"非财政拨款结转——本年收支结转"科目；将"非同级财政拨款预算收入"科目本年发生额中的非专项资金收入转入其他结余，借记"非同级财政拨款预算收入"科目下各非专项资金收入明细科目，贷记"其他结余"科目。年末结转后，"非同级财政拨款预算收入"科目应无余额。

【例 8-5】 某纳入省级政府财政部门预算范围的事业单位从当地市级政府财政部门获得一笔财政资金 55 000 元，该笔财政资金属于当地市级政府支持该事业单位发展的专项资金，款项已存入该事业单位的银行存款账户。应做如下财务会计分录：

借：银行存款　　　　　　　　　　　　　　　　　　55 000
　　贷：非同级财政拨款收入　　　　　　　　　　　　　　55 000

同时，应做如下预算会计分录：

借：资金结存——货币资金　　　　　　　　　　　　55 000
　　贷：非同级财政拨款预算收入　　　　　　　　　　　　55 000

三、上级补助预算收入的确认与计量

上级补助预算收入是指事业单位从主管部门和上级单位取得的非财政补助现金流入。

为了确认与计量事业单位从主管部门和上级单位取得的非财政补助现金流入，事业单位应设置"上级补助预算收入"科目。"上级补助预算收入"科目属于收入类科目，贷方登记事业单位上级补助预算收入的增加数，借方登记事业单位上级补助预算收入的减少数；平时余额在贷方，反映事业单位上级补助预算收入的累计增加数。"上级补助预算收入"科目应当按照发放补助单位、补助项目、《政府收支分类科目》中"支出功能分类"科目的项级科目等进行明细核算。上级补助预算收入中如有专项资金收入，还应按照具体项目进行明细核算。

事业单位关于上级补助预算收入的账务处理如下：

（1）收到上级补助预算收入时，按照实际收到的金额，借记"资金结存——货币资金"科目，贷记"上级补助预算收入"科目。

（2）年末，将"上级补助预算收入"科目本年发生额中的专项资金收入转入非财政拨款结转，借记"上级补助预算收入"科目下各专项资金收入明细科目，贷记"非财政拨款结转——本年收支结转"科目；将"上级补助预算收入"科目本年发生额中的非专项资金收入转入其他结余，借记"上级补助预算收入"科目下各非专项资金收入明细科目，贷记"其他结余"科目。年末结转后，"上级补助预算收入"科目应无余额。

【例 8-6】 某事业单位收到银行到账通知书，其主管部门核定拨入弥补事业开支不足的非财政补助款，其中专项资金收入 90 000 元，非专项资金收入 20 000 元，应做如下预算会计分录：

借：资金结存——货币资金　　　　　　　　　　　　　　　　110 000
　　贷：上级补助预算收入——专项资金收入　　　　　　　　　90 000
　　　　　　　　　　　　——非专项资金收入　　　　　　　　20 000

同时，应做如下财务会计分录：

借：银行存款　　　　　　　　　　　　　　　　　　　　　　110 000
　　贷：上级补助收入　　　　　　　　　　　　　　　　　　　110 000

【例 8-7】 承上例，该事业单位本年度共发生上级补助收入 110 000 元，年终结转，应做如下预算会计分录：

借：上级补助预算收入——专项资金收入　　　　　　　　　　90 000
　　　　　　　　　　——非专项资金收入　　　　　　　　　　20 000
　　贷：非财政拨款结转——本年收支结转　　　　　　　　　　90 000
　　　　其他结余　　　　　　　　　　　　　　　　　　　　　20 000

同时，应做如下财务会计分录：

借：上级补助收入　　　　　　　　　　　　　　　　　　　　110 000
　　贷：本期盈余　　　　　　　　　　　　　　　　　　　　　110 000

四、附属单位上缴预算收入的确认与计量

附属单位上缴预算收入是指事业单位取得的附属独立核算单位根据有关规定上缴的现金流入。

为了确认与计量事业单位取得的附属独立核算单位根据有关规定上缴的现金流入，事业单位应设置"附属单位上缴预算收入"科目。"附属单位上缴预算收入"科目属于收入类科目，贷方登记事业单位附属单位上缴预算收入的增加数，借方登记事业单位附属单位上缴预算收入的减少数；平时余额在贷方，反映事业单位附属单位上缴预算收入的累计增加数。"附属单位上缴预算收入"科目应当按照附属单位、缴款项目、《政府收支分类科目》中"支出功能分类"科目的项级科目等进行明细核算。附属单位上缴预算收入中如有专项资金收入，还应按照具体项目进行明细核算。

事业单位关于附属单位上缴预算收入的账务处理如下：

（1）收到附属单位缴来款项时，按照实际收到的金额，借记"资金结存——货币资金"科目，贷记"附属单位上缴预算收入"科目。

（2）年末，将"附属单位上缴预算收入"科目本年发生额中的专项资金收入转入非财政拨款结转，借记"附属单位上缴预算收入"科目下各专项资金收入明细科目，贷记"非财政拨款结转——本年收支结转"科目；将"附属单位上缴预算收入"科目本年发生额中的非专项资金收入转入其他结余，借记"附属单位上缴预算收入"科目下各非专项资金收入明细科目，贷记"其他结余"科目。年末结转后，"附属单位上缴预算收入"科目应无余额。

【例 8-8】 按照规定标准，某事业单位所属独立核算甲单位应于本月底上缴收入 50 000 元，该事业单位接到银行通知，款项已经到账。应做如下预算会计分录：

借：资金结存——货币资金　　　　　　　　　　　　　　　　50 000

贷：附属单位上缴预算收入——专项资金收入　　　　　　　　　　50 000

　　同时，应做如下财务会计分录：

　　借：银行存款　　　　　　　　　　　　　　　　　　　　　　　50 000

　　　　贷：附属单位上缴收入　　　　　　　　　　　　　　　　　　50 000

【例 8-9】 某事业单位本年度取得附属单位上缴收入 8 000 000 元，其中专项资金收入 3 000 000 元，非专项资金收入 5 000 000 元，年终结转。应做如下预算会计分录：

　　借：附属单位上缴预算收入——专项资金收入　　　　　　　　3 000 000

　　　　　　　　　　　　　　——非专项资金收入　　　　　　　　5 000 000

　　　　贷：非财政拨款结转——本年收支结转　　　　　　　　　3 000 000

　　　　　　其他结余　　　　　　　　　　　　　　　　　　　　5 000 000

　　同时，应做如下财务会计分录：

　　借：附属单位上缴收入　　　　　　　　　　　　　　　　　　8 000 000

　　　　贷：本期盈余　　　　　　　　　　　　　　　　　　　　8 000 000

五、经营预算收入的确认与计量

经营预算收入是指事业单位在专业业务活动及其辅助活动之外开展非独立核算经营活动取得的现金流入。

为了确认与计量事业单位在专业业务活动及其辅助活动之外开展非独立核算经营活动取得的现金流入，事业单位应设置"经营预算收入"科目。"经营预算收入"科目属于收入类科目，贷方登记事业单位经营预算收入的增加数，借方登记事业单位经营预算收入的减少数；平时余额在贷方，反映事业单位经营预算收入的累计增加数。"经营预算收入"科目应当按照经营活动类别、项目、《政府收支分类科目》中"支出功能分类"科目的项级科目等进行明细核算。

事业单位关于经营预算收入的财务处理如下：

（1）收到经营预算收入时，按照实际收到的金额，借记"资金结存——货币资金"科目，贷记"经营预算收入"科目。

（2）年终，将"经营预算收入"科目本年发生额转入经营结余，借记"经营预算收入"科目，贷记"经营结余"科目。年终结转后，"经营预算收入"科目应无余额。

【例 8-10】 某事业单位为增值税一般纳税人，生产高新技术设备，对外销售 10 台，每台售价 300 000 元（不含税），购货单位以支票支付，该事业单位已将提货单和发票联交给购货单位。应做如下预算会计分录：

　　借：资金结存——货币资金　　　　　　　　　　　　　　　3 480 000

　　　　贷：经营预算收入　　　　　　　　　　　　　　　　　3 480 000

　　同时，应做如下财务会计分录：

　　借：银行存款　　　　　　　　　　　　　　　　　　　　　3 480 000

　　　　贷：经营收入　　　　　　　　　　　　　　　　　　　3 000 000

　　　　　　应交增值税——应交税金（销项税额）　　　　　　　480 000

【例 8-11】 某事业单位 2018 年度共发生经营预算收入 50 000 000 元，年终结转。

应做如下预算会计分录:

借:经营预算收入 50 000 000
  贷:经营结余 50 000 000

同时,应做如下财务会计分录:

借:经营收入 50 000 000
  贷:本期盈余 50 000 000

六、债务预算收入的确认与计量

债务预算收入是指事业单位按照规定从银行和其他金融机构等借入的、纳入部门预算管理的、不以财政资金为偿还来源的债务本金。

为了确认与计量事业单位按照规定从银行和其他金融机构等借入的、纳入部门预算管理的、不以财政资金为偿还来源的债务本金,事业单位应设置"债务预算收入"科目。"债务预算收入"科目应当按照贷款单位、贷款种类、《政府收支分类科目》中"支出功能分类"科目的项级科目等进行明细核算。债务预算收入中如有专项资金收入,还应按照具体项目进行明细核算。

事业单位关于债务预算收入的账务处理如下:

(1)借入各项短期或长期借款时,按照实际借入的金额,借记"资金结存——货币资金"科目,贷记"债务预算收入"科目。

(2)年终,将"债务预算收入"科目本年发生额中的专项资金收入转入非财政拨款结转,借记"债务预算收入"科目下各专项资金收入明细科目,贷记"非财政拨款结转——本年收支结转"科目;将"债务预算收入"科目本年发生额中的非专项资金收入转入其他结余,借记"债务预算收入"科目下各非专项资金收入明细科目,贷记"其他结余"科目。年终结转后,"债务预算收入"科目应无余额。

【例 8-12】 某事业单位到建设银行某支行取得短期借款 5 000 000 元,将资金存入银行,以备垫付工程款项,等待财政拨款下达。应做如下预算会计分录:

借:资金结存——货币资金 5 000 000
  贷:债务预算收入 5 000 000

同时,应做如下财务会计分录:

借:银行存款 5 000 000
  贷:短期借款 5 000 000

七、投资预算收益的确认与计量

投资预算收益是指事业单位取得的按照规定纳入部门预算管理的属于投资收益性质的现金流入,包括股权投资收益、出售或收回债券投资所取得的收益和债券投资利息收入。

为了确认与计量事业单位取得的按照规定纳入部门预算管理的属于投资收益性质的现金流入,事业单位应设置"投资预算收益"科目。"投资预算收益"科目应当按照《政府收支分类科目》中"支出功能分类"科目的项级科目等进行明细核算。

事业单位关于投资预算收益的账务处理如下:

(1) 出售或到期收回本年度取得的短期、长期债券时,按照实际取得的价款或实际收到的本息金额,借记"资金结存——货币资金"科目,按照取得债券时"投资支出"科目的发生额,贷记"投资支出"科目,按照其差额,贷记或借记"投资预算收益"科目。

出售或到期收回以前年度取得的短期、长期债券时,按照实际取得的价款或实际收到的本息金额,借记"资金结存——货币资金"科目,按照取得债券时"投资支出"科目的发生额,贷记"其他结余"科目,按照其差额,贷记或借记"投资预算收益"科目。

出售、转让以货币资金取得的长期股权投资的,其账务处理参照出售或到期收回债券投资。

(2) 持有的短期投资以及分期付息、一次还本的长期债券投资收到利息时,按照实际收到的金额,借记"资金结存——货币资金"科目,贷记"投资预算收益"科目。

(3) 持有长期股权投资取得被投资单位分派的现金股利或利润时,按照实际收到的金额,借记"资金结存——货币资金"科目,贷记"投资预算收益"科目。

(4) 出售、转让以非货币性资产取得的长期股权投资时,按照实际取得的价款扣减支付的相关费用和应缴财政款后的余额(按照规定纳入单位预算管理的),借记"资金结存——货币资金"科目,贷记"投资预算收益"科目。

(5) 年终,将"投资预算收益"科目本年发生额转入其他结余,借记或贷记"投资预算收益"科目,贷记或借记"其他结余"科目。年终结转后,"投资预算收益"科目应无余额。

【例8-13】 某事业单位2019年4月1日用银行存款购买了面值为600 000元的3年期国债,年利率为5%,到期一次还本付息,另外用银行存款支付了手续费等2 000元;3年后,国债到期收回本息。应做如下预算会计分录:

(1) 购买国债时:

成本 = 600 000+2 000 = 602 000(元)

借:投资支出　　　　　　　　　　　　　　　　　　602 000
　　贷:资金结存——货币资金　　　　　　　　　　　　　　602 000

同时,应做如下财务会计分录:

借:长期债券投资——成本　　　　　　　　　　　　602 000
　　贷:银行存款　　　　　　　　　　　　　　　　　　602 000

(2) 期末计息时:

不必做预算会计分录,应做如下财务会计分录:

利息 = 600 000×0.05÷12 = 2 500(元)

借:长期债券投资——应收利息　　　　　　　　　　2 500
　　贷:投资收益　　　　　　　　　　　　　　　　　　2 500

(3) 到期收回本息时:

本息 = 600 000+90 000 = 690 000(元)

借:资金结存——货币资金　　　　　　　　　　　　690 000
　　贷:其他结余　　　　　　　　　　　　　　　　　　602 000
　　　　投资预算收益　　　　　　　　　　　　　　　　88 000

同时,应做如下财务会计分录:

借:银行存款　　　　　　　　　　　　　　　　690 000
　　投资收益　　　　　　　　　　　　　　　　　2 000
　　贷:长期债券投资——成本　　　　　　　　　　602 000
　　　　应收利息　　　　　　　　　　　　　　　90 000

八、其他预算收入的确认与计量

其他预算收入是指行政事业单位除财政拨款预算收入、事业预算收入、上级补助预算收入、附属单位上缴预算收入、经营预算收入、债务预算收入、非同级财政拨款预算收入、投资预算收益之外的纳入部门预算管理的现金流入,包括捐赠预算收入、利息预算收入、租金预算收入、现金盘盈收入等。

为了确认与计量行政事业单位取得的除财政拨款预算收入以外的其他各项预算收入,行政事业单位应设置"其他预算收入"科目。"其他预算收入"科目属于收入类科目,贷方登记行政事业单位实际取得的其他预算收入的数额,借方登记行政事业单位其他预算收入的退回及期末结转数;平时余额在贷方,反映行政事业单位取得的其他预算收入的累计数;年终结账后,"其他预算收入"科目应无余额。"其他预算收入"科目应当按照其他预算收入的类别、《政府收支分类科目》中"支出功能分类"科目的项级科目等进行明细核算。其他预算收入中如有专项资金收入,还应当按照具体项目进行明细核算。

行政单位从非同级政府财政部门、上级主管部门等取得的指定转给其他单位、且未纳入本单位预算管理的资金,不通过"其他预算收入"科目核算,应当通过"其他应付款"科目核算。

行政事业单位关于其他预算收入的财务处理如下:

(1) 接受捐赠现金资产、收到银行存款利息、收到资产承租人支付的租金时,按照实际收到的金额,借记"资金结存——货币资金"科目,贷记"其他预算收入"科目。

(2) 每日现金账款核对中如发现现金溢余,按照溢余的现金金额,借记"资金结存——货币资金"科目,贷记"其他预算收入"科目。经核实,属于应支付给有关个人和单位的部分,按照实际支付的金额,借记"其他预算收入"科目,贷记"资金结存——货币资金"科目。

(3) 收到其他预算收入时,按照收到的金额,借记"资金结存——货币资金"科目,贷记"其他预算收入"科目。

(4) 年终,将"其他预算收入"科目本年发生额中的专项资金收入转入非财政拨款结转,借记"其他预算收入"科目下各专项资金收入明细科目,贷记"非财政拨款结转——本年收支结转"科目;将"其他预算收入"科目本年发生额中的非专项资金收入转入其他结余,借记"其他预算收入"科目下各非专项资金收入明细科目,贷记"其他结余"科目。年终结转后,"其他预算"收入科目应无余额。

【例 8-14】　某行政单位收到存款利息收入 600 000 元,应做如下预算会计分录:

借:资金结存——货币资金　　　　　　　　　600 000
　　贷:其他预算收入——利息收入　　　　　　　600 000

同时,应做如下财务会计分录:
借:银行存款   600 000
　　贷:利息收入   600 000

【例 8-15】 承上例,该笔利息期末结转,应做如下预算会计分录:
借:其他预算收入——利息收入   600 000
　　贷:其他结余   600 000
同时,应做如下财务会计分录:
借:利息收入   600 000
　　贷:本期盈余   600 000

第三节　事业预算收入的确认与计量

一、事业预算收入的含义

事业预算收入是指事业单位开展专业业务活动及其辅助活动实现的收入,不包括从同级政府财政部门取得的各类财政拨款。

二、事业预算收入的确认与计量

为了确认与计量事业预算收入,事业单位应当在预算会计中设置"事业预算收入"科目,采用收付实现制基础核算。

事业单位关于事业预算收入的账务处理如下:

(1) 采用财政专户返还方式管理的事业预算收入,收到从财政专户返还的事业预算收入时,按照实际收到的返还金额,借记"资金结存——货币资金"科目,贷记"事业预算收入"科目。

(2) 收到其他事业预算收入时,按照实际收到的款项金额,借记"资金结存——货币资金"科目,贷记"事业预算收入"科目。

(3) 年末,将"事业预算收入"科目本年发生额中的专项资金收入转入非财政拨款结转,借记"事业预算收入"科目下各专项资金收入明细科目,贷记"非财政拨款结转——本年收支结转"科目;将"事业预算收入"科目本年发生额中的非专项资金收入转入其他结余,借记"事业预算收入"科目下各非专项资金收入明细科目,贷记"其他结余"科目。年末结转后,"事业预算收入"科目应无余额。

【例 8-16】 某事业单位部分事业收入采用财政专户返还的方式管理,2018 年 9 月 5 日,该单位收到应上缴财政专户的事业收入 5 000 000 元;9 月 15 日,该单位将上述款项上缴财政专户;10 月 15 日,该单位收到从财政专户返还的事业收入 5 000 000 元。

根据题意,收到从财政专户返还的事业收入时,应做如下预算会计分录:
借:资金结存——货币资金   5 000 000
　　贷:事业预算收入   5 000 000
同时,应做如下财务会计分录:
(1) 收到应上缴财政专户的事业收入时:
借:银行存款   5 000 000

　　　　贷：应缴财政款　　　　　　　　　　　　　　　　　　　　　　　　5 000 000
　　（2）向财政专户上缴款项时：
　　　　借：应缴财政款　　　　　　　　　　　　　　　　　　　　　　　　5 000 000
　　　　贷：银行存款　　　　　　　　　　　　　　　　　　　　　　　　　5 000 000
　　（3）收到从财政专户返还的事业收入时：
　　　　借：银行存款　　　　　　　　　　　　　　　　　　　　　　　　　5 000 000
　　　　贷：事业收入　　　　　　　　　　　　　　　　　　　　　　　　　5 000 000

【例8-17】 2019年3月，某科研事业单位（为增值税一般纳税人）为开展技术咨询服务，开具的增值税专用发票上注明的劳务收入为200 000元，增值税税额为12 000元，款项已存入银行。应做如下预算会计分录：

（1）收到劳务收入时：
　　借：资金结存——货币资金　　　　　　　　　　　　　　　　　　　　212 000
　　贷：事业预算收入　　　　　　　　　　　　　　　　　　　　　　　　212 000
同时，应做如下财务会计分录：
　　借：银行存款　　　　　　　　　　　　　　　　　　　　　　　　　　212 000
　　贷：事业收入　　　　　　　　　　　　　　　　　　　　　　　　　　200 000
　　　　应交增值税——应交税金（销项税额）　　　　　　　　　　　　　 12 000
（2）实际缴纳增值税时：
　　借：事业支出　　　　　　　　　　　　　　　　　　　　　　　　　　 12 000
　　贷：资金结存——货币资金　　　　　　　　　　　　　　　　　　　　 12 000
同时，应做如下财务会计分录：
　　借：应交增值税——应交税金（销项税额）　　　　　　　　　　　　　 12 000
　　贷：银行存款　　　　　　　　　　　　　　　　　　　　　　　　　　 12 000

思考题

1. 简述预算收入的概念、种类与核算方法。
2. 简述非同级财政拨款预算收入的概念、种类与核算方法。
3. 简述上级补助预算收入的概念、种类与核算方法。

业务处理题

1. 某事业单位为增值税一般纳税人，生产高新技术设备，对外销售10台，每台售价300 000元（不含税），购货单位以支票支付，该事业单位已将提货单和发票联交给购货单位。

　　要求：做出必要的会计处理。

2. 某事业单位收到银行到账通知书，其主管部门核定拨入弥补事业开支不足的非财政补助款，其中专项资金收入90 000元，非专项资金收入20 000元。

　　要求：做出必要的会计处理。

第九章 预算支出会计

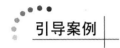

巨额政府机关存款怎么会花不出？

2015年10月30日，中金公司分析师的一份研报将拖累经济增长的原因之一指向了政府机关团体存款。研报称，截至2015年9月底，政府机关团体存款接近21万亿元，而这项指标在央行统计分类上是属于政府存款范畴的。

这里需要厘清一下政府存款的概念。在央行统计中，财政性存款和政府机关团体存款均属于政府存款，但二者性质和规模有着很大的不同。近年来决策层多次强调的"盘活沉淀、闲置的存量财政资金"，指的是以国库存款为代表的财政性存款，包括税收、非税收入、基金和央企红利上缴收入；国库实际上是一个流动性功能账户，存款越少说明资金运用效率越高；截至2014年12月底，国库存款仍有3.13万亿元。而政府机关团体存款其实是一个记账单位，可以通过银行借贷出去，也可以参与经济流通；除金融机构、非金融国企、财政性资金之外，其他部门诸如医院、学校、协会、事业单位等均归为政府机关团体；而由财政全额拨款的事业单位是很少的，绝大部分政府机关团体都有自己的经营收入，无论是流动资金还是沉淀资金，都算在政府机关团体存款中，既不纳入财政也无须上缴国库。二者的性质与关系，有点类似于政府财政账户与财政专户。

无论是财政性存款还是政府机关团体存款，其所构成的政府存款每年都在以近20%的速度增长，占M2（广义货币，反映现实和实际购买力）的比重也持续上升。在经济持续低迷、流动性资金紧张的大背景下，政府存款的攀升很难称得上合理。根据中金公司研究部统计，政府机关团体存款占M2的比重，2010年约为5%，后来迅速上升，2012年达到13%，2012—2014年则在13%—15%波动，五年间涨了两倍。流动性资金本已紧张，即使采取积极的财政政策，如果有大量资金"沉睡"，那么效果都会大打折扣，更何况是在负利率的环境之下。这也是为什么中金公司的研报将政府机关团体存款高企列为拖累经济增长的原因之一。

据悉，政府机关团体存款主要在2010—2011年间迅速增长，其或与教育、医疗服务业近年来需求扩张有关，但由于政府机关团体种类很多而难以总结出一个明确的具体原因。然而，它们为什么"沉睡"却有着共同的特点——预算粗放，大量项目资金存在错配，有项目没钱和有钱没项目都是常态，财务制度设计又不尽合理，有大量费用需要用其他发票冲抵，在高压反腐的背景下，无论是该花的还是不该花的，只要不符合财务标准都变成了不敢花。最典型的例子是科研经费,由于事业单位财务制度基本参照行政单位,但行政单位关于劳务费、差旅费的比例限制不符合大部分科研项目的实际需求,于是就出现了北京高校某教授所描述的"一花钱就违法,不花钱就违约"的现象。

无论是纵容乱花钱,还是让人不敢花钱,这样的财务制度都是不合理的。从预算开始,就应该根据实际来编制,预防资金错配;在执行中,大量参照行政单位标准的财务制度,亦应根据事业单位的实际情况重新调整制定。否则,巨额的政府机关团体存款还将"沉睡"下去,对于机关团体本身的发展、项目的监督以及经济增长的稳定,都并非益事。

资料来源:南都社论,"巨额政府机关存款不能再'沉睡'",《南方都市报》,2015年10月30日。

思考并讨论:

1. 预算支出包括哪些内容?
2. 如何进行预算支出的确认?
3. 如何进行预算支出的计量?

第一节 预算支出概述

一、预算支出的含义

预算支出是指行政事业单位在履行职责或开展业务活动中实际发生的纳入部门预算管理的现金流出。预算支出应当按照收付实现制基础进行确认与计量。

二、预算支出的分类及其管理

行政事业单位的预算支出按照不同的资金用途分为行政支出、事业支出、经营支出、上缴上级支出、对附属单位补助支出、投资支出、债务还本支出和其他支出等;按其资金的性质,又可划分为财政补助支出和非财政补助支出。财政补助支出是指事业单位用财政补助资金安排的各项支出,一般发生在事业支出中,通常分为基本支出和项目支出;非财政补助支出是指事业单位用财政补助收入以外的资金安排的支出,通常分为专项资金支出和其他资金支出。行政事业单位预算支出的分类及其关系如表9-1所示。

表9-1 行政事业单位预算支出的分类及其关系

内容	资金性质	资金限定性
事业支出	财政补助支出	基本支出
		项目支出
	非财政补助支出	专项资金支出
		其他资金支出
上缴上级支出	非财政补助支出	专项资金支出
		其他资金支出

(续表)

内　容	资金性质	资金限定性
对附属单位补助支出	非财政补助支出	专项资金支出
		其他资金支出
经营支出	非财政补助支出	其他资金支出
其他支出	非财政补助支出	专项资金支出
		其他资金支出

行政事业单位的预算支出一般应当在实际支付时予以确认,并按照实际支付金额进行计量。采用权责发生制确认的支出或费用,应当在其发生时予以确认,并按照实际发生金额进行计量。通常情况下,行政事业单位预算支出的会计核算采用与相关收入相对应的确认基础。行政事业单位的事业支出、上缴上级支出、对附属单位补助支出以及其他支出一般按收付实现制确认,经营支出采用权责发生制确认,以便与经营收入相配比,反映行政事业单位经营活动的财务成果。

行政事业单位应当将各项预算支出全部纳入单位预算,建立健全支出管理制度;行政事业单位预算支出应当严格执行国家有关财务规章制度规定的开支范围及开支标准。国家有关财务规章制度没有统一规定的,由事业单位规定,报主管部门和财政部门备案。行政事业单位的规定违反法律制度和国家政策的,主管部门和财政部门应当令其改正。

第二节　行政支出的确认与计量

一、行政支出的含义

行政支出即行政管理支出,是财政提供的用于行政机关、司法机关和外事机构在行使其特定职能时所需要的各项支出。行政支出是财政支出中重要的经常性支出项目,是各级行政单位履行社会管理职责的物质保障,是行政单位向社会公众提供公共服务活动的经济基础。虽然行政支出作为一种消费性支出,不会直接创造物质财富,但是它保证了行政单位的正常有效运转,保证了行政单位职能的实现,从而提高了资源配置的效率,促进了宏观经济的平稳运行,改善了收入分配状况。

行政支出是指行政单位为保障机构正常运转和完成工作任务所发生的各项资金耗费及损失,包括经费支出和拨出经费。为全面反映支出内容和结构,加强支出财务管理,更好地安排、使用各项经费,有效完成任务,行政支出可进一步分为基本支出和项目支出。

基本支出是指行政单位为保障机构正常运转和完成日常工作任务所发生的支出,包括人员支出和公用支出。其中,人员支出主要包括工资福利支出和对个人及家庭的补助支出;公用支出主要是指日常办公经费预算支出,如办公费、手续费、水电费、差旅费、维修费、邮电费等。

项目支出是指行政单位为完成特定的工作任务,在基本支出之外发生的支出,如专项会议费、专用设备购置费、专项大型修缮费、专项任务支出等。

行政单位应当将各项支出全部纳入单位预算,严格遵守国库集中支付制度和政府采购制度,严格执行国家规定的开支范围及标准,建立健全支出管理制度;对节约潜力大、管理薄弱的支出进行重点管理和控制,由单位财务部门按照批准的预算和有关规定审核办理。行政单位从财政部门或上级预算单位取得的项目资金,应当按照批准的项目和用途使用,专款专用、单独核算,并按照规定向同级政府财政部门或上级预算单位报告资金使用情况,接受财政部门和上级预算单位的检查与监督。项目完成后,行政单位应当向同级政府财政部门或上级预算单位报送项目支出决算和使用效果的书面报告。行政单位应当加强支出的绩效管理,提高资金的使用效益;应当依法加强各类票据管理,确保票据来源合法、内容真实、使用正确,不得使用虚假票据。

二、行政支出的确认与计量

为了核算行政单位履行其职责实际发生的各项现金流出,行政单位应设置"行政支出"科目。"行政支出"科目应当分别按照财政拨款支出、非财政专项资金支出和其他资金支出,以及基本支出和项目支出等进行明细核算,并按照《政府收支分类科目》中"支出功能分类"科目的项级科目进行明细核算;此外,"基本支出"和"项目支出"明细科目下应当按照《政府收支分类科目》中"部门预算支出经济分类"科目的款级科目进行明细核算,同时在"项目支出"明细科目下按照具体项目进行明细核算。有一般公共预算财政拨款、政府性基金预算财政拨款等两种或两种以上财政拨款的行政单位,还应当在"财政拨款支出"明细科目下按照财政拨款的种类进行明细核算。对于预付款项,可通过在"行政支出"科目下设置"待处理"明细科目进行核算,待确认具体支出项目后再转入行政支出科目下相关明细科目。年终结账前,应将"行政支出"科目"待处理"明细科目余额全部转入"行政支出"科目下相关明细科目。

行政单位关于行政支出的账务处理如下:

(1)支付单位职工薪酬时,按照实际支付的金额,借记"行政支出"科目,贷记"财政拨款预算收入""资金结存"科目。按照规定代扣代缴个人所得税以及代扣代缴或为职工缴纳社会保险费、住房公积金等时,按照实际缴纳的金额,借记"行政支出"科目,贷记"财政拨款预算收入""资金结存"科目。

(2)支付外部人员劳务费时,按照实际支付给外部人员个人的金额,借记"行政支出"科目,贷记"财政拨款预算收入""资金结存"科目。按照规定代扣代缴个人所得税时,按照实际缴纳的金额,借记"行政支出"科目,贷记"财政拨款预算收入""资金结存"科目。

(3)为购买存货、固定资产、无形资产等以及为在建工程支付相关款项时,按照实际支付的金额,借记"行政支出"科目,贷记"财政拨款预算收入""资金结存"科目。

(4)发生预付账款时,按照实际支付的金额,借记"行政支出"科目,贷记"财政拨款预算收入""资金结存"科目。对于暂付款项,在支付款项时可不做预算会计处理,待结算报销时,按照结算或报销金额,借记"行政支出"科目,贷记"资金结存"科目。

(5)发生其他各项支出时,按照实际支付的金额,借记"行政支出"科目,贷记"财政拨款预算收入""资金结存"科目。

（6）因购货退回等发生款项退回，或者发生差错更正的，属于当年支出收回的，按照收回或更正金额，借记"财政拨款预算收入""资金结存"科目，贷记"行政支出"科目。

（7）年终，将"行政支出"科目本年发生额中的财政拨款支出转入财政拨款结转，借记"财政拨款结转——本年收支结转"科目，贷记"行政支出"科目下各财政拨款支出明细科目；将"行政支出"科目本年发生额中的非财政专项资金支出转入非财政拨款结转，借记"非财政拨款结转——本年收支结转"科目，贷记"行政支出"科目下各非财政专项资金支出明细科目；将"行政支出"科目本年发生额中的其他资金支出（非财政非专项资金支出）转入其他结余，借记"其他结余"科目，贷记"行政支出"科目下其他资金支出明细科目。年终结转后，"行政支出"科目应无余额。

【例9-1】 某行政单位2019年1月经批准以闲置办公用房对外出租，按照规定，缴纳上半年房产税33 000元，以财政授权支付方式支付，应做如下预算会计分录：

借：行政支出　　　　　　　　　　　　　　　　　　　　　　33 000
　　贷：资金结存——零余额账户用款额度　　　　　　　　　　33 000
同时，应做如下财务会计分录：
（1）确认应缴纳的房产税时：
借：业务活动费用　　　　　　　　　　　　　　　　　　　　33 000
　　贷：其他应交税费　　　　　　　　　　　　　　　　　　　33 000
（2）实际缴纳房产税时：
借：其他应交税费　　　　　　　　　　　　　　　　　　　　33 000
　　贷：零余额账户用款额度　　　　　　　　　　　　　　　　33 000

第三节　事业单位专有预算支出的确认与计量

一、事业支出

1. 事业支出的含义与分类

事业支出是指事业单位开展专业业务活动及其辅助活动实际发生的各项现金流出。

事业支出是事业单位统筹使用各项事业活动收入发生的支出。事业支出既需要反映相应种类专业业务活动的支出数额，又需要区分使用的资金性质，如使用的是财政拨款资金还是非财政拨款资金，还需要反映部门预算的执行情况，如使用的是基本支出预算资金还是项目支出预算资金。

事业支出是事业单位最主要的支出，其反映的内容如同行政单位的行政支出。对于既没有经营支出、投资支出、债务还本支出，又没有上缴上级支出、对附属单位补助支出的事业单位，通常如义务教育阶段的中小学校、基层医疗卫生机构、基层公共文化单位等，除了可能会有一些小额的其他支出，业务活动中的支出都属于事业支出。

为了全面反映事业单位各项事业支出的内容，便于分析和考核各项事业支出的实际发生情况及其效果，从而有针对性地加强和改善对事业支出的管理，事业单位有必要对事业支出按照一定的要求进行适当的分类。事业支出按照资金性质不同可分为财政拨款支出、非财政专项资金支出和其他资金支出等;事业支出按照部门预算管理要求不同可分为基本支出和项目支出等;事业支出在基本支出和项目支出下应当进一步按照《政府收支分类科目》中的"部门预算支出经济分类"科目的款级科目进行分类。

2. 事业支出的确认与计量

为了确认与计量事业单位开展专业业务活动及其辅助活动实际发生的各项现金流出,事业单位应设置"事业支出"科目。事业单位发生教育、科研、医疗、行政管理、后勤保障等活动的,可在"事业支出"科目下设置相应的明细科目进行核算,或单设 7201 教育支出、7202 科研支出、7203 医疗支出、7204 行政管理支出、7205 后勤保障支出等一级会计科目进行核算。"事业支出"科目应当分别按照财政拨款支出、非财政专项资金支出和其他资金支出,以及基本支出和项目支出等进行明细核算,并按照《政府收支分类科目》中"支出功能分类"科目的项级科目进行明细核算。有一般公共预算财政拨款、政府性基金预算财政拨款等两种或两种以上财政拨款的事业单位,还应当在"财政拨款支出"明细科目下按照财政拨款的种类进行明细核算。对于预付款项,可通过在"事业支出"科目下设置"待处理"明细科目进行明细核算,待确认具体支出项目后再转入"事业支出"科目下相关明细科目。年终结账前,应将"事业支出"科目"待处理"明细科目余额全部转入"事业支出"科目下相关明细科目。

事业单位关于事业支出的账务处理如下:

(1) 支付单位职工(经营部门职工除外)薪酬时,按照实际支付的金额,借记"事业支出"科目,贷记"财政拨款预算收入""资金结存"科目。按照规定代扣代缴个人所得税以及代扣代缴或为职工缴纳社会保险费、住房公积金等时,按照实际缴纳的金额,借记"事业支出"科目,贷记"财政拨款预算收入""资金结存"科目。

(2) 为专业业务活动及其辅助活动支付外部人员劳务费时,按照实际支付给外部人员个人的金额,借记"事业支出"科目,贷记"财政拨款预算收入""资金结存"科目。按照规定代扣代缴个人所得税时,按照实际缴纳的金额,借记"事业支出"科目,贷记"财政拨款预算收入""资金结存"科目。

(3) 开展专业业务活动及其辅助活动过程中为购买存货、固定资产、无形资产等以及为在建工程支付相关款项时,按照实际支付的金额,借记"事业支出"科目,贷记"财政拨款预算收入""资金结存"科目。

(4) 开展专业业务活动及其辅助活动过程中发生预付账款时,按照实际支付的金额,借记"事业支出"科目,贷记"财政拨款预算收入""资金结存"科目。对于暂付款项,在支付款项时可不做预算会计处理,待结算或报销时,按照结算或报销金额,借记"事业支出"科目,贷记"资金结存"科目。

(5) 开展专业业务活动及其辅助活动过程中缴纳相关税费以及发生其他各项支出时,按照实际支付的金额,借记"事业支出"科目,贷记"财政拨款预算收入""资金结存"科目。

(6) 开展专业业务活动及其辅助活动过程中因购货退回等发生款项退回,或者发生差错更正的,属于当年支出收回的,按照收回或更正金额,借记"财政拨款预算收入"

"资金结存"科目,贷记"事业支出"科目。

(7) 年终,将"事业支出"科目本年发生额中的财政拨款支出转入财政拨款结转,借记"财政拨款结转——本年收支结转"科目,贷记"事业支出"科目下各财政拨款支出明细科目;将"事业支出"科目本年发生额中的非财政专项资金支出转入非财政拨款结转,借记"非财政拨款结转——本年收支结转"科目,贷记"事业支出"科目下各非财政专项资金支出明细科目;将"事业支出"科目本年发生额中的其他资金支出(非财政非专项资金支出)转入其他结余,借记"其他结余"科目,贷记"事业支出"科目下其他资金支出明细科目。年终结转后,"事业支出"科目应无余额。

【例9-2】 某事业单位2019年11月建设一栋办公楼,支付建筑工程款70 000元,以财政直接支付方式支付。应做如下预算会计分录:

借:事业支出　　　　　　　　　　　　　　　　　　700 000
　　贷:财政拨款预算收入　　　　　　　　　　　　　　　700 000

同时,应做如下财务会计分录:

借:在建工程　　　　　　　　　　　　　　　　　　700 000
　　贷:财政拨款收入　　　　　　　　　　　　　　　　　700 000

二、经营支出

1. 经营支出的含义

经营支出是指事业单位在专业业务活动及其辅助活动之外开展非独立核算经营活动实际发生的各项现金流出。

2. 经营支出的确认与计量

为了确认与计量事业单位在专业业务活动及其辅助活动之外开展非独立核算经营活动实际发生的各项现金流出,事业单位应设置"经营支出"科目。"经营支出"科目应当按照经营活动类别、项目、《政府收支分类科目》中"支出功能分类"科目的项级科目和"部门预算支出经济分类"科目的款级科目等进行明细核算。对于预付款项,可通过在"经营支出"科目下设置"待处理"明细科目进行明细核算,待确认具体支出项目后再转入"经营支出"科目下相关明细科目。年终结账前,应将"经营支出"科目"待处理"明细科目余额全部转入"经营支出"科目下相关明细科目。

事业单位关于经营支出的账务处理如下:

(1) 支付经营部门职工薪酬时,按照实际支付的金额,借记"经营支出"科目,贷记"资金结存"科目。按照规定代扣代缴个人所得税以及代扣代缴或为职工缴纳社会保险费、住房公积金时,按照实际缴纳的金额,借记"经营支出"科目,贷记"资金结存"科目。

(2) 为经营活动支付外部人员劳务费时,按照实际支付给外部人员个人的金额,借记"经营支出"科目,贷记"资金结存"科目。按照规定代扣代缴个人所得税时,按实际缴纳的金额,借记"经营支出"科目,贷记"资金结存"科目。

(3) 开展经营活动过程中为购买存货、固定资产、无形资产等以及为在建工程支付相关款项时,按照实际支付的金额,借记"经营支出"科目,贷记"资金结存"科目。

（4）开展经营活动过程中发生预付账款时，按照实际支付的金额，借记"经营支出"科目，贷记"资金结存"科目。对于暂付款项，在支付款项时可不做预算会计处理，待结算或报销时，按照结算或报销金额，借记"经营支出"科目，贷记"资金结存"科目。

（5）因开展经营活动缴纳相关税费以及发生其他各项支出时，按照实际支付的金额，借记"经营支出"科目，贷记"资金结存"科目。

（6）开展经营活动过程中因购货退回等发生款项退回，或者发生差错更正的，属于当年支出收回的，按照收回或更正金额，借记"资金结存"科目，贷记"经营支出"科目。

（7）年终，将"经营支出"科目本年发生额转入"经营结余"科目，借记"经营结余"科目，贷记"经营支出"科目。年终结转后，"经营支出"科目应无余额。

【例9-3】 某事业单位2019年11月3日为开展经营活动委托某企业制作一批科普产品，预付账款71 000元；11月15日科普产品制作完毕并交付入库，企业给该事业单位开具了金额为80 000元的发票，该事业单位补付尾款9 000元，款项均采用银行存款支付。应做如下预算会计分录：

（1）11月3日预付账款时：

借：经营支出　　　　　　　　　　　　　　　　　　71 000
　　贷：资金结存——货币资金　　　　　　　　　　　　　　71 000

同时，应做如下财务会计分录：

借：预付账款　　　　　　　　　　　　　　　　　　71 000
　　贷：银行存款　　　　　　　　　　　　　　　　　　　　71 000

（2）11月15日支付尾款时：

借：经营支出　　　　　　　　　　　　　　　　　　 9 000
　　贷：资金结存——货币资金　　　　　　　　　　　　　　 9 000

同时，应做如下财务会计分录：

借：经营费用　　　　　　　　　　　　　　　　　　80 000
　　贷：预付账款　　　　　　　　　　　　　　　　　　　　71 000
　　　　银行存款　　　　　　　　　　　　　　　　　　　　 9 000

三、上缴上级支出

1. 上缴上级支出的含义

上缴上级支出是指事业单位按照财政部门和主管部门的规定上缴上级单位款项发生的现金流出。

2. 上缴上级支出的确认与计量

为了确认与计量事业单位按照财政部门和主管部门的规定上缴上级单位款项发生的现金流出，事业单位应设置"上缴上级支出"科目。"上缴上级支出"科目应当按照收缴款项单位、缴款项目、《政府收支分类科目》中"支出功能分类"科目的项级科目和"部门预算支出经济分类"科目的款级科目等进行明细核算。

事业单位关于上缴上级支出的账务处理如下：

(1) 按照规定将款项上缴上级单位时,按照实际上缴的金额,借记"上缴上级支出"科目,贷记"资金结存"科目。

(2) 年终,将"上缴上级支出"科目本年发生额转入其他结余,借记"其他结余"科目,贷记"上缴上级支出"科目。年终结转后,"上缴上级支出"科目应无余额。

【例 9-4】 某事业单位 2019 年按照规定应该上缴上级部门 80 000 元,该款项于当年 12 月上缴。2019 年 12 月 31 日该单位"上缴上级费用"科目和"上缴上级支出"科目累计借方余额均为 80 000 元,期末进行结转。应做如下预算会计分录:

(1) 确定上缴上级部门的金额时:

借:上缴上级支出　　　　　　　　　　　　　　　80 000
　　贷:资金结存——货币资金　　　　　　　　　　　　80 000

同时,应做如下财务会计分录:

借:上缴上级费用　　　　　　　　　　　　　　　80 000
　　贷:其他应付款　　　　　　　　　　　　　　　　　80 000

(2) 12 月上缴上级部门时:

无预算会计分录,应做如下财务会计分录:

借:其他应付款　　　　　　　　　　　　　　　　80 000
　　贷:银行存款　　　　　　　　　　　　　　　　　　80 000

(3) 期末结转时:

借:其他结余　　　　　　　　　　　　　　　　　80 000
　　贷:上缴上级支出　　　　　　　　　　　　　　　　80 000

同时,应做如下财务会计分录:

借:本期盈余　　　　　　　　　　　　　　　　　80 000
　　贷:上缴上级费用　　　　　　　　　　　　　　　　80 000

四、对附属单位补助支出

1. 对附属单位补助支出的含义

对附属单位补助支出是指事业单位用财政拨款预算收入之外的收入对附属单位补助发生的现金流出。

2. 对附属单位补助支出的确认与计量

为了确认与计量事业单位用财政拨款预算收入之外的收入对附属单位补助发生的现金流出,事业单位应设置"对附属单位补助支出"科目。"对附属单位补助支出"科目应当按照接受补助单位、补助项目、《政府收支分类科目》中"支出功能分类"科目的项级科目和"部门预算支出经济分类"科目的款级科目等进行明细核算。

事业单位关于对附属单位补助支出的账务处理如下:

(1) 发生对附属单位补助支出时,按照实际补助的金额,借记"对附属单位补助支出"科目,贷记"资金结存"科目。

(2) 年终,将"对附属单位补助支出"科目本年发生额转入其他结余,借记"其他结余"

科目,贷记"对附属单位补助支出"科目。年终结转后,"对附属单位补助支出"科目应无余额。

【例9-5】 某事业单位2019年要对下属事业单位补助500 000元,该补助款于当年12月支付。2019年12月31日该单位"对附属单位补助费用"和"对附属单位补助支出"科目累计借方余额均为500 000元,期末进行结转。应做如下预算会计分录:

(1)确定补助金额时:

无预算会计分录,应做如下财务会计分录:

借:对附属单位补助费用　　　　　　　　　　　　　500 000
　　贷:其他应付款　　　　　　　　　　　　　　　　　　500 000

(2)12月支付补助时:

借:对附属单位补助支出　　　　　　　　　　　　　500 000
　　贷:资金结存——货币资金　　　　　　　　　　　　500 000

同时,应做如下财务会计分录:

借:其他应付款　　　　　　　　　　　　　　　　　500 000
　　贷:银行存款　　　　　　　　　　　　　　　　　　　500 000

(3)期末结转时:

借:其他结余　　　　　　　　　　　　　　　　　　500 000
　　贷:对附属单位补助支出　　　　　　　　　　　　　500 000

同时,应做如下财务会计分录:

借:本期盈余　　　　　　　　　　　　　　　　　　500 000
　　贷:对附属单位补助费用　　　　　　　　　　　　　500 000

五、投资支出

1. 投资支出的含义

投资支出是指事业单位以货币资金对外投资发生的现金流出。

2. 投资支出的确认与计量

为了确认与计量事业单位以货币资金对外投资发生的现金流出,事业单位应设置"投资支出"科目。"投资支出"科目应当按照投资类型、投资对象、《政府收支分类科目》中"支出功能分类"科目的项级科目和"部门预算支出经济分类"科目的款级科目等进行明细核算。

事业单位关于投资支出的账务处理如下:

(1)以货币资金对外投资时,按照投资金额和所支付的相关税费金额的合计数,借记"投资支出"科目,贷记"资金结存"科目。

(2)出售、对外转让或到期收回本年度以货币资金取得的对外投资时,如果按规定将投资收益纳入单位预算的,则按照实际收到的金额,借记"资金结存"科目,按照取得投资时"投资支出"科目的发生额,贷记"投资支出"科目,按照其差额,贷记或借记"投资预算收益"科目;如果按规定将投资收益上缴财政的,则按照取得投资时"投资支出"

科目的发生额,借记"资金结存"科目,贷记"投资支出"科目。

出售、对外转让或到期收回以前年度以货币资金取得的对外投资时,如果按规定将投资收益纳入单位预算的,则按照实际收到的金额,借记"资金结存"科目,按照取得投资时"投资支出"科目的发生额,贷记"其他结余"科目,按照其差额,贷记或借记"投资预算收益"科目;如果按规定将投资收益上缴财政的,则按照取得投资时"投资支出"科目的发生额,借记"资金结存"科目,贷记"其他结余"科目。

(3)年终,将"投资支出"科目本年发生额转入其他结余,借记"其他结余"科目,贷记"投资支出"科目。年终结转后,"投资支出"科目应无余额。

【例9-6】 某事业单位2019年4月18日用银行存款300 000元购买了面值为300 000元的2年期国债,年利率为5%,到期一次还本付息,另外用银行存款支付了手续费等8 000元;2年后国债到期收回本息。应做如下预算会计分录:

(1)取得长期债券投资时:

长期债券投资成本 = 300 000+8 000 = 308 000(元)

借:投资支出　　　　　　　　　　　　　　　　　　　　308 000
　　贷:资金结存——货币资金　　　　　　　　　　　　　　308 000

同时,应做如下财务会计分录:

借:长期债券投资——成本　　　　　　　　　　　　　　308 000
　　贷:银行存款　　　　　　　　　　　　　　　　　　　　308 000

(2)每月计息时:

无预算会计分录,应做如下财务会计分录:

每月计息 = 300 000×5%÷12 = 1 250(元)

借:长期债券投资——应计利息　　　　　　　　　　　　1 250
　　贷:投资收益　　　　　　　　　　　　　　　　　　　　1 250

(3)到期收回本金和利息时:

2年利息 = 300 000×5%×2 = 30 000(元)

2年本息合计 = 300 000+30 000 = 330 000(元)

借:资金结存——货币资金　　　　　　　　　　　　　　330 000
　　贷:其他结余　　　　　　　　　　　　　　　　　　　　308 000
　　　　投资预算收益　　　　　　　　　　　　　　　　　　22 000

同时,应做如下财务会计分录:

借:银行存款　　　　　　　　　　　　　　　　　　　　330 000
　　投资收益　　　　　　　　　　　　　　　　　　　　　　8 000
　　贷:长期债券投资——成本　　　　　　　　　　　　　　308 000
　　　　　　　　　　——应计利息　　　　　　　　　　　　30 000

六、债务还本支出

1. 债务还本支出的含义

债务还本支出是指事业单位偿还自身承担的纳入预算管理的从金融机构举借的债

务本金的现金流出。

2. 债务还本支出的确认与计量

为了确认与计量事业单位偿还自身承担的纳入预算管理的从金融机构举借的债务本金的现金流出,事业单位应设置"债务还本支出"科目。"债务还本支出"科目应当按照贷款单位、贷款种类、《政府收支分类科目》中"支出功能分类"科目的项级科目和"部门预算支出经济分类"科目的款级科目等进行明细核算。

事业单位关于债务还本支出的账务处理如下:

(1)偿还各项短期或长期借款时,按照偿还的借款本金,借记"债务还本支出"科目,贷记"资金结存"科目。

(2)年终,将"债务还本支出"科目本年发生额转入其他结余,借记"其他结余"科目,贷记"债务还本支出"科目。年终结转后,"债务还本支出"科目应无余额。

【例9-7】 某事业单位2019年1月31日借入短期借款10 000元,期限为10个月,利率为12%,每月偿还利息,到期还本;11月30日,该短期借款到期;12月25日,该事业单位偿还2年期长期借款本息,该长期借款本金为200 000元,利率为10%,到期还本付息;12月31日,该事业单位"债务还本支出"科目仅发生以上两笔借款归还,年终进行结转。应做如下预算会计分录:

(1)1月31日借入短期借款时:

借:资金结存——货币资金　　　　　　　　　　　　100 000
　　贷:债务预算收入　　　　　　　　　　　　　　　　　　100 000

同时,应做如下财务会计分录:

借:银行存款　　　　　　　　　　　　　　　　　　100 000
　　贷:短期借款　　　　　　　　　　　　　　　　　　　　100 000

(2)2月底计算并支付借款利息时:

每月偿还利息金额 = 100 000×12%÷12 = 1 000(元)

借:其他支出　　　　　　　　　　　　　　　　　　1 000
　　贷:资金结存——货币资金　　　　　　　　　　　　　　1 000

同时,应做如下财务会计分录:

计算借款利息时:

借:其他费用　　　　　　　　　　　　　　　　　　1 000
　　贷:应付利息　　　　　　　　　　　　　　　　　　　　1 000

支付借款利息时:

借:应付利息　　　　　　　　　　　　　　　　　　1 000
　　贷:银行存款　　　　　　　　　　　　　　　　　　　　1 000

(3)3—10月账务处理同2月。

(4)11月30日归还短期借款本息时:

借:债务还本支出　　　　　　　　　　　　　　　　100 000
　　贷:资金结存——货币资金　　　　　　　　　　　　　　100 000

借:其他支出　　　　　　　　　　　　　　　　　　1 000

贷：资金结存——货币资金　　　　　　　　　　　　　　　　　　　　1 000
　同时,应做如下财务会计分录：
　　借：短期借款　　　　　　　　　　　　　　　　　　　　　　　　　100 000
　　　贷：银行存款　　　　　　　　　　　　　　　　　　　　　　　　　100 000
　　借：其他费用　　　　　　　　　　　　　　　　　　　　　　　　　　1 000
　　　贷：应付利息　　　　　　　　　　　　　　　　　　　　　　　　　1 000
　　借：应付利息　　　　　　　　　　　　　　　　　　　　　　　　　　1 000
　　　贷：银行存款　　　　　　　　　　　　　　　　　　　　　　　　　1 000
（5）12月25日归还长期借款本息时：
长期借款利息 = 200 000×10%×2 = 40 000（元）
　　借：债务还本支出　　　　　　　　　　　　　　　　　　　　　　　200 000
　　　贷：资金结存——货币资金　　　　　　　　　　　　　　　　　　200 000
　　借：其他支出　　　　　　　　　　　　　　　　　　　　　　　　　40 000
　　　贷：资金结存——货币资金　　　　　　　　　　　　　　　　　　40 000
　同时,应做如下财务会计分录：
　　借：长期借款——本金　　　　　　　　　　　　　　　　　　　　　200 000
　　　　　　　　——应计利息　　　　　　　　　　　　　　　　　　　40 000
　　　贷：银行存款　　　　　　　　　　　　　　　　　　　　　　　　240 000
（6）12月31日年终结转时：
　　借：其他结余　　　　　　　　　　　　　　　　　　　　　　　　　300 000
　　　贷：债务还本支出　　　　　　　　　　　　　　　　　　　　　　300 000

第四节　其他支出的确认与计量

一、其他支出的含义

其他支出是指单位除行政支出、事业支出、经营支出、上缴上级支出、对附属单位补助支出、投资支出、债务还本支出以外的各项现金流出,包括利息支出、对外捐赠现金支出、现金盘亏损失、接受捐赠（调入）和对外捐赠（调出）非现金资产发生的税费支出、资产置换过程中发生的相关税费支出、罚没支出等。

二、其他支出的确认与计量

为了确认与计量单位除行政支出、事业支出、经营支出、上缴上级支出、对附属单位补助支出、投资支出、债务还本支出以外的各项现金流出,单位应设置"其他支出"科目。"其他支出"科目应当按照其他支出的类别,财政拨款支出、非财政专项资金支出和其他资金支出,《政府收支分类科目》中"支出功能分类"科目的项级科目和"部门预算支出经济分类"科目的款级科目等进行明细核算。其他支出中如有专项资金支出,还应按照具体项目进行明细核算。有一般公共预算财政拨款、政府性基金预算财政拨款等两种或两种以上财政拨款的事业单位,还应当在"财政拨款支出"明细科目下按照财政拨款的种类进行明细核算。

单位发生利息支出、捐赠支出等其他支出金额较大或业务较多的,可单独设置"利息支出""捐赠支出"等科目。

单位关于其他支出的账务处理如下:

(1) 利息支出。支付银行借款利息时,按照实际支付金额,借记"其他支出"科目,贷记"资金结存"科目。

(2) 对外捐赠现金资产。对外捐赠现金资产时,按照捐赠金额,借记"其他支出"科目,贷记"资金结存——货币资金"科目。

(3) 现金盘亏损失。每日现金账款核对中如发现现金短缺,按照短缺的现金金额,借记"其他支出"科目,贷记"资金结存——货币资金"科目。经核实,属于应当由有关人员赔偿的,按照收到的赔偿金额,借记"资金结存——货币资金"科目,贷记"其他支出"科目。

(4) 接受捐赠(无偿调入)和对外捐赠(无偿调出)非现金资产发生的税费支出。接受捐赠(无偿调入)非现金资产发生的归属于捐入方(调入方)的相关税费、运输费等,以及对外捐赠(无偿调出)非现金资产发生的归属于捐出方(调出方)的相关税费、运输费等,按照实际支付金额,借记"其他支出"科目,贷记"资金结存"科目。

(5) 资产置换过程中发生的相关税费支出。资产置换过程中发生相关税费时,按照实际支付金额,借记"其他支出"科目,贷记"资金结存"科目。

(6) 其他支出。发生罚没等其他支出时,按照实际支出金额,借记"其他支出"科目,贷记"资金结存"科目。

(7) 年终,将"其他支出"科目本年发生额中的财政拨款支出转入财政拨款结转,借记"财政拨款结转——本年收支结转"科目,贷记"其他支出"科目下各财政拨款支出明细科目;将"其他支出"科目本年发生额中的非财政专项资金支出转入非财政拨款结转,借记"非财政拨款结转——本年收支结转"科目,贷记"其他支出"科目下各非财政专项资金支出明细科目;将"其他支出"科目本年发生额中的其他资金支出(非财政非专项资金支出)转入其他结余,借记"其他结余"科目,贷记"其他支出"科目下各其他资金支出明细科目。年终结转后,"其他支出"科目应无余额。

【例 9-8】 某事业单位 2019 年 5 月用自有资金向贫困地区学校捐款 600 000 元,以支持该学校开展教学活动。应做如下预算会计分录:

借:其他支出　　　　　　　　　　　　　　　　　　　　600 000
　　贷:资金结存——货币资金　　　　　　　　　　　　　　　600 000

同时,应做如下财务会计分录:

借:其他费用　　　　　　　　　　　　　　　　　　　　600 000
　　贷:银行存款　　　　　　　　　　　　　　　　　　　　600 000

【例 9-9】 某事业单位 2019 年 5 月由于违反相关规定被处以 4 000 元罚款,并以银行存款交纳。应做如下预算会计分录:

借:其他支出　　　　　　　　　　　　　　　　　　　　4 000
　　贷:资金结存——货币资金　　　　　　　　　　　　　　　4 000

同时,应做如下财务会计分录:

借:其他费用   4 000
   贷:银行存款   4 000

思考题

1. 简述预算支出的分类及其管理。
2. 简述行政支出的确认与计量。
3. 简述投资支出的确认与计量。
4. 简述债务还本支出的确认与计量。
5. 简述其他支出的含义及其内容。

业务处理题

1. 某行政单位2018年12月空调原值4 800元,预计使用10年,预计净残值为0,使用年限平均法计提折旧。

2. 某行政单位2019年1月经批准以闲置办公用房对外出租,按照规定,缴纳上半年房产税66 000元,以财政授权支付方式支付。

3. 某事业单位2018年11月建设一栋办公楼,支付建筑工程款140 000元,以财政直接支付方式支付。

4. 某事业单位2018年11月3日为开展经营活动委托某企业制作一批科普产品,预付账款142 000元;11月15日科普产品制作完毕并交付入库,企业给该事业单位开具金额为160 000元的发票,该事业单位补付尾款18 000元,款项均采用银行存款支付。

5. 某事业单位2018年按照规定应该上缴上级部门160 000元,该款项于当年12月上缴;12月31日该事业单位"上缴上级费用"科目和"上缴上级支出"科目累计借方余额均为160 000元,期末进行结转。

6. 某事业单位2018年要对下属事业单位补助1 000 000元,该补助款于12月支付;12月31日"对附属单位补助费用"科目和"对附属单位补助支出"科目累计借方余额均为1 000 000元,年末进行结转。

要求:根据上述业务做出相应的会计处理。

第十章 预算结余会计

引导案例

大学毕业分配到某政府机关工作的感受

小王从××大学管理系毕业后被分配到某政府机关工作已有两个多月,他对自己的工作很满意。转眼间到了年底。12月中旬的一天,康科长把小王叫到自己的办公室。"小王,我们今年花了多少钱,还剩多少钱?""让我看看,我们科今年共花了 78 134 元,按预算还应有 23 456 元。""昨天厂里开会了,要求我们把预算中结余的钱交到单位里去。""这怎么行,这些钱都是我们省吃俭用省下来的,如果上交了,明年谁还会省钱?""如果我们今年上交了,明年就没有钱省了。""这是什么意思?""今年我们有多余的钱上交,明年单位里还会给我们批这么高的预算吗?""那怎么办?""很好办,今天交给你的一个任务是在半个月之后,把这些钱花掉。不,只留 3 000 元左右上交""这些钱用来干什么?""只要是能报账,干什么都行。""这……""有困难吗?""没有什么困难"走出康科长的办公室,小王开始感到为难。20 000 多元钱,要是自己的钱该多好啊,可以省下来留着娶媳妇用,可偏偏是公家的钱,要找理由花掉,小王感到有些不能理解。

资料来源:作者根据相关资料整理编写。

思考并讨论:

1. 预算结余的钱该用掉还是上交,各有什么利弊,怎样解决这个问题?
2. 你认为这类事情是否经常发生?
3. 怎样杜绝这类事情的发生?

第一节 资金结存的确认与计量

一、资金结存的含义

资金结存是指行政事业单位纳入部门预算管理的资金结存数额,包括结存的零余额账户用款额度、货币资金和财政应返还额度等。

二、资金结存的确认与计量

为了确认与计量行政事业单位纳入部门预算管理的资金的流入、流出、调整和滚存

等情况,行政事业单位应设置"资金结存"科目,该科目应当设置下列明细科目:

(1)零余额账户用款额度:该明细科目核算实行国库集中支付的单位根据财政部门批复的用款计划收到和支用的零余额账户用款额度。年末结账后,该明细科目应无余额。

(2)货币资金:该明细科目核算单位以库存现金、银行存款、其他货币资金形态存在的资金。该明细科目年末借方余额,反映单位尚未使用的货币资金。

(3)财政应返还额度:该明细科目核算实行国库集中支付的单位可以使用的以前年度财政直接支付资金额度和财政应返还的财政授权支付资金额度。该明细科目下可设置"财政直接支付""财政授权支付"两个明细科目进行明细核算。该明细科目年末借方余额,反映单位应收财政返还的资金额度。

行政事业单位关于资金结存的账务处理如下:

(1)财政授权支付方式下,单位根据代理银行转来的财政授权支付额度到账通知书,按照通知书中的授权支付额度,借记"资金结存——零余额账户用款额度"科目,贷记"财政拨款预算收入"科目。

以国库集中支付以外的其他支付方式取得预算收入时,按照实际收到的金额,借记"资金结存——货币资金"科目,贷记"财政拨款预算收入""事业预算收入""经营预算收入"等科目。

(2)财政授权支付方式下,发生相关支出时,按照实际支付的金额,借记"行政支出""事业支出"等科目,贷记"资金结存——零余额账户用款额度"科目。

从零余额账户提取现金时,借记"资金结存——货币资金"科目,贷记"资金结存——零余额账户用款额度"科目。退回现金时,做相反会计分录。

使用以前年度财政直接支付额度发生相关支出时,按照实际支付的金额,借记"行政支出""事业支出"等科目,贷记"资金结存——财政应返还额度"科目。

以国库集中支付以外的其他支付方式发生相关支出时,按照实际支付的金额,借记"事业支出""经营支出"等科目,贷记"资金结存——货币资金"科目。

(3)按照规定上缴财政拨款结转结余资金或注销财政拨款结转结余资金额度的,按照实际上缴资金数额或注销的资金额度数额,借记"财政拨款结转——归集上缴或财政拨款结余——归集上缴"科目,贷记"资金结存——财政应返还额度、零余额账户用款额度、货币资金"科目。

按照规定向原资金拨入单位缴回非财政拨款结转资金的,按照实际缴回资金数额,借记"非财政拨款结转——缴回资金"科目,贷记"资金结存——货币资金"科目。收到从其他单位调入的财政拨款结转资金的,按照实际调入资金数额,借记"资金结存——财政应返还额度、零余额账户用款额度、货币资金"科目,贷记"财政拨款结转——归集调入"科目。

(4)按照规定使用专用基金时,按照实际支付金额,借记"专用结余"(从非财政拨款结余中提取的专用基金)科目或"事业支出"(从预算收入中计提的专用基金)等科目,贷记"资金结存——货币资金"科目。

(5)因购货退回、发生差错更正等退回国库直接支付、授权支付款项,或者收回货币资金的,属于本年度支付的,借记"财政拨款预算收入"科目或"资金结存——零余额账户用款额度、货币资金"科目,贷记相关支出科目;属于以前年度支付的,借记"资金结存——财政应返还额度、零余额账户用款额度、货币资金"科目,贷记"财政拨款结转""财政拨款结余""非财政拨款结转""非财政拨款结余"科目。

(6) 有企业所得税缴纳义务的事业单位缴纳所得税时,按照实际缴纳金额,借记"非财政拨款结余——累计结余"科目,贷记"资金结存——货币资金"科目。

(7) 年末,根据本年度财政直接支付预算指标数与当年财政直接支付实际支出数的差额,借记"资金结存——财政应返还额度"科目,贷记"财政拨款预算收入"科目。

(8) 年末,单位依据代理银行提供的对账单做注销额度的相关账务处理,借记"资金结存——财政应返还额度"科目,贷记"资金结存——零余额账户用款额度"科目;本年度财政授权支付预算指标数大于零余额账户用款额度下达数的,根据未下达的用款额度,借记"资金结存——财政应返还额度"科目,贷记"财政拨款预算收入"科目。下年初,单位依据代理银行提供的额度恢复到账通知书做恢复额度的相关账务处理,借记"资金结存——零余额账户用款额度"科目,贷记"资金结存——财政应返还额度"科目。单位收到财政部门批复的上年末未下达零余额账户用款额度的,借记"资金结存——零余额账户用款额度"科目,贷记"资金结存——财政应返还额度"科目。"资金结存"科目年末借方余额,反映单位预算资金的累计滚存情况。

【例 10-1】 某行政单位 2019 年 2 月收到代理银行转来的财政授权支付额度到账通知书,通知书列示收到授权支付额度 500 000 元,收到财政部门拨付的项目经费 200 000 元。应做如下预算会计分录:

借:资金结存——零余额账户用款额度　　　　　　　　　500 000
　　　　　——货币资金　　　　　　　　　　　　　　　200 000
　　贷:财政拨款预算收入　　　　　　　　　　　　　　　　700 000

同时,应做如下财务会计分录:

借:零余额账户用款额度　　　　　　　　　　　　　　　500 000
　　银行存款　　　　　　　　　　　　　　　　　　　　200 000
　　贷:财政拨款收入　　　　　　　　　　　　　　　　　　700 000

【例 10-2】 某行政单位从零余额账户提取现金 100 元,用于购买办公用品。应做如下预算会计分录:

(1) 从零余额账户提取现金时:

借:资金结存——货币资金　　　　　　　　　　　　　　100
　　贷:资金结存——零余额账户用款额度　　　　　　　　　100

同时,应做如下财务会计分录:

借:库存现金　　　　　　　　　　　　　　　　　　　　100
　　贷:零余额账户用款额度　　　　　　　　　　　　　　　100

(2) 购买办公用品时:

借:行政支出　　　　　　　　　　　　　　　　　　　　100
　　贷:资金结存——货币资金　　　　　　　　　　　　　　100

同时,应做如下财务会计分录:
借:其他费用　　　　　　　　　　　　　　　　　　　　　　　　　100
　　贷:库存现金　　　　　　　　　　　　　　　　　　　　　　　　100

【例 10-3】 某行政单位支付从事业务活动的职工个人薪酬 150 000 元,按照规定支付代扣代缴个人所得税 3 200 元,支付职工住房公积金 52 000 元,同时购买办公用品 3 500 元,以上款项均采用财政授权支付方式支付;该单位还购入业务活动打印机一台,价值 2 800 元,通过银行存款支付。应做如下预算会计分录:

(1) 支付职工薪酬时:
借:行政支出　　　　　　　　　　　　　　　　　　　　　　　210 000
　　贷:资金结存——零余额账户用款额度　　　　　　　　　　　210 000
同时,应做如下财务会计分录:
借:业务活动费用　　　　　　　　　　　　　　　　　　　　　150 000
　　其他应交税费——应交个人所得税　　　　　　　　　　　　 3 200
　　应付职工薪酬——社会保险费　　　　　　　　　　　　　　 4 800
　　　　　　　　——住房公积金　　　　　　　　　　　　　　52 000
　　贷:零余额账户用款额度　　　　　　　　　　　　　　　　210 000

(2) 购买办公用品时:
借:行政支出　　　　　　　　　　　　　　　　　　　　　　　　3 500
　　贷:资金结存——零余额账户用款额度　　　　　　　　　　　 3 500
同时,应做如下财务会计分录:
借:业务活动费用　　　　　　　　　　　　　　　　　　　　　　3 500
　　贷:零余额账户用款额度　　　　　　　　　　　　　　　　　 3 500

(3) 购买打印机时:
借:行政支出　　　　　　　　　　　　　　　　　　　　　　　　2 800
　　贷:资金结存——货币资金　　　　　　　　　　　　　　　　 2 800
同时,应做如下财务会计分录:
借:固定资产　　　　　　　　　　　　　　　　　　　　　　　　2 800
　　贷:银行存款　　　　　　　　　　　　　　　　　　　　　　 2 800

第二节　结转结余资金的确认与计量

一、结转结余资金概述

预算结余包括结余资金和结转资金。《行政单位财务规则》第二十五条和第二十六条对此给出了明确的定义:结转资金是指当年预算已执行但未完成,或者因故未执行,下一年度需要按照原用途继续使用的资金;结余资金是指当年预算工作目标已完成,或者因故终止,当年剩余的资金。结转资金在规定使用年限未使用或者未使用完的,也视为结余资金。

结转资金是指当年预算已执行但尚未完成,或因故未执行,在当期未使用完、下一年度需要按照原用途继续使用的财政拨款资金,即在结算的时间段里,由于工作目标尚未达到而暂时没有使用完的资金,也可以说是结余中有专项用途、需继续安排使用的资金。结转资金包括财政拨款结转、非财政拨款结转;结余资金包括财政拨款结余、非财政拨款结余、专用结余、经营结余、其他结余等。

二、财政拨款结转

(一)财政拨款结转的含义

财政拨款结转是指政府会计主体当年预算已执行但尚未完成,或因故未执行,下一年度需要按照原用途继续使用的财政拨款滚存资金。财政拨款结转包括基本支出结转和项目支出结转两大类。

(二)财政拨款结转的确认与计量

为了核算政府会计主体财政拨款结转业务,政府会计主体应当设置"财政拨款结转"科目。

1.明细科目设置

该科目应当设置下列明细科目:

(1)与会计差错更正、以前年度支出收回相关的明细科目。

年初余额调整:核算因发生会计差错更正、以前年度支出收回等,需要调整财政拨款结转的金额。年末结账后,该明细科目应无余额。

(2)与财政拨款调拨业务相关的明细科目。

归集调入:核算按照规定从其他单位调入财政拨款结转资金时,实际调增的额度数额或调入的资金数额。年末结账后,该明细科目应无余额。

归集调出:核算按照规定向其他单位调出财政拨款结转资金时,实际调减的额度数额或调出的资金数额。年末结账后,该明细科目应无余额。

归集上缴:核算按照规定上缴财政拨款结转资金时,实际核销的额度数额或上缴的资金数额。年末结账后,该明细科目应无余额。

单位内部调剂:核算经财政部门批准对财政拨款结余资金改变用途,调整用于本单位其他未完成项目等的调整金额。年末结账后,该明细科目应无余额。

(3)与年末财政拨款结转业务相关的明细科目。

本年收支结转:核算单位本年度财政拨款收支相抵后的余额。年末结账后,该明细科目应无余额。

累计结转:核算单位滚存的财政拨款结转资金。该明细科目年末贷方余额,反映单位财政拨款滚存的结转资金数额。

该科目还应当设置"基本支出结转""项目支出结转"两个明细科目,并在"基本支出结转"明细科目下按照人员经费、日常公用经费进行明细核算,"在项目支出结转"明细科目下按照具体项目进行明细核算;同时,该科目还应按照《政府收支分类科目》中"支出功能分类"科目的相关科目进行明细核算。

有一般公共预算财政拨款、政府性基金预算财政拨款等两种或两种以上财政拨款的单位,还应当在该科目下按照财政拨款的种类进行明细核算。

2. 相关账务处理

政府会计主体关于财政拨款结转的账务处理如下:

(1) 与会计差错更正、以前年度支出收回相关的账务处理。

因发生会计差错更正退回以前年度国库直接支付、授权支付款项或财政性货币资金,或者因发生会计差错更正增加以前年度国库直接支付、授权支付支出或财政性货币资金支出,属于以前年度财政拨款结转资金的,借记或贷记"资金结存——财政应返还额度、零余额账户用款额度、货币资金"科目,贷记或借记"财政拨款结转——年初余额调整"科目。

因购货退回、预付款项收回等发生以前年度支出又收回国库直接支付、授权支付款项或收回财政性货币资金,属于以前年度财政拨款结转资金的,借记"资金结存——财政应返还额度、零余额账户用款额度、货币资金"科目,贷记"财政拨款结转——年初余额调整"科目。

(2) 与财政拨款结转结余资金调整业务相关的账务处理。

按照规定从其他单位调入财政拨款结转资金的,按照实际调增的额度数额或调入的资金数额,借记"资金结存——财政应返还额度、零余额账户用款额度、货币资金"科目,贷记"财政拨款结转——归集调入"科目。

按照规定向其他单位调出财政拨款结转资金的,按照实际调减的额度数额或调出的资金数额,借记"财政拨款结转——归集调出"科目,贷记"资金结存——财政应返还额度、零余额账户用款额度、货币资金"科目。

按照规定上缴财政拨款结转资金或注销财政拨款结转资金额度的,按照实际上缴资金数额或注销的资金额度数额,借记"财政拨款结转——归集上缴"科目,贷记"资金结存——财政应返还额度、零余额账户用款额度、货币资金"科目。

经财政部门批准对财政拨款结余资金改变用途,调整用于本单位基本支出或其他未完成项目支出的,按照批准调剂的金额,借记"财政拨款结余——单位内部调剂"科目,贷记"财政拨款结转——单位内部调剂"科目。

(3) 与年末财政拨款结转和结余业务相关的账务处理。

年末,将财政拨款预算收入本年发生额转入"财政拨款结转"科目,借记"财政拨款预算收入"科目,贷记"财政拨款结转——本年收支结转"科目;将各项支出中财政拨款支出本年发生额转入"财政拨款结转"科目,借记"财政拨款结转——本年收支结转"科目,贷记各项支出(财政拨款支出)科目。

年末冲销有关明细科目余额。将"财政拨款结转——本年收支结转、年初余额调整、归集调入、归集调出、归集上缴、单位内部调剂"科目余额转入"财政拨款结转——累计结转"科目。结转后,"财政拨款结转"科目除"累计结转"明细科目外,其他明细科目应无余额。

年末完成上述结转后,应当对"财政拨款结转"各明细项目执行情况进行分析,按照有关规定将符合财政拨款结余性质的项目余额转入财政拨款结余,借记"财政拨款结转——累计结转"科目,贷记"财政拨款结余——结转转入"科目。

"财政拨款结转"科目年末贷方余额,反映单位滚存的财政拨款结转资金数额。

【例 10-4】 某行政单位 2019 年度财务检查中发现,以前年度支付给物业公司的保安服务费重复交纳,物业公司退回财政资金 50 000 元,经分析,此事项属于会计差错更正收回以前年度资金。应做如下预算会计分录:

借:资金结存——零余额账户用款额度　　　　　　　50 000
　　贷:财政拨款结转——年初余额调整　　　　　　　　　50 000

同时,应做如下财务会计分录:

借:零余额用款额度　　　　　　　　　　　　　　　50 000
　　贷:以前年度盈余调整　　　　　　　　　　　　　　　50 000

【例 10-5】 某行政单位以前年度购买实验材料一批,2019 年 12 月 1 日发现质量有问题,协商后将此批材料退回商家,商家退回材料款 30 500 元。应做如下预算会计分录:

借:资金结存——零余额账户用款额度　　　　　　　30 500
　　贷:财政拨款结转——年初余额调整　　　　　　　　　30 500

同时,应做如下财务会计分录:

借:零余额账户用款额度　　　　　　　　　　　　　30 500
　　贷:以前年度盈余调整　　　　　　　　　　　　　　　30 500

【例 10-6】 某行政单位某项目实施周期为一年,年度财政预算为 120 000 元,当年已使用预算资金 80 000 元,因实施计划调整,经财政部门批准将剩余资金拨付给其他预算单位。应做如下预算会计分录:

借:财政拨款结转——归集调出　　　　　　　　　　40 000
　　贷:资金结存——零余额账户用款额度　　　　　　　　40 000

同时,应做如下财务会计分录:

借:累计盈余　　　　　　　　　　　　　　　　　　40 000
　　贷:零余额账户用款额度　　　　　　　　　　　　　　40 000

三、财政拨款结余

(一) 财政拨款结余的含义

财政拨款结余是指政府会计主体取得的同级财政拨款项目支出结余资金。财政拨款结余的形成原因是政府会计主体当年项目支出预算目标已经完成,或因故终止。政府会计主体的基本支出应当结转下期使用,没有结余资金。

(二) 财政拨款结余的确认与计量

为了核算政府会计主体取得的同级财政拨款项目支出结余资金的调整、结转和滚存情况,政府会计主体应当设置"财政拨款结余"科目。

1.明细科目设置

该科目应当设置下列明细科目:

(1) 与会计差错更正、以前年度支出收回相关的明细科目。

年初余额调整：核算因发生会计差错更正、以前年度支出收回等原因，需要调整财政拨款结余的金额。年末结账后，该明细科目应无余额。

(2) 与财政拨款结余资金调整业务相关的明细科目。

归集上缴：核算按照规定上缴财政拨款结余资金时，实际核销的额度数额或上缴的资金数额。年末结账后，该明细科目应无余额。

单位内部调剂：核算经财政部门批准对财政拨款结余资金改变用途，调整用于本单位其他未完成项目等的调整金额。年末结账后，该明细科目应无余额。

(3) 与年末财政拨款结余业务相关的明细科目。

结转转入：核算单位按照规定转入财政拨款结余的财政拨款结转资金。年末结账后，该明细科目应无余额。

累计结余：核算单位滚存的财政拨款结余资金。该明细科目年末贷方余额，反映单位财政拨款滚存的结余资金数额。

该科目还应当按照具体项目、《政府收支分类科目》中"支出功能分类"科目的相关科目等进行明细核算。

有一般公共预算财政拨款、政府性基金预算财政拨款等两种或两种以上财政拨款的单位，还应当在该科目下按照财政拨款的种类进行明细核算。

2.相关账务处理

政府会计主体关于财政拨款结余的账务处理如下：

(1) 与会计差错更正、以前年度支出收回相关的账务处理。

因发生会计差错更正退回以前年度国库直接支付、授权支付款项或财政性货币资金，或者因发生会计差错更正增加以前年度国库直接支付、授权支付支出或财政性货币资金支出，属于以前年度财政拨款结余资金的，借记或贷记"资金结存——财政应返还额度、零余额账户用款额度、货币资金"科目，贷记或借记"财政拨款结余——年初余额调整"科目。

因购货退回、预付款项收回等发生以前年度支出又收回国库直接支付、授权支付款项或收回财政性货币资金，属于以前年度财政拨款结余资金的，借记"资金结存——财政应返还额度、零余额账户用款额度、货币资金"科目，贷记"财政拨款结余——年初余额调整"科目。

(2) 与财政拨款结余资金调整业务相关的账务处理。

经财政部门批准对财政拨款结余资金改变用途，调整用于本单位基本支出或其他未完成项目支出的，按照批准调剂的金额，借记"财政拨款结余——单位内部调剂"科目，贷记"财政拨款结转——单位内部调剂"科目。

按照规定上缴财政拨款结余资金或注销财政拨款结余资金额度的，按照实际上缴资金数额或注销的资金额度数额，借记"财政拨款结余——归集上缴"科目，贷记"资金结存——财政应返还额度、零余额账户用款额度、货币资金"科目。

(3) 与年末财政拨款结转和结余业务相关的账务处理。

年末，对财政拨款结转各明细项目执行情况进行分析，按照有关规定将符合财政拨款结余性质的项目余额转入财政拨款结余,借记"财政拨款结转——累计结转"科目,贷记"财政拨款结余——结转转入"科目。

年末冲销有关明细科目余额。将"财政拨款结余——年初余额调整、归集上缴、单位内部调剂、结转转入"科目余额转入"财政拨款结余——累计结转"科目。结转后,"财政拨款结余"科目除"累计结余"明细科目外,其他明细科目应无余额。

"财政拨款结余"科目年末贷方余额,反映单位滚存的财政拨款结余资金数额。

【例10-7】 某行政单位2019年年底审计发现,以前年度发生的春游费用20 900元列支行政支出,违反中央有关文件要求,所以要求相关人员退回资金,并退至零余额账户。应做如下预算会计分录:

借:资金结存——零余额账户用款额度　　　20 900
　　贷:财政拨款结余——年初余额调整　　　　　　20 900

同时,应做如下财务会计分录:

借:零余额账户用款额度　　　　　　　　　20 900
　　贷:以前年度盈余调整　　　　　　　　　　　　20 900

【例10-8】 某行政单位两年前对办公楼实行整修,当年申请项目资金100 000元,该项目周期为2年,已于2019年年底完工,剩余项目资金4 000元,经批准上缴财政。应做如下预算会计分录:

借:财政拨款结余——归集上缴　　　　　　4 000
　　贷:资金结存——财政应返还额度　　　　　　　4 000

同时,应做如下财务会计分录:

借:累计盈余　　　　　　　　　　　　　　4 000
　　贷:财政应返还额度　　　　　　　　　　　　　4 000

【例10-9】 某行政单位2019年完成环境保护项目的建设,剩余项目资金45 000元,经批准调剂至机场项目继续使用。应做如下预算会计分录:

借:财政拨款结余——单位内部调剂　　　　45 000
　　贷:财政拨款结转——单位内部调剂　　　　　　45 000

四、非财政拨款结转

(一) 非财政拨款结转的含义

非财政拨款结转是指政府会计主体由财政拨款收支、经营收支以外各非同级财政拨款专项资金收支形成的结转资金。

(二) 非财政拨款结转的确认与计量

为了核算政府会计主体非财政拨款结转业务,政府会计主体应当设置"非财政拨款结转"科目。

1.明细科目设置

该科目应当设置下列明细科目:

(1) 年初余额调整:核算因发生会计差错更正、以前年度支出收回等,需要调整非财政拨款结转的金额。年末结账后,该明细科目应无余额。

(2)缴回资金:核算按照规定缴回非财政拨款结转资金时,实际缴回的资金数额。年末结账后,该明细科目应无余额。

(3)项目间接费用或管理费:核算单位取得的科研项目预算收入中,按照规定计提项目间接费用或管理费的数额。年末结账后,该明细科目应无余额。

(4)本年收支结转:核算单位本年度非同级财政拨款专项收支相抵后的余额。年末结账后,该明细科目应无余额。

(5)累计结转:核算单位滚存的非同级财政拨款专项结转资金。该明细科目年末贷方余额,反映单位非同级财政拨款滚存的专项结转资金数额。

该科目还应当按照具体项目、《政府收支分类科目》中"支出功能分类"科目的相关科目等进行明细核算。

2.相关账务处理

政府会计主体关于非财政拨款结转的账务处理如下:

(1)按照规定从科研项目预算收入中提取项目间接费用或管理费时,按照提取金额,借记"非财政拨款结转——项目间接费用或管理费"科目,贷记"非财政拨款结余——项目间接费用或管理费"科目。

(2)因会计差错更正收到或支出非同级财政拨款货币资金,属于非财政拨款结转资金的,按照收到或支出的金额,借记或贷记"资金结存——货币资金"科目,贷记或借记"非财政拨款结转——年初余额调整"科目。

因收回以前年度支出等收到非同级财政拨款货币资金,属于非财政拨款结转资金的,按照收到的金额,借记"资金结存——货币资金"科目,贷记"非财政拨款结转——年初余额调整"科目。

(3)按照规定缴回非财政拨款结转资金的,按照实际缴回资金数额,借记"非财政拨款结转——缴回资金"科目,贷记"资金结存——货币资金"科目。

(4)年末,将事业预算收入、上级补助预算收入、附属单位上缴预算收入、非同级财政拨款预算收入、债务预算收入、其他预算收入本年发生额中的专项资金收入转入非"财政拨款结转"科目,借记"事业预算收入""上级补助预算收入""附属单位上缴预算收入""非同级财政拨款预算收入""债务预算收入""其他预算收入"科目下各专项资金收入明细科目,贷记"非财政拨款结转——本年收支结转"科目;将行政支出、事业支出、其他支出本年发生额中的非财政拨款专项资金支出转入"非财政拨款结转"科目,借记"非财政拨款结转——本年收支结转"科目,贷记"行政支出""事业支出""其他支出"科目下各非财政拨款专项资金支出明细科目。

(5)年末冲销有关明细科目余额。将"非财政拨款结转——年初余额调整、项目间接费用或管理费、缴回资金、本年收支结转"科目余额转入"非财政拨款结转——累计结转"科目。结转后,"非财政拨款结转"科目除"累计结转"明细科目外,其他明细科目应无余额。

(6)年末完成上述结转后,应当对非财政拨款专项结转资金各项目情况进行分析,将留归本单位使用的非财政拨款专项(项目已完成)剩余资金转入非财政拨款结余,借记"非财政拨款结转——累计结转"科目,贷记"非财政拨款结余——结转转入"科目。

"非财政拨款结转"科目年末贷方余额,反映单位滚存的非同级财政拨款专项结转资金数额。

【例10-10】 某行政单位2019年度财务检查中发现,上年使用科研项目资金支付劳务费2 200元,该事项劳务费单据上列明的金额为2 400元,该项目尚未完工,对上述会计差错进行分析后,需支付资金200元。应做如下预算会计分录:

借:非财政拨款结转——年初余额调整　　　　　　　　200
　　贷:资金结存——货币资金　　　　　　　　　　　　　　200

同时,应做如下财务会计分录:

借:以前年度盈余调整　　　　　　　　　　　　　　　200
　　贷:库存现金　　　　　　　　　　　　　　　　　　　　　　200

【例10-11】 某行政单位2019年内部审计发现,上年度单位利用虚假发票套取项目资金40 000元,该项目尚未完工,内部审计机构要求追回相关资金。对上述会计差错进行分析后,确认该会计差错属于有意为之,已经向相关责任人追回相关资金。应做如下预算会计分录:

借:资金结存——货币资金　　　　　　　　　　　40 000
　　贷:非财政拨款结转——年初余额调整　　　　　　　　40 000

同时,应做如下财务会计分录:

借:累计盈余　　　　　　　　　　　　　　　　　40 00
　　贷:银行存款　　　　　　　　　　　　　　　　　　　　40 000

【例10-12】 某事业单位非财政拨款专项预算收入为150 000元,当年支出132 000元,该项目已完工,年末收支结转后,该项目"非财政拨款结转"科目贷方余额为18 000元,经批准留归本单位使用。该事项不涉及财务会计处理,应做如下预算会计分录:

借:非财政拨款结转——累计结转　　　　　　　　18 000
　　贷:非财政拨款结余——结转转入　　　　　　　　　　18 000

五、非财政拨款结余

(一)非财政拨款结余的含义

非财政拨款结余是指政府会计主体历年滚存的非限定用途的非同级财政拨款结余资金,主要为非财政拨款结余扣除结余分配后滚存的金额。

(二)非财政拨款结余的确认与计量

为了核算政府会计主体历年滚存的非限定用途的非同级财政拨款结余资金,政府会计主体应当设置"非财政拨款结余"科目。

1.明细科目设置

该科目应当设置下列明细科目:

(1)年初余额调整:核算因发生会计差错更正、以前年度支出收回等,需要调整非财政拨款结余的资金。年末结账后,该明细科目应无余额。

(2)项目间接费用或管理费:核算单位取得的科研项目预算收入中,按照规定计提的项目间接费用或管理费数额。年末结账后,该明细科目应无余额。

(3)结转转入:核算按照规定留归单位使用,由单位统筹调配,纳入单位非财政拨款结余的非同级财政拨款专项剩余资金。年末结账后,该明细科目应无余额。

(4)累计结余:核算单位历年滚存的非同级财政拨款、非专项结余资金。该明细科目年末贷方余额,反映单位非同级财政拨款滚存的非专项结余资金数额。

该科目还应当按照《政府收支分类科目》中"支出功能分类"科目的相关科目进行明细核算。

2.相关账务处理

政府会计主体关于非财政拨款结余的账务处理如下:

(1)按照规定从科研项目预算收入中提取项目间接费用或管理费时,借记"非财政拨款结转——项目间接费用或管理费"科目,贷记"非财政拨款结余——项目间接费用或管理费"科目。

(2)有企业所得税缴纳义务的事业单位实际缴纳企业所得税时,按照缴纳金额,借记"非财政拨款结余——累计结余"科目,贷记"资金结存——货币资金"科目。

(3)因会计差错更正收到或支出非同级财政拨款货币资金,属于非财政拨款结余资金的,按照收到或支出的金额,借记或贷记"资金结存——货币资金"科目,贷记或借记"非财政拨款结余——年初余额调整"科目。

因收回以前年度支出等收到非同级财政拨款货币资金,属于非财政拨款结余资金的,按照收到的金额,借记"资金结存——货币资金"科目,贷记"非财政拨款结余——年初余额调整"科目。

(4)年末,将留归本单位使用的非财政拨款专项(项目已完成)剩余资金转入"非财政拨款结余"科目,借记"非财政拨款结转——累计结转"科目,贷记"非财政拨款结余——结转转入"科目。

(5)年末冲销有关明细科目余额。将"非财政拨款结余——年初余额调整、项目间接费用或管理费、结转转入"科目余额结转入"非财政拨款结余——累计结余"科目。结转后,"非财政拨款结余"科目除"累计结余"明细科目外,其他明细科目应无余额。

(6)年末,事业单位将"非财政拨款结余分配"科目余额转入非财政拨款结余。"非财政拨款结余分配"科目为借方余额的,借记"非财政拨款结余——累计结余"科目,贷记"非财政拨款结余分配"科目;"非财政拨款结余"分配科目为贷方余额的,借记"非财政拨款结余分配"科目,贷记"非财政拨款结余——累计结余"科目。

年末,行政单位将"其他结余"科目余额转入非财政拨款结余。"其他结余"科目为借方余额的,借记"非财政拨款结余——累计结余"科目,贷记"其他结余"科目;"其他结余"科目为贷方余额的,借记"其他结余"科目,贷记"非财政拨款结余——累计结余"科目。

"非财政拨款结余"科目年末贷方余额,反映单位非同级财政拨款结余资金的累计滚存数额。

【例10-13】 某行政单位发现上年度已完工项目少计算缴纳个人所得税4 000元,

该事项属于会计差错更正事项。应做如下预算会计分录：

借：非财政拨款结余——年初余额调整 4 000
  贷：资金结存——货币资金 4 000

同时，应做如下财务会计分录：

借：累计盈余 4 000
  贷：银行存款 4 000

【例 10-14】 某科研事业单位 2019 年项目预算收入为 4 000 000 元，根据规定计提项目管理费 200 000 元。应做如下预算会计分录：

借：非财政拨款结转——项目间接费用或管理费 200 000
  贷：非财政拨款结余——项目间接费用或管理费 200 000

同时，应做如下财务会计分录：

借：单位管理费用 200 000
  贷：预提费用——项目间接费用或管理费 200 000

【例 10-15】 某事业单位 2019 年按税法规定计算缴纳当年企业所得税 52 000 元。应做如下预算会计分录：

借：非财政拨款结余——累计结余 52 000
  贷：资金结存——货币资金 52 000

同时，应做如下财务会计分录：

借：其他应交税费——单位应交所得税 52 000
  贷：银行存款 52 000

第三节　事业单位专项结余资金的确认与计量

一、专用结余

（一）专用结余的含义

专用结余是指事业单位按照规定从非财政拨款结余中提取的具有专门用途的资金。

（二）专用结余的确认与计量

为了核算事业单位按照规定从非财政拨款结余中提取的具有专门用途的资金的变动和滚存情况，事业单位应当设置"专用结余"科目。该科目应当按照专用结余的类别进行明细核算。

事业单位关于专用结余的账务处理如下：

（1）根据有关规定从本年度非财政拨款结余或经营结余中提取基金的，按照提取金额，借记"非财政拨款结余分配"科目，贷记"专用结余"科目。

（2）根据规定使用从非财政拨款结余或经营结余中提取的专用基金时，按照使用金额，借记"专用结余"科目，贷记"资金结存——货币资金"科目。

"专用结余"科目年末贷方余额，反映事业单位从非同级财政拨款结余中提取的专用基金的累计滚存数额。

【例10-16】 某事业单位当年非财政拨款结余为80 000元,经营结余为150 000元,按规定年末计提职工福利基金92 000元(该单位职工福利基金提取比例为40%)。应做如下预算会计分录:

借:非财政拨款结余分配　　　　　　　　　　　　　　　　92 000
　　贷:专用结余　　　　　　　　　　　　　　　　　　　　　　92 000

同时,应做如下财务会计分录:

借:本年盈余分配　　　　　　　　　　　　　　　　　　　92 000
　　贷:专用基金　　　　　　　　　　　　　　　　　　　　　　92 000

【例10-17】 某事业单位使用从非财政拨款结余中提取的专用基金支付职工福利费用30 000元。应做如下预算会计分录:

借:专用结余　　　　　　　　　　　　　　　　　　　　　30 000
　　贷:资金结存——货币资金　　　　　　　　　　　　　　　　30 000

同时,应做如下财务会计分录:

借:专用基金　　　　　　　　　　　　　　　　　　　　　30 000
　　贷:银行存款　　　　　　　　　　　　　　　　　　　　　　30 000

【例10-18】 承上例,该单位从预算收入中计提专用基金30 000元,并于次月使用该基金购买职工福利用品30 000元。应做如下预算会计分录:

借:专用结余　　　　　　　　　　　　　　　　　　　　　30 000
　　贷:资金结存——货币资金　　　　　　　　　　　　　　　　30 000

同时,应做如下财务会计分录:

(1) 计提专用基金时:

借:业务活动费用　　　　　　　　　　　　　　　　　　　30 000
　　贷:专用基金　　　　　　　　　　　　　　　　　　　　　　30 000

(2) 使用专用基金时:

借:专用基金　　　　　　　　　　　　　　　　　　　　　30 000
　　贷:银行存款　　　　　　　　　　　　　　　　　　　　　　30 000

二、经营结余

1. 经营结余的含义

经营结余是指事业单位本年度经营活动收支相抵后余额弥补以前年度亏损后的余额。

2. 经营结余的确认与计量

为了核算事业单位本年度经营活动收支相抵后余额弥补以前年度经营亏损后的余额,事业单位应当设置"经营结余"科目。该科目可以按照经营活动类别进行明细核算。

事业单位关于经营结余的账务处理如下:

(1) 年末,将经营预算收入本年发生额转入"经营结余"科目,借记"经营预算收入"科目,贷记"经营结余"科目;将经营支出本年发生额转入经营结余科目,借记"经营结余"科目,贷记"经营支出"科目。

（2）年末,完成上述结转后,如"经营结余"科目为贷方余额,则将"经营结余"科目贷方余额转入"非财政拨款结余分配"科目,借记"经营结余"科目,贷记"非财政拨款结余分配"科目;如"经营结余"科目为借方余额,则为经营亏损,不予结转。年末结账后,"经营结余"科目一般无余额;如为借方余额,则反映事业单位累计发生的经营亏损。

【例10-19】 某事业单位2018年年底经营预算收入为35 000元,经营支出为64 000元,年底进行收支结转。应做如下预算会计处理:

借:经营预算收入　　　　　　　　　　　　　　　　35 000
　　贷:经营结余　　　　　　　　　　　　　　　　　　35 000
借:经营结余　　　　　　　　　　　　　　　　　　64 000
　　贷:经营支出　　　　　　　　　　　　　　　　　　64 000

"经营结余"科目期末为借方余额-29 000元(35 000-64 000),不予结转。若经营预算收入为70 000元,则"经营结余"科目期末为贷方余额6 000元(70 000-64 000),年底结转如下:

借:经营结余　　　　　　　　　　　　　　　　　　6 000
　　贷:非财政拨款结余分配　　　　　　　　　　　　　6 000

三、其他结余

（一）其他结余的含义

其他结余是指行政事业单位本年度除财政拨款收支、非同级财政专项资金收支和经营收支以外各项收支相抵后的余额。

（二）其他结余的确认与计量

为了核算其他结余业务,行政事业单位应当设置"其他结余"科目。

行政事业单位关于其他结余的账务处理如下:

（1）年末,将事业预算收入、上级补助预算收入、附属单位上缴预算收入、非同级财政拨款预算收入、债务预算收入、其他预算收入本年发生额中的非专项资金收入以及投资预算收益本年发生额转入"其他结余"科目,借记"事业预算收入""上级补助预算收入""附属单位上缴预算收入""非同级财政拨款预算收入""债务预算收入""其他预算收入"科目下各非专项资金收入明细科目和"投资预算收益"科目,贷记"其他结余"科目("投资预算收益"科目本年发生额为借方净额时,借记"其他结余"科目,贷记"投资预算收益"科目);将行政支出、事业支出、其他支出本年发生额中的非同级财政、非专项资金支出,以及上缴上级支出、对附属单位补助支出、投资支出、债务还本支出本年发生额转入"其他结余"科目,借记"其他结余"科目,贷记"行政支出""事业支出""其他支出"科目下各非同级财政、非专项资金支出明细科目和"上缴上级支出""对附属单位补助支出""投资支出""债务还本支出"科目。

（2）年末,完成上述结转后,行政单位将"其他结余"科目余额转入"非财政拨款结余——累计结余"科目;事业单位将"其他结余"科目余额转入"非财政拨款结余分配"

科目。当"其他结余"科目为贷方余额时,借记"其他结余"科目,贷记"非财政拨款结余——累计结余"或"非财政拨款结余分配"科目;当"其他结余"科目为借方余额时,借记"非财政拨款结余——累计结余"或"非财政拨款结余分配"科目,贷记"其他结余"科目。年末结账后,"其他结余"科目应无余额。

【例 10-20】 某行政单位 2019 年年底其他预算收入为 50 600 元,其他支出为 10 500 元,年底进行收支结转。应做如下预算会计处理:

  借:其他预算收入   50 600
    贷:其他结余   50 600
  借:其他结余   10 500
    贷:其他支出   10 500
  其他结余年底余额 = 50 600 - 10 500 = 40 100(元)
  借:其他结余   40 100
    贷:非财政拨款结余——累计结余   40 100

第四节 非财政拨款结余分配

一、非财政拨款结余分配的含义

非财政拨款结余分配是指事业单位对本年度非财政拨款结余进行的分配。

二、非财政拨款结余分配的确认与计量

为了核算事业单位本年度非财政拨款结余分配的情况和结果,事业单位应当设置"非财政拨款结余分配"科目。

事业单位关于非财政拨款结余分配的账务处理如下:

(1) 年末,将"其他结余"科目余额转入"非财政拨款结余分配"科目,当"其他结余"科目为贷方余额时,借记"其他结余"科目,贷记"非财政拨款结余分配"科目;当"其他结余"科目为借方余额时,借记"非财政拨款结余分配"科目,贷记"其他结余"科目。

年末,将"经营结余"科目贷方余额转入"非财政拨款结余分配"科目,借记"经营结余"科目,贷记"非财政拨款结余分配"科目。

(2) 根据有关规定提取专用基金的,按照提取的金额,借记"非财政拨款结余分配"科目,贷记"专用结余"科目。

(3) 年末,按照规定完成上述结转和处理后,将"非财政拨款结余分配"科目余额转入"非财政拨款结余——累计结余"科目。当"非财政拨款结余分配"科目为借方余额时,借记"非财政拨款结余——累计结余"科目,贷记"非财政拨款结余分配"科目;当"非财政拨款结余分配"科目为贷方余额时,借记"非财政拨款结余分配"科目,贷记"非财政拨款结余——累计结余"科目。

年末结账后,"非财政拨款结余分配"科目应无余额。

思考题

1. 简述预算结余会计的重要性。
2. 简述资金结存的管理与核算要求。
3. 简述结转结余资金的年终清理工作。
4. 简述非财政拨款结余分配的作用。
5. 简述事业单位其他结余的意义。

业务处理题

某事业单位2018年12月31日非财政拨款结余为80 000元,经营结余为150 000元,按规定年末提取职工福利基金92 000元(该单位职工福利基金提取比例为40%),并于次月使用该基金购买职工福利用品。

要求:做出必要的会计处理。

第十一章 政府财务报告与决算报告

引导案例

政府财务报告公开的意义

2010级新生奖学金是9 000元,2011级新生却只有2 000元。由此,中国政法大学78位2011级法律硕士研究生集体向法院提起诉讼,称校方招生简章中未公布奖学金具体政策的行为违法,并要求补发之前的奖学金。校方回应称,学生的奖学金降低是教育部取消拨款所致。

学生告母校——校方表态"尊重学生起诉权",而学生也是有理有据维护合法权益,且不论是非,这种维权的勇气与作为、理性博弈的范式,确实也是一段佳话。学生觉得奖学金少得可疑,而校方坚称是教育部取消拨款所致,僵持无果,诉诸法律寻求真相也是情有可原。尽管具体细节急需厘清、能否立案有待明确,但这样的个案已经再次将高校财务公开的议题抛到舆论的风口浪尖。

正如参与起诉的学生所言,起诉并不是为了钱,"而是要学校拿出教育部取消拨款的证明",法律维权也是希望能够为推动高校财政依法公开贡献力量。颇有戏剧意义的是,正是中国政法大学教育法中心发布的《2010—2011年度高校信息公开观察总报告》显示,教育部"211工程"中的112所大学中,没有一家高校向社会主动公开学校经费来源和年度经费预算决算方案,也没有一家高校公布其财务资金的具体使用情况。

这就是中国高校财务运营的现状。一方面,高校资金来源日益多元,已经从当年的单一财政拨款转化为财政拨款、学费、产业上交、社会捐赠、科研经费和银行贷款等多种渠道;另一方面,教育部也曾下发过不少要求高校财务公开的相关文件,譬如1997年的《高等学校财务制度》、2002年的《关于全面推进校务公开工作的意见》、2010年的《高等学校信息公开办法》等,遗憾的是,全国各高校迄今在财务公开上仍"后知后觉"。

在此背景之下,高校经济犯罪案件层出不穷。从百年学府武汉大学官场"大地震",到浙江理工大学原副校长夏金荣成为近年涉案金额最高、唯一被判处死刑缓期执行的高校干部,再到长春大学原副校长门树廷受贿一案引得学生感慨"学校这么穷,没想到副校长能受贿近千万元"——基建、招生、采购、财务等环节已经因财务不公开、不透明而成为窝案的多发地带。与之对应的,是民众对此早有诟病。正因如此,当复旦大学图书馆馆长葛剑雄将2009年图书馆的经费开支"晒"在网上时,全国一片"热捧"声。

历史一再证明,没有公开,没有审计,"清水衙门"也会出"硕鼠"。高校不会是天然干净的"象牙塔",唯有制度才能佐证清白。但愿这78名硕士研究生的维权之举,能成为推进全国高校财务公开的正能量。

资料来源:豆丁网(http://www.docin.com/p-562876494.html,访问时间:2019年7月20日,有删改)

思考并讨论:
1. 政府财务报告应包括哪些内容?
2. 政府财务报告应如何披露更合理?
3. 政府财务报告应否通过注册会计师的审计?

第一节 政府财务报告与决算报告概述

一、政府财务报告的含义及其组成

政府财务报告是反映政府会计主体某一特定日期的财务状况和某一会计期间的运行情况和现金流量等信息的文件,应当包括财务报表和其他应当在财务报告中披露的相关信息和资料。财务报表包括会计报表和附注。会计报表至少应当包括资产负债表、收入费用表和净资产变动表。

二、政府决算报告的含义及其组成

政府决算报告是综合反映政府会计主体年度预算收支执行结果的文件,应当包括预算会计报表和其他应当在决算报告中反映的相关信息和资料。《政府会计制度》规定,预算会计报表至少包括预算收入支出表、预算结转结余变动表和财政拨款预算收入支出表。

三、政府财务报告与决算报告的关系

政府财务报告与决算报告两套报告体系并行构成政府会计报告,两者互为补充,有机衔接,形成科学、完整的决算部门财务信息报告体系。

四、政府财务报告与决算报告编制的基础

政府财务报告的编制主要以权责发生制为基础,以财务会计核算生成的数据为准;政府决算报告的编制主要以收付实现制为基础,以预算会计核算生成的数据为准。

五、编制政府财务报告与决算报告的基本要求

编制政府财务报告与决算报告的基本要求如下:
(1)政府会计主体至少应按年度编制政府财务报告与决算报告。
(2)政府财务报告与决算报告应当根据登记完整、核对无误的账簿记录和其他有

关资料编制,做到数字真实、计算准确、内容完整、编报及时。

(3) 政府会计主体如果本年度发生了因前期差错更正、会计政策变更等调整以前年度溢余的事项,则应当对年初余额或上年数中的有关项目金额进行相应的调整。

(4) 政府财务报告与决算报告应当由单位负责人和主管会计工作的负责人、会计机构负责人(会计主管人员)签名并盖章。

第二节 政府财务报表

一、资产负债表

(一)资产负债表的含义和格式

资产负债表是反映政府会计主体在某一特定日期全部资产、负债和净资产情况的报表。资产负债表应按照资产、负债和净资产分类、分项列示。其格式如表11-1所示。

表 11-1 资产负债表

会政财01表

编制单位： 年 月 日 单位:元

资产	期末余额	年初余额	负债和净资产	期末余额	年初余额
流动资产:			流动负债:		
货币资金			短期借款		
短期投资			应交增值税		
财政应返还额度			其他应交税费		
应收票据			应缴财政款		
应收账款净额			应付职工薪酬		
预付账款			应付票据		
应收股利			应付账款		
应收利息			应付政府补贴款		
其他应收款净额			应付利息		
存货			预收账款		
待摊费用			其他应付款		
一年内到期的非流动资产			预提费用		
其他流动资产			一年内到期的非流动负债		
流动资产合计			其他流动负债		
非流动资产:			流动负债合计		
长期股权投资			非流动负债:		

（续表）

资产	期末余额	年初余额	负债和净资产	期末余额	年初余额
长期债券投资			长期借款		
固定资产原值			长期应付款		
减:固定资产累计折旧			预计负债		
固定资产净值			其他非流动负债		
工程物资			非流动负债合计		
在建工程			受托代理负债		
无形资产原值			负债合计		
减:无形资产累计摊销					
无形资产净值					
研发支出					
公共基础设施原值					
减:公共基础设施累计折旧(摊销)					
公共基础设施净值					
政府储备物资					
文物文化资产					
保障性住房原值					
减:保障性住房累计折旧			净资产:		
保障性住房净值			累计盈余		
长期待摊费用			专用基金		
待处理财产损益			权益法调整		
其他非流动资产			无偿调拨净资产*		
非流动资产合计			本期盈余*		
受托代理资产			净资产合计		
资产总计			负债和净资产总计		

注：*为月报项目，年报中无须列示。

(二) 资产负债表的具体内容

1. 资产类项目的具体内容

流动资产项目：

(1) 货币资金项目，反映单位期末库存现金、银行存款、零余额账户用款额度、其他货币资金的合计数。

(2) 短期投资项目，反映事业单位期末持有的短期投资账面余额。

(3) 财政应返还额度项目,反映单位期末财政应返还额度的金额。

(4) 应收票据项目,反映事业单位期末持有的应收票据的票面金额。

(5) 应收账款净额项目,反映单位期末尚未收回的应收账款减去已计提的坏账准备后的净额。

(6) 预付账款项目,反映单位期末预付给商品或者劳务供应单位的款项。

(7) 应收股利项目,反映事业单位期末因股权投资而应收取的现金股利或应当分得的利润。

(8) 应收利息项目,反映事业单位期末因债券投资等而应收取的利息。事业单位购入的到期一次还本付息的长期债券投资持有期间应收的利息,不包括在本项目内。

(9) 其他应收款净额项目,反映单位期末尚未收回的其他应收款减去已计提的坏账准备后的净额。

(10) 存货项目,反映单位期末存储的存货的实际成本。

(11) 待摊费用项目,反映单位期末已经支出,但应当由本期和以后各期负担的分摊期限在1年以内(含1年)的各项费用。

(12) 一年内到期的非流动资产项目,反映单位期末非流动资产项目中将在1年内(含1年)到期的金额,如事业单位将在1年内(含1年)到期的长期债券投资金额。

(13) 其他流动资产项目,反映单位期末除本表中上述各项之外的其他流动资产的合计金额。

非流动资产项目:

(1) 长期股权投资项目,反映事业单位期末持有的长期股权投资的账面余额。

(2) 长期债券投资项目,反映事业单位期末持有的长期债券投资的账面余额。

(3) 固定资产原值项目,反映单位期末固定资产的原值。

(4) 固定资产累计折旧项目,反映单位期末固定资产已计提的累计折旧金额。

(5) 固定资产净值项目,反映单位期末固定资产的账面价值。

(6) 工程物资项目,反映单位期末为在建工程准备的各种物资的实际成本。

(7) 在建工程项目,反映单位期末所有的建设项目工程的实际成本。

(8) 无形资产原值项目,反映单位期末无形资产的原值。

(9) 无形资产累计摊销项目,反映单位期末无形资产已计提的累计摊销金额。

(10) 无形资产净值项目,反映单位期末无形资产的账面价值。

(11) 研发支出项目,反映单位期末正在进行的无形资产开发项目开发阶段发生的累计支出数。

(12) 公共基础设施原值项目,反映单位期末控制的公共基础设施的原值。

(13) 公共基础设施累计折旧(摊销)项目,反映单位期末控制的公共基础设施已计提的累计折旧和累计摊销金额。

(14) 公共基础设施净值项目,反映单位期末控制的公共基础设施的账面价值。

(15) 政府储备物资项目,反映单位期末控制的政府储备物资的实际成本。

(16) 文物文化资产项目,反映单位期末控制的文物文化资产的成本。

(17) 保障性住房原值项目,反映单位期末控制的保障性住房的原值。

（18）保障性住房累计折旧项目，反映单位期末控制的保障性住房已计提的累计折旧金额。

（19）保障性住房净值项目，反映单位期末控制的保障性住房的账面价值。

（20）长期待摊费用项目，反映单位期末已经支出，但应由本期和以后各期负担的分摊期限在 1 年以上（不含 1 年）的各项费用。

（21）待处理财产损溢项目，反映单位期末尚未处理完毕的各种资产的净损失或净溢余。

（22）其他非流动资产项目，反映单位期末除本表中上述各项之外的其他非流动资产的合计数。

（23）受托代理资产项目，反映单位期末受托代理资产的价值。

2. 负债类项目的具体内容

流动负债项目：

（1）短期借款项目，反映事业单位期末短期借款的余额。

（2）应交增值税项目，反映单位期末应缴未缴的增值税税额。

（3）其他应交税费项目，反映单位期末应缴未缴的除增值税以外的税费金额。

（4）应缴财政款项目，反映单位期末应当上缴财政但尚未缴纳的款项。

（5）应付职工薪酬项目，反映单位期末按有关规定应付给职工及为职工支付的各种薪酬。

（6）应付票据项目，反映事业单位期末应付票据的金额。

（7）应付账款项目，反映单位期末应当支付但尚未支付的偿还期限在 1 年以内（含 1 年）的应付账款的金额。

（8）应付政府补贴款项目，反映负责发放政府补贴的行政单位期末按照规定应当支付给政府补贴接受者的各种政府补贴款余额。

（9）应付利息项目，反映事业单位期末按照合同约定应支付的借款利息。事业单位到期一次还本付息的长期借款利息不包括在本项目内。

（10）预收账款项目，反映事业单位期末预先收取但尚未确认收入和实际结算的款项余额。

（11）其他应付款项目，反映单位期末其他各项偿还期限在 1 年以内（含 1 年）的应付及暂收款项余额。

（12）预提费用项目，反映单位期末已预先提取的已经发生但尚未支付的各项费用。

（13）一年内到期的非流动负债项目，反映单位期末将于 1 年内（含 1 年）偿还的非流动负债的余额。

（14）其他流动负债项目，反映单位期末除本表中上述各项之外的其他流动负债的合计数。

非流动负债项目：

（1）长期借款项目，反映事业单位期末长期借款的余额。

（2）长期应付款项目，反映单位期末长期应付款的余额。

(3)预计负债项目,反映单位期末已确认但尚未偿付的预计负债的余额。

(4)其他非流动负债项目,反映单位期末除本表中上述各项之外的其他非流动负债的合计数。

(5)受托代理负债项目,反映单位期末受托代理负债的金额。

3.净资产类项目的具体内容

(1)累计盈余项目,反映单位期末未分配盈余(或未弥补亏损)以及无偿调拨净资产变动的累计数。

(2)专用基金项目,反映事业单位期末累计提取或设置但尚未使用的专用基金余额。

(3)权益法调整项目,反映事业单位期末在被投资单位除净损益和利润分配以外的所有者权益变动中累计享有的份额。

(4)无偿调拨净资产项目,反映单位本年度截至报告期期末无偿调入的非现金资产价值扣减无偿调出的非现金资产价值后的净值。

(5)本期盈余项目,反映单位本年度截至报告期期末实现的累计盈余或亏损。

(三)资产负债表的填列方法

1.年初余额栏的填列

资产负债表年初余额栏内各项数字,应当根据上年度资产负债表期末余额栏内相应数字填列。如果本年度资产负债表规定的项目的名称和内容同上年度不一致,则应当对上年度资产负债表项目的名称和数字按照本年度的规定进行调整,将调整后的数字填入本表年初余额栏内。

如果本年度单位发生了因前期差错更正、会计政策变更等调整以前年度盈余的事项,则还应当对年初余额栏中的有关项目金额进行相应的调整。

2.期末余额栏的填列

资产负债表期末余额栏各项目的填列方法可归纳为如下几种情况:

第一种,根据相关科目的期末余额直接填列。这类项目有:

(1)直接填列的资产项目,包括短期投资、财政应返还额度、应收票据、预付账款、应收股利、应收利息、待摊费用、长期股权投资、固定资产原值、固定资产累计折旧、工程物资、在建工程、无形资产原值、无形资产累计摊销、研发支出、公共基础设施原值、公共基础设施累计折旧(摊销)、政府储备物资、文物文化资产、保障性住房原值、保障性住房累计折旧、长期待摊费用、待处理财产损溢(如为贷方余额,以"-"号填列)。

(2)直接填列的负债项目,包括短期借款、应交增值税(如为借方余额,以"-"号填列)、其他应交税费(如为借方余额,以"-"号填列)、应缴财政款、应付职工薪酬、应付票据、应付账款、应付政府补贴款、应付利息、预收账款、其他应付款、预提费用、预计负债、受托代理负债。

(3)直接填列的净资产项目,包括有累计盈余、专用基金、权益法调整(如为借方余额,以"-"号填列)、无偿调拨净资产(如为借方余额,以"-"号填列)、本期盈余(如为借方余额,以"-"号填列)。

第二种,根据相关科目的期末余额之差填列。这类项目有:

(1) 固定资产净值项目,应当根据"固定资产"科目期末余额减去"固定资产累计折旧"科目期末余额后的金额填列。

(2) 无形资产净值项目,应当根据"无形资产"科目期末余额减去"无形资产累计摊销"科目期末余额后的金额填列。

(3) 公共基础设施净值项目,应当根据"公共基础设施"科目期末余额减去"公共基础设施累计折旧(摊销)"科目期末余额后的金额填列。

(4) 保障性住房净值项目,应当根据"保障性住房"科目期末余额减去"保障性住房累计折旧"科目期末余额后的金额填列。

第三种,根据相关科目的期末余额分析填列。这类项目有:

(1) 货币资金项目:应当根据"库存现金""银行存款""零余额账户用款额度""其他货币资金"科目的期末余额的合计数填列;若单位存在通过"库存现金""银行存款"科目核算的受托代理资产,则还应当按照前述合计数扣减"库存现金""银行存款"科目下"受托代理资产"明细科目的期末余额后的金额填列。

(2) 应收账款净额项目:应当根据"应收账款"科目的期末余额减去"坏账准备"科目中对应收账款计提的坏账准备的期末余额后的金额填列。

(3) 其他应收款净额项目:应当根据"其他应收款"科目的期末余额减去"坏账准备"科目中对其他应收款计提的坏账准备的期末余额后的金额填列。

(4) 存货项目:应当根据"在途物品""库存物品""加工物品"科目的期末余额的合计数填列。

(5) 一年内到期的非流动资产项目:应当根据"长期债券投资"等科目的明细科目的期末余额分析填列。

(6) 其他流动资产项目:应当根据有关科目的期末余额的合计数填列。

(7) 长期债券投资项目:应当根据"长期债券投资"科目的期末余额减去其中将于1年内(含1年)到期的长期债券投资余额后的金额填列。

(8) 其他非流动资产项目:应当根据有关科目的期末余额的合计数填列。

(9) 受托代理资产项目:应当根据"受托代理资产"科目的期末余额与"库存现金""银行存款"科目下"受托代理资产"明细科目的期末余额的合计数填列。

(10) 一年内到期的非流动负债项目:应当根据"长期应付款""长期借款"等科目的明细科目的期末余额分析填列。

(11) 其他流动负债项目:应当根据有关科目的期末余额的合计数填列。

(12) 长期借款项目:应当根据"长期借款"科目的期末余额减去其中将于1年内(含1年)到期的长期借款余额后的金额填列。

(13) 长期应付款项目:应当根据"长期应付款"科目的期末余额减去其中将于1年内(含1年)到期的长期应付款余额后的金额填列。

(14) 其他非流动负债项目:应当根据有关科目的期末余额的合计数填列。

【例11-1】 某单位年末"库存现金"科目的借方余额为3 223 457元,其中受托代理的金额为450 000元;"银行存款"科目的借方余额为950 000元,其中受托代理的金额为 450 000 元;"零余额账户用款额度"科目的借方余额为 340 020 元,其中受托代理的金额为 120 000 元;"其他货币资金"科目的借方余额为 180 000 元,其中受托代理的金额为20 000元。

年末资产负债表货币资金项目填列的金额 =（3 223 457－450 000）+（950 000－450 000）+（340 020－120 000）+（180 000－20 000）= 3653477（元）

第四种,按月编制资产负债表时的填列。单位按月编制资产负债表时,应当遵照以下规定:

(1) 无偿调拨净资产项目,仅在月度报表中列示,年度报表中不列示。月度报表中本项目应当根据"无偿调拨净资产"科目的期末余额填列。

(2) 本期盈余项目,仅在月度报表中列示,年度报表中不列示。

(3) 其他项目,月度资产负债表其他项目的填列方法与年度资产负债表其他项目的填列方法相同。

二、收入费用表

(一) 收入费用表的含义和格式

收入费用表是反映政府会计主体在一定会计期间收支总规模的报表。收入费用表应当按照收入、费用和盈余分类、分项列示。收入费用表的结构分为表头和主体两部分:

(1) 表头部分由表名、编制单位、编表日期和金额单位组成。

(2) 主体部分分列收入、支出和盈余,左方列项目:本期收入、本期费用和本期盈余(本期收入和本期费用下方分别列示各项会计科目),中间列本月数,右方列本年累计数。其格式如表11-2所示。

表 11-2 收入费用表

会政财02表

编制单位:_____   ____年__月   单位:元

项目	本月数	本年累计数
一、本期收入		
(一)财政拨款收入		
其中:政府性基金收入		
(二)事业收入		
(三)上级补助收入		
(四)附属单位上缴收入		
(五)经营收入		
(六)非同级财政拨款收入		
(七)投资收益		
(八)捐赠收入		

(续表)

项目	本月数	本年累计数
(九)利息收入		
(十)租金收入		
(十一)其他收入		
二、本期费用		
(一)业务活动费用		
(二)单位管理费用		
(三)经营费用		
(四)资产处置费用		
(五)上缴上级费用		
(六)对附属单位补助费用		
(七)所得税费用		
(八)其他费用		
三、本期盈余		

(二)收入费用表的编制方法

1. 本表本年累计数栏内各项数字的填列方法

本表本年累计数栏反映各项目自年初至报告期期末的累计实际发生数。编制年度收入费用表时,应当将本栏改为上年数,反映上年度各项目的实际发生数,上年数栏应当根据上年年度收入费用表中本年数栏内所列数字填列。如果本年度收入费用表规定的项目的名称和内容同上年度不一致,则应当对上年度收入费用表项目的名称和数字按照本年度的规定进行调整,将调整后的金额填入本年度收入费用表的上年数栏内。如果本年度单位发生了因前期差错更正、会计政策变更等调整以前年度盈余的事项,则还应当对年度收入费用表中上年数栏中的有关项目金额进行相应的调整。

2. 本表本月数栏各项目的内容和填列方法

本表本月数栏反映各项目的本月实际发生数。编制年度收入费用表时,应当将本栏改为本年数,反映本年度各项目的实际发生数。本表本月数栏各项目的内容和填列方法具体如下:

本期收入:

本期收入项目,反映单位本期收入总额。本项目应当根据本表中财政拨款收入、事业收入、上级补助收入、附属单位上缴收入、经营收入、非同级财政拨款收入、投资收益、捐赠收入、利息收入、租金收入、其他收入项目金额的合计数填列。

(1)财政拨款收入项目,反映单位本期从同级政府财政部门取得的各类财政拨款。本项目应当根据"财政拨款收入"科目的本期发生额填列。其中,政府性基金收入项目,反映单位本期取得的财政拨款收入中属于政府性基金预算财政拨款的金额。本项目应当根据财政拨款收入相关明细科目的本期发生额填列。

（2）事业收入项目，反映事业单位本期开展专业业务活动及其辅助活动实现的收入。本项目应当根据"事业收入"科目的本期发生额填列。

（3）上级补助收入项目，反映事业单位本期从主管部门和上级单位收到或应收的非财政拨款收入。本项目应当根据"上级补助收入"科目的本期发生额填列。

（4）附属单位上缴收入项目，反映事业单位本期收到或应收的独立核算的附属单位按照有关规定上缴的收入。本项目应当根据"附属单位上缴收入"科目的本期发生额填列。

（5）经营收入项目，反映事业单位本期在专业业务活动及其辅助活动之外开展非独立核算经营活动实现的收入。本项目应当根据"经营收入"科目的本期发生额填列。

（6）非同级财政拨款收入项目，反映单位本期从非同级政府财政部门取得的财政拨款，不包括事业单位因开展科研及其辅助活动从非同级政府财政部门取得的经费拨款。本项目应当根据"非同级财政拨款收入"科目的本期发生额填列。

（7）投资收益项目，反映事业单位本期股权投资和债券投资所实现的收益或发生的损失。本项目应当根据"投资收益"科目的本期发生额填列；如为投资净损失，则以"-"号填列。

（8）捐赠收入项目，反映单位本期接受捐赠取得的收入。本项目应当根据"捐赠收入"科目的本期发生额填列。

（9）利息收入项目，反映单位本期取得的银行存款利息收入。本项目应当根据"利息收入"科目的本期发生额填列。

（10）租金收入项目，反映单位本期经批准利用国有资产出租取得并按规定纳入本单位预算管理的租金收入。本项目应当根据"租金收入"科目的本期发生额填列。

（11）其他收入项目，反映单位本期取得的除以上收入项目外的其他收入的总额。本项目应当根据"其他收入"科目的本期发生额填列。

本期费用：

本期费用项目，反映单位本期费用总额。本项目应当根据本表中业务活动费用、单位管理费用、经营费用、资产处置费用、上缴上级费用、对附属单位补助费用、所得税费用和其他费用项目金额的合计数填列。

（1）业务活动费用项目，反映单位本期为实现其职能目标，依法履职或开展专业业务活动及其辅助活动所发生的各项费用。本项目应当根据"业务活动费用"科目的本期发生额填列。

（2）单位管理费用项目，反映事业单位本期本级行政及后勤管理部门开展管理活动发生的各项费用，以及由单位统一负担的离退休人员经费、工会经费、诉讼费、中介费等。本项目应当根据"单位管理费用"科目的本期发生额填列。

（3）经营费用项目，反映事业单位本期在专业业务活动及其辅助活动之外开展非独立核算经营活动发生的各项费用。本项目应当根据"经营费用"科目的本期发生额填列。

（4）资产处置费用项目，反映单位本期经批准处置资产时转销的资产价值以及在处置过程中发生的相关费用或者处置收入小于处置费用形成的净支出。本项目应当根据"资产处置费用"科目的本期发生额填列。

（5）上缴上级费用项目，反映事业单位按照规定上缴上级单位款项发生的费用。本项目应当根据"上缴上级费用"科目的本期发生额填列。

（6）对附属单位补助费用项目，反映事业单位用财政拨款收入之外的收入对附属单位补助发生的费用。本项目应当根据"对附属单位补助费用"科目的本期发生额填列。

（7）所得税费用项目，反映有企业所得税缴纳义务的事业单位本期计算应交纳的企业所得税。本项目应当根据"所得税费用"科目的本期发生额填列。

（8）其他费用项目，反映单位本期发生的除以上费用项目外的其他费用的总额。本项目应当根据"其他费用"科目的本期发生额填列。

本期盈余：

本期盈余项目，反映单位本期收入扣除本期费用后的净额。本项目应当根据本表中本期收入项目金额减去本期费用项目金额后的金额填列；如为负数，则以"-"号填列。

【例11-2】 某事业单位2019年度收入、费用类科目发生额如表11-3所示。该事业单位无企业所得税缴纳义务。

表11-3 收入、费用类科目发生额

单位：元

费用类	本年累计数	收入类	本年累计数
业务活动费用	11 000 000	财政拨款收入	10 000 000
单位管理费用	200 000	其中：公共预算收入	8 500 000
经营费用	156 000	政府性基金收入	1 500 000
资产处置费用	280 000	事业收入	6 180 000
上缴上级费用	5 320 000	上级补助收入	1 824 000
对附属单位补助费用	1 512 000	附属单位上缴收入	300 000
所得税费用	0	经营收入	252 000
其他费用	60 000	非同级财政拨款收入	200 000
		投资收益	10 000
		捐赠收入	75 000
		利息收入	20 000
		租金收入	20 000
		其他收入	144 000
费用合计	18 528 000	收入合计	19 025 000

编制该事业单位2019年度收入费用表时，省略了上年数一栏，本年数一栏主要项目的填列说明如下：

本期收入：

本期收入 = 10 000 000+1 824 000+6 180 000+252 000+200 000+10 000+75 000+20 000+20 000+144 000 = 19 025 000(元)

本期费用：

本期费用 = 11 000 000+200 000+156 000+280 000+5 320 000+1 512 000+60 000 = 18 528 000(元)

本期盈余：

本期盈余 = 19 025 000-18 528 000 = 497 000(元)

该事业单位2019年度收入费用表如表11-4所示。

表11-4 收入费用表

会政财02表

编制单位：××事业单位　　　　2019年度　　　　　　　　　　　单位：元

项目	本月数（略）	本年累计数
一、本期收入		19 025 000
（一）财政拨款收入		10 000 000
其中：政府性基金收入		1 500 000
（二）事业收入		6 180 000
（三）上级补助收入		1 824 000
（四）附属单位上缴收入		300 000
（五）经营收入		252 000
（六）非同级财政拨款收入		200 000
（七）投资收益		10 000
（八）捐赠收入		75 000
（九）利息收入		20 000
（十）租金收入		20 000
（十一）其他收入		144 000
二、本期费用		18 528 000
（一）业务活动费用		11 000 000
（二）单位管理费用		20 000
（三）经营费用		156 000
（四）资产处置费用		280 000
（五）上缴上级费用		5 320 000
（六）对附属单位补助费用		1 512 000
（七）所得税费用		0
（八）其他费用		60 000
三、本期盈余		497 000

三、净资产变动表

（一）净资产变动表的含义和格式

净资产变动表是反映政府会计主体在某一会计年度内净资产项目变动情况的报表。净资产变动表既能够为报表使用者提供净资产变动的规模信息，又能够为报表使用者提供净资产变动的结构性信息，特别是能够让报表使用者理解净资产变动的根源。净资产变动表采用矩阵式格式，反映净资产各明细项目在会计年度内的增减变动情况。矩阵式即系统式、多维式，矩阵式报表主要用于多条件数据统计，只有汇总数据，但是查看起来更清晰，更适合在数据分析时使用。其格式如表 11-5 所示：

表 11-5　净资产变动表

会政财 03 表
编制单位：　　　　　　　　　　年　月　日　　　　　　　　　　单位：元

项　目	本年数				上年数			
	累计盈余	专用基金	权益法调整	净资产合计	累计盈余	专用基金	权益法调整	净资产合计
一、上年年末余额								
二、以前年度盈余调整（减少以"-"号填列）		—	—			—	—	
三、本年年初余额								
四、本年变动金额（减少以"-"号填列）								
（一）本年盈余		—	—			—	—	
（二）无偿调拨净资产								
（三）归集调整预算结转结余								
（四）提取或设置专用基金								
其中：从预算收入中提取	—		—	—	—		—	—
从预算结余中提取			—	—			—	—
设置的专用基金			—	—			—	—
（五）使用专用基金			—	—			—	—
（六）权益法调整	—	—			—	—		
五、本年年末余额								

注："—"表示单元格无须填列。

（二）净资产变动表的编制方法

净资产变动表上年数栏反映上年度各项目的实际变动数，应当根据上年度净资产变动表中本年数栏内所列数字填列。如果上年度净资产变动表规定的项目的名称和内容同本年度不一致，则应对上年度净资产变动表项目的名称和数字按照本年度的规定进行调整,将调整后的金额填入本年度净资产变动表的上年数栏内。

净资产变动表本年数栏反映本年度各项目的实际变动数。本年数栏各项目的内容和填列方法具体如下:

(1) 上年年末余额行,反映单位净资产各项目上年年末的余额。本行累计盈余、专用基金、权益法调整项目应当根据"累计盈余""专用基金""权益法调整"科目上年年末余额填列。

(2) 以前年度盈余调整行,反映单位本年度调整以前年度盈余的事项对累计盈余进行调整的金额。本行累计盈余项目应当根据本年度"以前年度盈余调整"科目转入"累计盈余"科目的金额填列;如调整减少累计盈余,则以"-"号填列。

(3) 本年年初余额行,反映经过以前年度盈余调整后,单位净资产各项目的本年年初余额。本行累计盈余、专用基金、权益法调整项目应当根据其各自在上年年末余额和以前年度盈余调整行对应项目金额的合计数填列。

(4) 本年变动金额行,反映单位净资产各项目本年变动总金额。本行累计盈余、专用基金、权益法调整项目应当根据其各自在本年盈余、无偿调拨净资产、归集调整预算结转结余、提取或设置专用基金、使用专用基金、权益法调整行对应项目金额的合计数填列。

(5) 本年盈余行,反映单位本年发生的收入、费用对净资产的影响。本行累计盈余项目应当根据年末由"本期盈余"科目转入"本年盈余分配"科目的金额填列;如转入时借记"本年盈余分配"科目,则以"-"号填列。

(6) 无偿调拨净资产行,反映单位本年无偿调入、调出非现金资产事项对净资产的影响。本行累计盈余项目应当根据年末由"无偿调拨净资产"科目转入"累计盈余"科目的金额填列;如转入时借记"累计盈余"科目,则以"-"号填列。

(7) 归集调整预算结转结余行,反映单位本年财政拨款结转结余资金归集调入、归集上缴或调出,以及非财政拨款结转资金缴回对净资产的影响。本行累计盈余项目应当根据"累计盈余"科目明细账的记录分析填列;如归集调整减少预算结转结余,则以"-"号填列。

(8) 提取或设置专用基金行,反映单位本年提取或设置专用基金对净资产的影响。本行累计盈余项目应当根据从预算结余中提取行累计盈余项目的金额填列。本行专用基金项目应当根据从预算收入中提取、从预算结余中提取、设置的专用基金行专用基金项目金额的合计数填列。

从预算收入中提取行,反映单位本年从预算收入中提取专用基金对净资产的影响。本行专用基金项目应当通过对"专用基金"科目明细账记录的分析,根据本年按有关规定从预算收入中提取基金的金额填列。

从预算结余中提取行,反映单位本年根据有关规定从本年度非财政拨款结余或经营结余中提取专用基金对净资产的影响。本行累计盈余、专用基金项目应当通过对"专用基金"科目明细账记录的分析,根据本年按有关规定从本年度非财政拨款结余或经营结余中提取专用基金的金额填列;本行累计盈余项目以"-"号填列。

设置的专用基金行,反映单位本年根据有关规定设置的其他专用基金对净资产的影响。本行专用基金项目应当通过对"专用基金"科目明细账记录的分析,根据本年按有关规定设置的其他专用基金的金额填列。

(9)使用专用基金行,反映单位本年按规定使用专用基金对净资产的影响。本行累计盈余、专用基金项目应当通过对"专用基金"科目明细账记录的分析,根据本年按规定使用专用基金的金额填列;本行专用基金项目以"-"号填列。

(10)权益法调整行,反映单位本年按照被投资单位除净损益和利润分配以外的所有者权益变动份额而调整长期股权投资账面余额对净资产的影响。本行权益法调整项目应当根据"权益法调整"科目本年发生额填列;若本年净发生额为借方时,以"-"号填列。

(11)本年年末余额行,反映单位本年各净资产项目的年末余额。本行累计盈余、专用基金、权益法调整项目应当根据其各自在本年年初余额、本年变动金额行对应项目金额的合计数填列。

(12)本表各行净资产合计项目,应当根据所在行累计盈余、专用基金、权益法调整项目金额的合计数填列。

四、现金流量表

(一)现金流量表的含义和格式

现金流量表是反映政府会计主体在某一会计年度内现金流入和流出情况的报表。其格式如表11-6所示。

表11-6 现金流量表

会政财04表

编制单位: 年 单位:元

项目	本年金额	上年金额
一、日常活动产生的现金流量:		
财政基本支出拨款收到的现金		
财政非资本性项目拨款收到的现金		
事业活动收到的除财政拨款以外的现金		
收到的其他与日常活动有关的现金		
日常活动的现金流入小计		
购买商品、接受劳务支付的现金		
支付给职工以及为职工支付的现金		
支付的各项税费		
支付的其他与日常活动有关的现金		
日常活动的现金流出小计		
日常活动产生的现金流量净额		
二、投资活动产生的现金流量:		
收回投资收到的现金		

(续表)

项目	本年金额	上年金额
取得投资收益收到的现金		
处置固定资产、无形资产、公共基础设施等收回的现金净额		
收到的其他与投资活动有关的现金		
投资活动的现金流入小计		
购建固定资产、无形资产、公共基础设施等支付的现金		
对外投资支付的现金		
上缴处置固定资产、无形资产、公共基础设施等净收入支付的现金		
支付的其他与投资活动有关的现金		
投资活动的现金流出小计		
投资活动产生的现金流量净额		
三、筹资活动产生的现金流量：		
财政资本性项目拨款收到的现金		
取得借款收到的现金		
收到的其他与筹资活动有关的现金		
筹资活动的现金流入小计		
偿还借款支付的现金		
偿还利息支付的现金		
支付的其他与筹资活动有关的现金		
筹资活动的现金流出小计		
筹资活动产生的现金流量净额		
四、汇率变动对现金的影响额		
五、现金净增加额		

(二) 现金流量表的编制方法

现金流量表应当采用直接法编制，表中所指的现金，是指单位的库存现金以及其他可以随时用于支付的款项，包括库存现金、可以随时用于支付的银行存款、其他货币资金、零余额账户用款额度、财政应返还额度以及通过财政直接支付方式支付的款项。

现金流量表上年金额栏反映各项目的上年实际发生数，应当根据上年现金流量表中本年金额栏内所列数字填列。

现金流量表本年金额栏反映各项目的本年实际发生数。根据单位现金流量的来源，现金流量可以分为日常活动产生的现金流量、投资活动产生的现金流量和筹资活动

产生的现金流量三大类,具体内容如下:

1. 日常活动产生的现金流量

流入量:

(1) 财政基本支出拨款收到的现金项目,反映单位本年接受财政基本支出拨款取得的现金。本项目应当根据"零余额账户用款额度""财政拨款收入""银行存款"等科目及其所属明细科目的记录分析填列。

(2) 财政非资本性项目拨款收到的现金项目,反映单位本年接受除用于购建固定资产、无形资产、公共基础设施等资本性项目以外的财政项目拨款取得的现金。本项目应当根据"银行存款""零余额账户用款额度""财政拨款收入"等科目及其所属明细科目的记录分析填列。

(3) 事业活动收到的除财政拨款以外的现金项目,反映事业单位本年开展专业业务活动及其辅助活动取得的除财政拨款以外的现金。本项目应当根据"库存现金""银行存款""其他货币资金""应收账款""应收票据""预收账款""事业收入"等科目及其所属明细科目的记录分析填列。

(4) 收到的其他与日常活动有关的现金项目,反映单位本年收到的除以上项目之外的与日常活动有关的现金。本项目应当根据"库存现金""银行存款""其他货币资金""上级补助收入""附属单位上缴收入""经营收入""非同级财政拨款收入""捐赠收入""利息收入""租金收入""其他收入"等科目及其所属明细科目的记录分析填列。

(5) 日常活动的现金流入小计项目,反映单位本年日常活动产生的现金流入的合计数。本项目应当根据本表中财政基本支出拨款收到的现金、财政非资本性项目拨款收到的现金、事业活动收到的除财政拨款以外的现金、收到的其他与日常活动有关的现金项目金额的合计数填列。

流出量:

(1) 购买商品、接受劳务支付的现金项目,反映单位本年在日常活动中用于购买商品、接受劳务支付的现金。本项目应当根据"库存现金""银行存款""财政拨款收入""零余额账户用款额度""预付账款""在途物品""库存物品""应付账款""应付票据""业务活动费用""单位管理费用""经营费用"等科目及其所属明细科目的记录分析填列。

(2) 支付给职工以及为职工支付的现金项目,反映单位本年支付给职工以及为职工支付的现金。本项目应当根据"库存现金""银行存款""零余额账户用款额度""财政拨款收入""应付职工薪酬""业务活动费用""单位管理费用""经营费用"等科目及其所属明细科目的记录分析填列。

(3) 支付的各项税费项目,反映单位本年用于缴纳日常活动相关税费而支付的现金。本项目应当根据"库存现金""银行存款""零余额账户用款额度""应交增值税""其他应交税费""业务活动费用""单位管理费用""经营费用""所得税费用"等科目及其所属明细科目的记录分析填列。

(4) 支付的其他与日常活动有关的现金项目,反映单位本年支付的除上述项目之外与日常活动有关的现金。本项目应当根据"库存现金""银行存款""零余额账户用款额度""财政拨款收入""其他应付款""业务活动费用""单位管理费用""经营费用""其他费用"等科目及其所属明细科目的记录分析填列。

(5)日常活动的现金流出小计项目,反映单位本年日常活动产生的现金流出的合计数。本项目应当根据本表中购买商品、接受劳务支付的现金,支付给职工以及为职工支付的现金,支付的各项税费,支付的其他与日常活动有关的现金项目金额的合计数填列。

现金流量净额:

日常活动产生的现金流量净额项目,应当按照本表中日常活动的现金流入小计项目金额减去日常活动的现金流出小计项目金额后的金额填列;如为负数,则以"-"号填列。

2. 投资活动产生的现金流量

流入量:

(1)收回投资收到的现金项目,反映单位本年出售、转让或者收回投资收到的现金。本项目应当根据"库存现金""银行存款""短期投资""长期股权投资""长期债券投资"等科目的记录分析填列。

(2)取得投资收益收到的现金项目,反映单位本年因对外投资而收到被投资单位分配的股利或利润,以及收到投资利息所取得的现金。本项目应当根据"库存现金""银行存款""应收股利""应收利息""投资收益"等科目的记录分析填列。

(3)处置固定资产、无形资产、公共基础设施等收回的现金净额项目,反映单位本年处置固定资产、无形资产、公共基础设施等非流动资产所取得的现金,减去为处置这些资产而支付的有关费用之后的净额。由自然灾害造成的固定资产等长期资产损失而收到的保险赔款收入,也在本项目反映。本项目应当根据"库存现金""银行存款""待处理财产损溢"等科目的记录分析填列。

(4)收到的其他与投资活动有关的现金项目,反映单位本年收到的除上述项目之外与投资活动有关的现金。对于金额较大的现金流入,应当单列项目反映。本项目应当根据"库存现金""银行存款"等有关科目的记录分析填列。

(5)投资活动的现金流入小计项目,反映单位本年投资活动产生的现金流入的合计数。本项目应当根据本表中收回投资收到的现金,取得投资收益收到的现金,处置固定资产、无形资产、公共基础设施等收回的现金净额,收到的其他与投资活动有关的现金项目金额的合计数填列。

流出量:

(1)购建固定资产、无形资产、公共基础设施等支付的现金项目,反映单位本年购买和建造固定资产、无形资产、公共基础设施等非流动资产所支付的现金;融资租入固定资产支付的租赁费不在本项目反映,在筹资活动产生的现金流量中反映。本项目应当根据"库存现金""银行存款""固定资产""工程物资""在建工程""无形资产""研发支出""公共基础设施""保障性住房"等科目的记录分析填列。

(2)对外投资支付的现金项目,反映单位本年为取得短期投资、长期股权投资、长期债券投资而支付的现金。本项目应当根据"库存现金""银行存款""短期投资""长期股权投资""长期债券投资"等科目的记录分析填列。

(3)上缴处置固定资产、无形资产、公共基础设施等净收入支付的现金项目,反映本年单位将处置固定资产、无形资产、公共基础设施等非流动资产所收回的现金净额予以上缴财政所支付的现金。本项目应当根据"库存现金""银行存款""应缴财政款"等科目的记录分析填列。

(4)支付的其他与投资活动有关的现金项目,反映单位本年支付的除上述项目之外与投资活动有关的现金。对于金额较大的现金流出,应当单列项目反映。本项目应当根据"库存现金""银行存款"等有关科目的记录分析填列。

(5)投资活动的现金流出小计项目,反映单位本年投资活动产生的现金流出的合计数。本项目应当根据本表中购建固定资产、无形资产、公共基础设施等支付的现金,对外投资支付的现金,上缴处置固定资产、无形资产、公共基础设施等净收入支付的现金,支付的其他与投资活动有关的现金项目金额的合计数填列。

现金流量净额:

投资活动产生的现金流量净额项目,应当按照本表中投资活动的现金流入小计项目金额减去投资活动的现金流出小计项目金额后的金额填列;如为负数,则以"-"号填列。

3. 筹资活动产生的现金流量

流入量:

(1)财政资本性项目拨款收到的现金项目,反映单位本年接受用于购建固定资产、无形资产、公共基础设施等资本性项目的财政项目拨款取得的现金。本项目应当根据"银行存款""零余额账户用款额度""财政拨款收入"等科目及其所属明细科目的记录分析填列。

(2)取得借款收到的现金项目,反映事业单位本年举借短期、长期借款所收到的现金。本项目应当根据"库存现金""银行存款""短期借款""长期借款"等科目的记录分析填列。

(3)收到的其他与筹资活动有关的现金项目,反映单位本年收到的除上述项目之外与筹资活动有关的现金。对于金额较大的现金流入,应当单列项目反映。本项目应当根据"库存现金""银行存款"等有关科目的记录分析填列。

(4)筹资活动的现金流入小计项目,反映单位本年筹资活动产生的现金流入的合计数。本项目应当根据本表中财政资本性项目拨款收到的现金、取得借款收到的现金、收到的其他与筹资活动有关的现金项目金额的合计数填列。

流出量:

(1)偿还借款支付的现金项目,反映事业单位本年偿还借款本金所支付的现金。本项目应当根据"库存现金""银行存款""短期借款""长期借款"等科目的记录分析填列。

(2)偿付利息支付的现金项目,反映事业单位本年支付的借款利息等。本项目应当根据"库存现金""银行存款""应付利息""长期借款"等科目的记录分析填列。

(3)支付的其他与筹资活动有关的现金项目,反映单位本年支付的除上述项目之外与筹资活动有关的现金,如融资租入固定资产所支付的租赁费。本项目应当根据"库存现金""银行存款""长期应付款"等科目的记录分析填列。

（4）筹资活动的现金流出小计项目，反映单位本年筹资活动产生的现金流出的合计数。本项目应当根据本表中偿还借款支付的现金、偿付利息支付的现金、支付的其他与筹资活动有关的现金项目金额的合计数填列。

现金流量净额：

筹资活动产生的现金流量净额项目，应当按照本表中筹资活动的现金流入小计项目金额减去筹资活动的现金流出小计项目金额后的金额填列；如为负数，则以"-"号填列。

以上三大部分内容就构成了现金流量表的主体部分。

4. 其他

（1）汇率变动对现金的影响额项目，反映单位本年外币现金流量折算为人民币时，采用现金流量发生日的汇率折算的人民币金额与外币现金流量净额按期末汇率折算的人民币金额之间的差额。

（2）现金净增加额项目，反映单位本年现金变动的净额。本项目应当根据本表中日常活动产生的现金流量净额、投资活动产生的现金流量净额、筹资活动产生的现金流量净额和汇率变动对现金的影响额项目金额的合计数填列；如为负数，则以"-"号填列。

（三）现金流量表的作用

现金流量表的目的就是反映政府会计主体在一段时期内资金的流入、流出情况，包括资金的数量、资金的来源以及资金出入的原因等。具体来说，现金流量表具体有以下作用：

（1）可以弥补资产负债表的不足。我国的政府现金流量表是按收付实现制编制的，而资产负债表、收入费用表及净资产变动表都是按权责发生制编制的。权责发生制的一大特点就是"确定了收入，但不一定收到了钱"，所以，这个时候就需要用按收付实现制编制的现金流量表作为补充，以反映政府会计主体真实的资金状况。

（2）可以对政府会计主体的现金流量进行直观考察。现金流量表可以很好地反映政府会计主体资金的运转情况，不管是政府管理人员还是供货商、投资人，通过现金流量表都能找到自己需要的信息，并对政府会计主体整体的财务状况做出客观的评价；无论是政府管理人员还是投资人、债权人，都需要了解政府会计主体资产、负债和所有者权益的变动情况，更需要了解政府会计主体现金流的构成和流向信息，因为现金流就好比政府会计主体的血液。从这一点上来说，也对财会人员的专业素养提出了挑战，一个合格的财会人员，不仅要学会编制现金流量表，更要学会读懂、分析隐藏在现金流量表中的小秘密，这样才能做好单位的资产管理和财务统筹。

第三节 政府预算报表

一、预算收入支出表

（一）预算收入支出表的含义和格式

预算收入支出表是反映政府会计主体在某一会计年度内各项预算收入、预算支出和预算收支差额情况的报表。其格式如表11-7所示。

表 11-7　预算收入支出表

会政预 01 表

编制单位：　　　　　　　　　　　　　年　　　　　　　　　　　　　单位:元

项　目	本年数	上年数
一、本年预算收入		
（一）财政拨款预算收入		
其中:政府性基金收入		
（二）事业预算收入		
（三）上级补助预算收入		
（四）附属单位上缴预算收入		
（五）经营预算收入		
（六）债务预算收入		
（七）非同级财政拨款预算收入		
（八）投资预算收益		
（九）其他预算收入		
其中:利息预算收入		
捐赠预算收入		
租金预算收入		
二、本年预算支出		
（一）行政支出		
（二）事业支出		
（三）经营支出		
（四）上缴上级支出		
（五）对附属单位补助支出		
（六）投资支出		
（七）债务还本支出		
（八）其他支出		
其中:利息支出		
捐赠支出		
三、本年预算收支差额		

（二）预算收入支出表的编制方法

1. 本表上年数栏内各项数字的填列方法

本表上年数栏反映各项目的上年实际发生数,应当根据上年度预算收入支出表中本年数栏内所列数字填列。如果本年度预算收入支出表规定的项目的名称和内容同上年度不一致,则应当对上年度预算收入支出表项目的名称和数字按照本年度的规定进行调整,将调整后的金额填入本年度预算收入支出表的上年数栏。

2. 本表本年数栏各项目的内容和填列方法

本年预算收入:

(1) 本年预算收入项目,反映单位本年预算收入总额。本项目应当根据本表中财政拨款预算收入、事业预算收入、上级补助预算收入、附属单位上缴预算收入、经营预算收入、债务预算收入、非同级财政拨款预算收入、投资预算收益、其他预算收入项目金额的合计数填列。

(2) 财政拨款预算收入项目,反映单位本年从同级政府财政部门取得的各类财政拨款。本项目应当根据"财政拨款预算收入"科目的本年发生额填列。其中,政府性基金收入项目,反映单位本年取得的财政拨款收入中属于政府性基金预算财政拨款的金额。本项目应当根据"财政拨款预算收入"相关明细科目的本年发生额填列。

(3) 事业预算收入项目,反映事业单位本年开展专业业务活动及其辅助活动取得的预算收入。本项目应当根据"事业预算收入"科目的本年发生额填列。

(4) 上级补助预算收入项目,反映事业单位本年从主管部门和上级单位取得的非财政补助预算收入。本项目应当根据"上级补助预算收入"科目的本年发生额填列。

(5) 附属单位上缴预算收入项目,反映事业单位本年收到的独立核算的附属单位按照有关规定上缴的预算收入。本项目应当根据"附属单位上缴预算收入"科目的本年发生额填列。

(6) 经营预算收入项目,反映事业单位本年在专业业务活动及其辅助活动之外开展非独立核算经营活动取得的预算收入。本项目应当根据"经营预算收入"科目的本年发生额填列。

(7) 债务预算收入项目,反映事业单位本年按照规定从金融机构等借入的、纳入部门预算管理的债务预算收入。本项目应当根据"债务预算收入"的本年发生额填列。

(8) 非同级财政拨款预算收入项目,反映单位本年从非同级政府财政部门取得的财政拨款。本项目应当根据"非同级财政拨款预算收入"科目的本年发生额填列。

(9) 投资预算收益项目,反映事业单位本年取得的按规定纳入单位预算管理的投资收益。本项目应当根据"投资预算收益"科目的本年发生额填列。

(10) 其他预算收入项目,反映单位本年取得的除上述收入以外的纳入单位预算管理的各项预算收入。本项目应当根据"其他预算收入"科目的本年发生额填列。

利息预算收入项目,反映单位本年取得的利息预算收入。本项目应当根据"其他预算收入"科目明细账的记录分析填列。单位单设"利息预算收入"科目的,应当根据"利息预算收入"科目的本年发生额填列。

捐赠预算收入项目,反映单位本年取得的捐赠预算收入。本项目应当根据"其他预算收入"科目明细账的记录分析填列。单位单设"捐赠预算收入"科目的,应当根据"捐赠预算收入"科目的本年发生额填列。

租金预算收入项目,反映单位本年取得的租金预算收入。本项目应当根据"其他预算收入"科目明细账的记录分析填列。单位单设"租金预算收入"科目的,应当根据"租金预算收入"科目的本年发生额填列。

本年预算支出：

（1）本年预算支出项目，反映单位本年预算支出总额。本项目应当根据本表中行政支出、事业支出、经营支出、上缴上级支出、对附属单位补助支出、投资支出、债务还本支出和其他支出项目金额的合计数填列。

（2）行政支出项目，反映行政单位本年履行职责实际发生的支出。本项目应当根据"行政支出"科目的本年发生额填列。

（3）事业支出项目，反映事业单位本年开展专业业务活动及其辅助活动发生的支出。本项目应当根据"事业支出"科目的本年发生额填列。

（4）经营支出项目，反映事业单位本年在专业业务活动及其辅助活动之外开展非独立核算经营活动发生的支出。本项目应当根据"经营支出"科目的本年发生额填列。

（5）上缴上级支出项目，反映事业单位本年按照财政部门和主管部门的规定上缴上级单位的支出。本项目应当根据"上缴上级支出"科目的本年发生额填列。

（6）对附属单位补助支出项目，反映事业单位本年用财政拨款收入之外的收入对附属单位补助发生的支出。本项目应当根据"对附属单位补助支出"科目的本年发生额填列。

（7）投资支出项目，反映事业单位本年以货币资金对外投资发生的支出。本项目应当根据"投资支出"科目的本年发生额填列。

（8）债务还本支出项目，反映事业单位本年偿还自身承担的纳入预算管理的从金融机构举借的债务本金的支出。本项目应当根据"债务还本支出"科目的本年发生额填列。

（9）其他支出项目，反映单位本年除以上支出以外的各项支出。本项目应当根据"其他支出"科目的本年发生额填列。

利息支出项目，反映单位本年发生的利息支出。本项目应当根据"其他支出"科目明细账的记录分析填列。单位单设"利息支出"科目的，应当根据"利息支出"科目的本年发生额填列。

捐赠支出项目，反映单位本年发生的捐赠支出。本项目应当根据"其他支出"科目明细账的记录分析填列。单位单设"捐赠支出"科目的，应当根据"捐赠支出"科目的本年发生额填列。

本年预算收支差额：

本年预算收支差额项目，反映单位本年各项预算收支相抵后的差额。本项目应当根据本表中本年预算收入项目金额减去本年预算支出项目金额后的金额填列；如相减后金额为负，则以"-"号填列。

二、预算结转结余变动表

（一）预算结转结余变动表的含义和格式

预算结转结余变动表是反映政府会计主体在某一会计年度内预算结转结余变动情况的报表。其格式如表11-8所示。

表 11-8　预算结转结余变动表

会政预 02 表

编制单位：　　　　　　　　　　　　　年　　　　　　　　　　　　　单位：元

项　　目	本年数	上年数
一、年初预算结转结余		
（一）财政拨款结转结余		
（二）其他资金结转结余		
二、年初余额调整（减少以"-"号填列）		
（一）财政拨款结转结余		
（二）其他资金结转结余		
三、本年变动金额（减少以"-"号填列）		
（一）财政拨款结转结余		
1.本年收支差额		
2.归集调入		
3.归集上缴或调出		
（二）其他资金结转结余		
1.本年收支差额		
2.撤回资金		
3.使用专用结余		
4.支付所得税		
四、年末预算结转结余		
（一）财政拨款结转结余		
1.财政拨款结转		
2.财政拨款结转		
（二）其他资金结转结余		
1.非财政拨款结转		
2.非财政拨款结转		
3.专用结余		
4.经营结余（如有余额，以"-"号填列）		

（二）预算结转结余表的编制方法

本表上年数栏反映各项目的上年实际发生数，应当根据上年度预算结转结余变动表中本年数栏内所列数字填列。如果本年度预算结转结余变动表规定的项目的名称和内容同上年度不一致，则应当对上年度预算结转结余变动表项目的名称和数字按照本年度的规定进行调整，将调整后的金额填入本年度预算结转结余变动表的上年数栏。

本表本年数栏反映各项目的本年实际发生数。本表本年数栏各项目的内容和填列方法如下：

1. 年初预算结转结余项目

年初预算结转结余项目,反映单位本年预算结转结余的年初余额。本项目应当根据本项目下财政拨款结转结余、其他资金结转结余项目金额的合计数填列。

(1) 财政拨款结转结余项目,反映单位本年财政拨款结转结余资金的年初余额。本项目应当根据"财政拨款结转""财政拨款结余"科目本年年初余额的合计数填列。

(2) 其他资金结转结余项目,反映单位本年其他资金结转结余的年初余额。本项目应当根据"非财政拨款结转""非财政拨款结余""专用结余""经营结余"科目本年年初余额的合计数填列。

2. 年初余额调整项目

年初余额调整项目,反映单位本年预算结转结余年初余额调整的金额。本项目应当根据本项目下财政拨款结转结余、其他资金结转结余项目金额的合计数填列。

(1) 财政拨款结转结余项目,反映单位本年财政拨款结转结余年初余额调整的金额。本项目应当根据"财政拨款结转""财政拨款结余"科目下"年初余额调整"明细科目的本年发生额的合计数填列;如调整减少年初财政拨款结转结余,则以"-"号填列。

(2) 其他资金结转结余项目,反映单位本年其他资金结转结余年初余额调整的金额。本项目应当根据"非财政拨款结转""非财政拨款结余"科目下"年初余额调整"明细科目的本年发生额的合计数填列;如调整减少年初其他资金结转结余,则以"-"号填列。

3. 本年变动金额项目

本年变动金额项目,反映单位本年预算结转结余变动的金额。本项目应当根据本项目下财政拨款结转结余、其他资金结转结余项目金额的合计数填列。

(1) 财政拨款结转结余项目,反映单位本年财政拨款结转结余的变动。本项目应当根据本项目下本年收支差额、归集调入、归集上缴或调出项目金额的合计数填列。

本年收支差额项目,反映单位本年财政拨款资金收支相抵后的差额。本项目应当根据"财政拨款结转"科目下"本年收支结转"明细科目本年转入的预算收入与预算支出的差额填列;如为负数,则以"-"号填列。

归集调入项目,反映单位本年按照规定从其他单位归集调入的财政拨款结转资金。本项目应当根据"财政拨款结转"科目下"归集调入"明细科目的本年发生额填列。

归集上缴或调出项目,反映单位本年按照规定上缴的财政拨款结转结余资金及按照规定向其他单位调出的财政拨款结转资金。本项目应当根据"财政拨款结转""财政拨款结余"科目下"归集上缴"明细科目,以及"财政拨款结转"科目下"归集调出"明细科目本年发生额的合计数填列,以"-"号填列。

(2) 其他资金结转结余项目,反映单位本年其他资金结转结余的变动。本项目应当根据本项目下本年收支差额、缴回资金、使用专用结余、支付所得税项目金额的合计数填列。

本年收支差额项目,反映单位本年除财政拨款外的其他资金收支相抵后的差额。本项目应当根据"非财政拨款结转"科目下"本年收支结转"明细科目、"其他结余"科目、"经营结余"科目本年转入的预算收入与预算支出的差额的合计数填列;如为负数,则以"-"号填列。

缴回资金项目,反映单位本年按照规定缴回的非财政拨款结转资金。本项目应当根据"非财政拨款结转"科目下"缴回资金"明细科目本年发生额的合计数填列,以"-"号填列。

使用专用结余项目,反映事业单位本年根据规定使用从非财政拨款结余或经营结余中提取的专用基金的金额。本项目应当根据"专用结余"科目明细账中本年使用专用结余业务的发生额填列,以"-"号填列。

支付所得税项目,反映有企业所得税缴纳义务的事业单位本年实际缴纳的企业所得税金额。本项目应当根据非财政拨款结余明细账中本年实际缴纳企业所得税业务的发生额填列,以"-"号填列。

4. 年末预算结转结余项目

年末预算结转结余项目,反映单位本年预算结转结余的年末余额。本项目应当根据本项目下财政拨款结转结余、其他资金结转结余项目金额的合计数填列。

(1)财政拨款结转结余项目,反映单位本年财政拨款结转结余的年末余额。本项目应当根据本项目下财政拨款结转、财政拨款结余项目金额的合计数填列。

本项目下财政拨款结转、财政拨款结余项目,应当分别根据"财政拨款结转""财政拨款结余"科目的本年年末余额填列。

(2)其他资金结转结余项目,反映单位本年其他资金结转结余的年末余额。本项目应当根据本项目下非财政拨款结转、非财政拨款结余、专用结余、经营结余项目金额的合计数填列。

本项目下非财政拨款结转、非财政拨款结余、专用结余、经营结余项目,应当分别根据"非财政拨款结转""非财政拨款结余""专用结余""经营结余"科目的本年年末余额填列。

三、财政拨款预算收入支出表

(一)财政拨款预算收入支出表的含义和格式

财政拨款预算收入支出表是反映政府会计主体本年财政拨款预算资金收入、支出及相关变动具体情况的报表。其格式如表11-9所示。

表11-9 财政拨款预算收入支出表

项 目	年初财政拨款结转结余		调整年初财政拨款结转结余	本年归集调入	本年归集上缴或调出	单位内部调剂		本年财政拨款收入	本年财政拨款支出	年末财政拨款结转结余	
	结转	结余				结转	结余			结转	结余
一、一般公共预算财政拨款											
(一)基本支出											

(续表)

项目	年初财政拨款结转结余		调整年初财政拨款结转结余	本年归集调入	本年归集上缴或调出	单位内部调剂		本年财政拨款收入	本年财政拨款支出	年末财政拨款结转结余	
	结转	结余				结转	结余			结转	结余
1.人员经费											
2.日常公用经费											
（二）项目支出											
1.××项目											
2.××项目											
……											
二、政府性基金预算财政拨款											
（一）基本支出											
1.人员经费											
2.日常公用经费											
（二）项目支出											
1.××项目											
2.××项目											
……											
总计											

（二）财政拨款预算收入支出表的编制方法

1. 本表项目栏内各项目的内容

本表项目栏内各项目，应当根据单位取得的财政拨款种类分项设置。其中，项目支出项目下，根据每个项目设置；单位取得除一般公共财政预算拨款和政府性基金预算拨款以外的其他财政拨款的，应当按照财政拨款种类增加相应的资金项目及其明细项目。

2. 本表各栏及其对应项目的内容和填列方法

本表各栏及其对应项目的内容和填列方法如下：

（1）年初财政拨款结转结余栏中各项目，反映单位年初各项财政拨款结转结余的金额。各项目应当根据"财政拨款结转""财政拨款结余"及其明细科目的年初余额填列。本栏中各项目的数额应当与上年度财政拨款预算收入支出表中年末财政拨款结转结余栏中各项目的数额相等。

（2）调整年初财政拨款结转结余栏中各项目，反映单位对年初财政拨款结转结余的调整金额。各项目应当根据"财政拨款结转""财政拨款结余"科目下"年初余额调整"明细科目及其所属明细科目的本年发生额填列；如调整减少年初财政拨款结转结余,则以"-"号填列。

(3) 本年归集调入栏中各项目,反映单位本年按规定从其他单位调入的财政拨款结转资金金额。各项目应当根据"财政拨款结转"科目下"归集调入"明细科目及其所属明细科目的本年发生额填列。

(4) 本年归集上缴或调出栏中各项目,反映单位本年按规定实际上缴的财政拨款结转结余资金,及按照规定向其他单位调出的财政拨款结转资金金额。各项目应当根据"财政拨款结转""财政拨款结余"科目下"归集上缴"科目和"财政拨款结转"科目下"归集调出"明细科目,及其所属明细科目的本年发生额填列,以"-"号填列。

(5) 单位内部调剂栏中各项目,反映单位本年财政拨款结转结余资金在单位内部不同项目等之间的调剂金额。各项目应当根据"财政拨款结转"和"财政拨款结余"科目下的"单位内部调剂"明细科目及其所属明细科目的本年发生额填列;对单位内部调剂减少的财政拨款结余金额,以"-"号填列。

(6) 本年财政拨款收入栏中各项目,反映单位本年从同级政府财政部门取得的各类财政预算拨款金额。各项目应当根据"财政拨款预算收入"科目及其所属明细科目的本年发生额填列。

(7) 本年财政拨款支出栏中各项目,反映单位本年发生的财政拨款支出金额。各项目应当根据"行政支出""事业支出"等科目及其所属明细科目本年发生额中的财政拨款支出数的合计数填列。

(8) 年末财政拨款结转结余栏中各项目,反映单位年末财政拨款结转结余的金额。各项目应当根据"财政拨款结转""财政拨款结余"科目及其所属明细科目的年末余额填列。

第四节 报表附注

一、报表附注的含义

报表附注是对在资产负债表、收入费用表、现金流量表等报表中列示项目所做的进一步说明,以及对未能在这些报表中列示项目的说明。

二、报表附注的内容

报表附注重点对财务报表做进一步的解释说明,一般应当包括下列内容:
(1) 单位基本情况;
(2) 会计报表的编制基础;
(3) 遵循政府会计准则和政府会计制度的声明;
(4) 重要会计政策和会计估计;
(5) 会计报表重要项目的明细资料和进一步说明;
(6) 本年盈余和预算结余的差异情况说明;
(7) 其他重要事项说明。

思考题

1. 政府财务报表按性质可以分为哪几类？
2. 简述政府财务报表的概念与种类。
3. 简述政府资产负债表的含义与编制方法。
4. 简述政府财务报表附注的含义与主要内容。

业务处理题

某行政单位2018年12月31日结账后，科目余额表如下所示。

科目余额表

2018年　　　　　　　　　　　　　　　　　　　　　　　　　　　　　　　　　单位：元

资产	借方余额	负债和净资产	贷方余额
库存现金	10 000	短期借款	0
银行存款	190 000	应交增值税	20 000
零余额账户用款额度	0	其他应交税费	0
		应付职工薪酬	0
		应付票据	0
		应付账款	10 000
		预收账款	0
预付账款	20 000	预付账款	0
其他应收款	5 000	其他应付款	20 000
存货	230 000	长期借款	0
长期股权投资	0	长期应付款	0
固定资产	3 500 000	累计盈余	4 655 000
固定资产累计折旧	−500 000	专用基金	0
在建工程	1 000 000	权益法调整	0
无形资产	300 000		
无形资产累计摊销	−100 000		
待处理财产损溢	50 000		
合计	4 705 000	合计	4 705 000

要求：编制该单位的资产负债表。

第三篇 民间非营利组织会计

第十二章 资产、负债与净资产会计

引导案例

攒了30年的"零花钱"全捐了 苏州退休工人设立个人慈善基金

新年伊始,苏州市姑苏区吴门桥街道南环第三社区退休居民何梅向苏州市慈善总会献上了自己的爱心捐款1万元,这是她从1分、5分、1角开始,攒了30年的"零花钱"。

何梅今年60岁,是一位普通的退休工人,每个月只有2 000元不到的工资。1989年春节,何梅带着5岁的女儿去常熟老家探亲。万万没想到,钱包意外遗失,这可把何梅急坏了。返程时何梅向母亲要了一些路费,为了省钱只能放弃乘坐公交返苏,而改坐票价便宜但耗时的轮船。这样的一次经历,让何梅深深感受到遇到困难、身无分文时的尴尬和难处。从此她下定决心,每天都要省出一点钱来,将来帮助有困难的人,不再让别人经历她的"困境"。于是,何梅每天都会把零钱存进储蓄罐,从开始时的1分、5分、1角到现在的10元、20元。零钱攒到一定程度,就取出来换成整钱。随着时间的推移,曾经的"零钱"已累积到10 200余元。

据了解,成立冠名基金是苏州市慈善总会(基金会)自2010年起实施的倡导更多社会力量参与慈善的方式之一,个人(家庭)捐款1万元就可设立,而且可以根据捐赠者的意愿,来开展符合慈善总会章程的慈善活动。

资料来源:肖萍、周晓青,"攒了30年的'零花钱'全捐了 苏州退休工人设立个人慈善基金",《扬子晚报》,2019年02月19日。

思考并讨论:

1. 民间非营利组织的资产包括哪些内容?
2. 民间非营利组织资产核算的关键点是什么?
3. 民间非营利组织的负债包括哪些内容?

第一节　民间非营利组织的资产会计

一、民间非营利组织资产的特征和分类

（一）民间非营利组织资产的特征

民间非营利组织的资产具有以下特征：

（1）资产预期能够给民间非营利组织带来经济利益或服务潜力。所谓经济利益，是指直接或间接地流入民间非营利组织的现金或现金等价物。在民间非营利组织中，对外投资是为了获得增值或回报，应当作为资产予以确认；持有一些存货是为了对外出售换取现金，应当作为资产予以确认。与企业不同的是，民间非营利组织持有许多资产并非为了获取经济利益，而是为了向服务对象提供服务。因此，对于民间非营利组织而言，是否具备服务潜力是衡量一项经济资源是否应当作为资产予以确认和计量的重要标志。

（2）资产是民间非营利组织所拥有的，或者即使不为民间非营利组织所拥有，也是民间非营利组织所控制的。民间非营利组织拥有资产，就能够排他性地从资产中获得经济利益或服务潜力。有些资产虽然不为民间非营利组织所拥有，但是民间非营利组织能够支配这些资产，因此同样能够排他性地从资产中获得经济利益或服务潜力。

（3）资产是过去的交易或事项形成的。资产必须是现实的资产，而不是预期的资产。只有过去发生的交易或事项才能增加或减少民间非营利组织的资产，而不能根据谈判中的交易或计划中的经济业务来确认资产。

（二）民间非营利组织资产的分类

民间非营利组织的资产包括流动资产、受赠资产、长期投资、固定资产、无形资产和受托代理资产。

1. 流动资产

根据《民间非营利组织会计制度》的相关规定，货币资金、短期投资、应收款项、预付账款、存货构成了民间非营利组织的流动资产。

（1）货币资金是指民间非营利组织以货币形态表现的那部分资产，包括现金、银行存款、其他货币资金。

（2）短期投资是指能够随时变现并且持有时间不准备超过1年（含1年）的投资，包括股票、债券、基金等。

（3）应收款项是指民间非营利组织在日常业务活动过程中发生的各项应收未收债权，包括应收票据、应收款项和其他应收款。

（4）预付账款是指民间非营利组织预付给商品供应单位或服务提供单位的款项。

（5）存货是指民间非营利组织在日常业务活动中持有以备出售或捐赠的，或者为了出售或捐赠仍然处在生产过程中的，或者将在生产、提供服务或日常管理过程中耗用的材料、物资、商品。

2. 受赠资产

受赠资产是指民间非营利组织接受其他实体自愿无偿转交的现金或其他资产,或者撤销的债务。

3. 长期投资

长期投资是指除短期投资以外的投资,包括持有时间准备超过1年(不含1年)的各种股权性质的投资、不能变现或不准备随时变现的债券投资、其他债权投资和其他长期投资。

4. 固定资产

固定资产是指民间非营利组织为开展业务活动或出租而持有的,一般设备单位价值在500元以上、专用设备单位价值在800元以上,使用期限超过1年的有形资产。

5. 无形资产

无形资产是指民间非营利组织为提供劳务、出租给他人或为管理目的而持有的、没有实物形态的非货币性长期资产。

6. 受托代理资产

受托代理资产是指民间非营利组织接受委托方的委托从事委托代理业务而收到的资产。

二、民间非营利组织资产的确认与计量

(一) 现金和银行存款的确认与计量

1. 现金

"现金"科目核算民间非营利组织的库存现金。该科目为资产类科目,从银行提取现金或其他原因收到现金,借记"现金"科目;支用现金或将现金存入银行,贷记"现金"科目;"现金"科目期末借方余额,反映民间非营利组织实际持有的库存现金。

每日终了,应计算现金当日收入合计、支出合计、结存数,并将当日结存数与实际库存数核对。如果发生现金溢余或短缺,应查明原因,报经批准后,在期末结账前处理完毕。

(1) 现金短缺。属于责任人、责任单位原因的部分,借记"其他应收款——××"科目,贷记"现金"科目;属于不能查明原因的部分,借记"管理费用——现金短缺"科目,贷记"现金"科目。

(2) 现金溢余。属于应付未付给有关单位和人员的部分,借记"现金"科目,贷记"其他应付款——××"科目;属于不能查明原因的部分,借记"现金"科目,贷记"其他收入——现金溢价"科目。

民间非营利组织应设置现金日记账,由出纳人员逐日逐笔登记。

2. 银行存款

民间非营利组织发生的经济往来业务,除国家规定可以使用现金结算外,都必须通过银行进行转账结算。民间非营利组织应根据中国人民银行的规定开户,并且遵守中

国人民银行规定的结算纪律。

"银行存款"科目核算民间非营利组织银行存款的收付、结余情况。该科目为资产类科目,借方登记银行存款的增加数,贷方登记银行存款的减少数;该科目期末借方余额,反映民间非营利组织实际存放在银行或其他金融机构的款项。民间非营利组织应设置银行存款日记账,由出纳人员逐日逐笔登记。

(二) 固定资产的确认与计量

固定资产是指同时具有以下特征的有形资产:①为行政管理、提供服务、生产产品或者出租目的而持有;②预计使用年限超过 1 年;③单位价值较高。

为了反映固定资产的增减变动情况,民间非营利组织应设置"固定资产"科目。该科目为资产科目,借方登记固定资产原价的增加数,贷方登记固定资产原价的减少数;该科目期末借方余额,反映民间非营利组织期末固定资产的账面原价。民间非营利组织应设置固定资产登记簿和固定资产卡片对每项固定资产进行明细核算。民间非营利组织对固定资产应当定期或者至少每年实地盘点一次。对盘盈、盘亏的固定资产,应当及时查明原因,并根据管理权限,报经批准后,在期末结账前处理完毕。

《民间非营利组织会计制度》规定,应当对固定资产计提折旧,在固定资产的预计使用寿命期间分摊固定资产成本。已提足折旧但继续使用的固定资产、提前报废的固定资产,不再补提折旧。固定资产折旧可以采用平均年限法、工作量法、双倍余额递减法、年数总和法。

为了反映固定资产的折旧情况,民间非营利组织应设置"累计折旧"科目。该科目是固定资产的备抵科目,贷方登记固定资产折旧的增加数,借方登记固定资产折旧的减少数;该科目期末贷方余额,反映民间非营利组织期末固定资产的累计折旧总额。按月提取固定资产折旧时,按照应提取的折旧金额,借记"存货——生产成本、管理费用"等科目,贷记"累计折旧"科目。

(三) 文物文化资产的确认与计量

文物文化资产是指用于展览、教育或研究等目的的历史文物、艺术品以及其他具有文化或者历史价值并作长期或者永久保存的典藏等。

民间非营利组织在取得文物文化资产时应当按照取得时的实际成本入账。取得时的实际成本包括买价、包装费、运输费、交纳的有关税金等相关费用,以及为使文物文化资产达到预定可使用状态前所发生的必要支出。出售文物文化资产、文物文化资产毁损或者以其他方式处置文物文化资产时,按照所处置文物文化资产的账面余额,借记"固定资产清理"科目,贷记"文物文化资产"科目。"文物文化资产"科目期末借方余额,反映民间非营利组织期末文物文化资产的价值。

民间非营利组织应当设置文物文化资产登记簿和文物文化资产卡片,按文物文化资产类别等设置明细账,进行明细核算。

(四) 受托代理资产的确认与计量

受托代理资产是指民间非营利组织接受委托方委托从事受托代理业务而收到的资产。在受托代理过程中,民间非营利组织通常只是从委托方收到受托资产,并按照委托方的意愿将资产转赠给指定的其他组织或者个人。民间非营利组织只是在受托代理过程中起中介作用,无权改变受托代理资产的用途或者变更受益人。

民间非营利组织在收到受托代理资产时,按照应确认的入账金额,借记"受托代理资产"科目,贷记"受托代理负债"科目。转赠或者转出受托代理资产时,按照转赠或转出受托代理资产的账面余额,借记"受托代理负债"科目,贷记"受托代理资产"科目。该科目期末借方余额,反映民间非营利组织期末受托代理资产的价值。

民间非营利组织收到的委托代理资产如果为现金、银行存款或其他货币资产,可以不通过"受托代理资产"科目核算,而在"现金""银行存款""其他货币资金"科目下设置"受托代理资产"明细科目进行核算。

民间非营利组织应当设置受托代理资产登记簿,并根据具体情况设置明细账,进行明细核算。

(五)资产减值准备的确认与计量

民间非营利组织的短期投资、存货、长期股权投资、长期债权投资都必须计提减值准备,计提的减值准备应借记"管理费用"科目,贷记"短期投资跌价准备""存货跌价准备""长期投资减值准备"科目。固定资产和无形资产如果出现重大资产减值情况,那么也应当计提减值准备。

第二节 民间非营利组织的负债会计

一、民间非营利组织负债的含义及分类

(一)民间非营利组织负债的含义

负债是指过去的交易或者事项形成的现时义务,履行该义务预期会导致含有经济利益或者服务潜力的资源流出民间非营利组织。

(二)民间非营利组织负债的分类

负债按其流动性可分为流动负债、长期负债和受托代理负债等。

(1)流动负债。流动负债是指在1年以内(含1年)偿还的负债,包括短期借款、应付款项、应付工资、应交税金、预收账款、预提费用和预计负债等。

(2)长期负债。长期负债是指偿还期限在1年以上(不含1年)的负债,包括长期借款、长期应付款和其他长期负债。

(3)受托代理负债。受托代理负债是指民间非营利组织因从事受托代理业务、接受受托代理资产而产生的负债。

二、民间非营利组织负债的确认与计量

各项流动负债、长期负债应按照实际发生额确认与计量。受托代理负债应按照相对应的受托代理资产的金额确认与计量。

对于与或有事项相关的义务如果同时满足以下三个条件,就应将其确认为负债,以清偿该负债所需支出的最佳估计数予以计量,并在资产负债表中单列项目予以反

映:①该义务是民间非营利组织承担的现时义务;②该义务的履行很可能导致含有经济利益或者服务潜力的资源流出民间非营利组织;③该义务的金额能够可靠地计量。

民间非营利组织流动负债、长期负债的会计核算与营利组织的会计核算基本相同,因此,本节仅以受托代理负债为例加以阐述。

为了核算民间非营利组织受托代理负债收、转、余等情况,民间非营利组织应设置"受托代理负债"科目,贷方登记收到的受托代理资产的金额,借方登记转赠或者转出受托代理资产的金额;期末余额在贷方,反映民间非营利组织尚未清偿的受托代理负债。该科目应当按照指定的受赠组织或个人,或者指定的应转交的组织或个人设置明细账,进行明细核算。

受托代理负债的主要账务处理如下:

收到受托代理资产时,按照应确认的入账金额,借记"受托代理资产"科目,贷记"受托代理负债"科目;转赠或者转出受托代理资产时,按照转出受托代理资产的账面余额,借记"受托代理负债"科目,贷记"受托代理资产"科目。

【例 12-1】 市红十字会接受市政局的委托,为其代理捐赠业务,收到甲单位捐款 350 000 元。应做如下会计分录:

借:银行存款——受托代理资产　　　　　　　　　　　　350 000
　　贷:受托代理负债　　　　　　　　　　　　　　　　　　　　350 000

【例 12-2】 承上例,按照委托方的意愿,市红十字会将这笔款项捐给因洪水受灾的某乡镇。应做如下会计分录:

借:受托代理负债　　　　　　　　　　　　　　　　　　350 000
　　贷:银行存款——受托代理资产　　　　　　　　　　　　　350 000

第三节　民间非营利组织的净资产会计

一、民间非营利组织净资产的含义及其界定

净资产是指民间非营利组织的资产减去负债后的差额。净资产按是否受到限制,分为限定性净资产和非限定性净资产。

(一) 限定性净资产

限定性净资产包括以下三个方面:

(1) 民间非营利组织净资产的使用受到资产提供者或者国家法律、行政法规所设置的时间限制或(和)用途限制,由此形成的净资产。例如,某基金会收到一笔捐赠款项,该捐赠人指明只能用来援助某地震灾区。

(2) 民间非营利组织净资产所产生的经济利益(如资产的投资收益和利息等)的使用受到资产提供者或者国家法律、行政法规所设置的时间限制或(和)用途限制,由此形成的净资产。例如,某慈善机构收到一笔捐赠款项,该捐赠人要求该笔款项的利息只能用于慈善机构的日常维护。

(3) 国家有关法律、行政法规对民间非营利组织净资产的使用直接设置限制的,该

净资产亦成为限定性净资产。例如,某基金会收到一项政府补贴,要求该项补贴只能用来救济残疾人,这就是一个永久性限制。

(二) 非限定性净资产

非限定性净资产是指民间非营利组织的净资产中没有时间限制或(和)用途限制的部分。其主要包括如下两个方面:

(1) 期末民间非营利组织的非限定性收入的实际发生额与当期费用的实际发生额的差额。

(2) 由限定性净资产转为非限定性净资产的净资产。当存在下列情况之一时,可以认为限定性净资产的限制已经解除:①限定性净资产的限制时间已经到期;②所限定净资产规定的用途已经实现(或者目的已经达到);③资产提供者或者国家有关法律、行政法规撤销了所设置的限制。

如果限定性净资产受到两项或两项以上的限制,则应当在最后一项限制解除时,才能认为该项限定性净资产的限制已经解除。需要注意的是,民间非营利组织的董事会、理事会或类似权力机构对净资产的使用所做的限定性决策、决议或拨款限额等,属于民间非营利组织内部管理上对净资产的使用所做的限制,不属于限定性净资产。

二、民间非营利组织会计净资产的确认与计量

(一) 限定性净资产的确认与计量

为了核算限定性净资产业务,民间非营利组织应当设置"限定性净资产"科目,该科目期末贷方余额反映民间非营利组织历年积存的限定性净资产。

限定性净资产的账务处理如下:

(1) 期末,民间非营利组织应将当期限定性收入实际发生额转入限定性净资产,借记"捐赠收入——限定性收入""政府补助收入——限定性收入""会费收入——限定性收入"等科目,贷记"限定性净资产"科目。

(2) 如果限定性净资产的限制已经解除,则应当为净资产进行重新分类,将限定性净资产转为非限定性净资产。

(3) 如果因调整以前期间收入、费用项目而涉及调整限定性净资产的,则应当就需要调整的金额,借记或贷记有关科目,贷记或借记"限定性净资产"科目。

【例12-3】 某基金会2019年10月末有关科目贷方余额如下:

捐赠收入——限定性收入	80 000元
政府补助收入——限定性收入	200 000元
会费收入——限定性收入	60 000元

月末结转有关科目时,编制如下会计分录:

借:捐赠收入——限定性收入　　　　　　　　　　80 000
　　政府补助收入——限定性收入　　　　　　　　200 000
　　会费收入——限定性收入　　　　　　　　　　60 000
　　贷:限定性净资产　　　　　　　　　　　　　　　　340 000

【例12-4】 某慈善机构一项4年期有特定用途的政府补助收入300 000元到期,

可以转为一般性使用。应做如下会计分录：

　　借：限定性净资产　　　　　　　　　　　　　　　　　300 000
　　　　贷：非限定性净资产　　　　　　　　　　　　　　　　　300 000

【例 12-5】 某民间非营利组织年初发现上一年度的一项捐赠固定资产因缺乏相关凭据未计量，只做了相关记录；本年年初，获取了相关凭据予以确认和计量，该固定资产的价值为 180 000 元。应做如下会计分录：

　　借：固定资产　　　　　　　　　　　　　　　　　　　180 000
　　　　贷：限定性净资产　　　　　　　　　　　　　　　　　　180 000

（二）非限定性净资产的确认与计量

为了核算非限定性净资产业务，民间非营利组织应当设置"非限定性净资产"科目，该科目贷方余额反映民间非营利组织历年积存的非限定性净资产。

非限定性净资产的账务处理如下：

（1）期末，民间非营利组织应将捐赠收入、会费收入、提供服务收入、政府补助收入、商品销售收入、投资收益和其他收入等各项收入科目中"非限定性收入"明细科目的期末余额转入非限定性净资产，借记"捐赠收入——非限定性收入""会费收入——非限定性收入""提供服务收入——非限定性收入""政府补助收入——非限定性收入""商品销售收入——非限定性收入""投资收益——非限定性收入""其他收入——非限定性收入"科目，贷记"非限定性净资产"科目。同时，将各费用类科目的余额转入非限定性净资产，借记"非限定性净资产"科目，贷记"业务活动成本""管理费用""筹资费用""其他费用"科目。

（2）如果限定性净资产的限制已经解除，则应当对净资产进行重新分类，将限定性净资产转为非限定性净资产。

（3）如果因调整以前期间收入、费用项目而涉及调整非限定性净资产的，则应当就需要调整的金额，借记或贷记有关科目，贷记或借记"非限定性净资产"科目。

【例 12-6】 某基金会 2019 年 12 月末各收支科目余额如下表所示。

某基金会 2019 年 12 月末各收支科目余额

单位：元

科目	借方	贷方
捐赠收入——非限定性收入		115 000
会费收入——非限定性收入		56 000
提供服务收入——非限定性收入		78 000
政府补助收入——非限定性收入		65 000
商品销售收入——非限定性收入		558 000
投资收益——非限定性收入		43 000
其他收入——非限定性收入		36 000
业务活动成本	221 000	
管理费用	143 200	
筹资费用	45 200	
其他费用	6 700	

结转有关收支科目时,应做如下会计分录:

借:捐赠收入——非限定性收入　　　　　　　　　　　　　　115 000
　　会费收入——非限定性收入　　　　　　　　　　　　　　 56 000
　　提供服务收入——非限定性收入　　　　　　　　　　　　 78 000
　　政府补助收入——非限定性收入　　　　　　　　　　　　 65 000
　　商品销售收入——非限定性收入　　　　　　　　　　　　558 000
　　投资收益——非限定性收入　　　　　　　　　　　　　　 43 000
　　其他收入——非限定性收入　　　　　　　　　　　　　　 36 000
　　贷:非限定性净资产　　　　　　　　　　　　　　　　　　　　951 000
借:非限定性净资产　　　　　　　　　　　　　　　　　　　416 100
　　贷:业务活动成本　　　　　　　　　　　　　　　　　　　　　221 000
　　　　管理费用　　　　　　　　　　　　　　　　　　　　　　　143 200
　　　　筹资费用　　　　　　　　　　　　　　　　　　　　　　　 45 200
　　　　其他费用　　　　　　　　　　　　　　　　　　　　　　　 6 700

【例 12-7】 2019 年 6 月,某基金会发现上一年度的一项无形资产摊销 6 000 元未记录,该基金会应当追溯调整 2018 年度业务活动表中的管理费用(调增 6 000 元),减少非限定性净资产期初数 6 000 元。应做如下会计分录:

借:非限定性净资产——期初数　　　　　　　　　　　　　　 6 000
　　贷:无形资产　　　　　　　　　　　　　　　　　　　　　　　 6 000

思考题

1. 民间非营利组织会计资产的特征是什么?
2. 民间非营利组织会计资产包括哪些内容?应当如何进行分类?
3. 民间非营利组织会计的负债的确认条件是什么?
4. 民间非营利组织会计在期末如何进行净资产的结转?
5. 简述民间非营利组织会计核算的基础。

业务处理题

某民间非营利组织 2019 年度发生如下经济业务:

(1)受托代理一项实物资产 16 800 元,委托方要求将受托代理的实物资产转赠给某组织,供其开展专业业务活动时使用。

(2)将收到的受托代理实物资产按照委托方的要求,转赠给某组织。

(3)受托代理一项现金资产 1 000 元,委托方要求将受托代理的现金资产转赠给某个人。

(4)将收到的受托代理现金资产按照委托方的要求,转赠给某个人。

要求:做出必要的会计处理。

第十三章 收入与费用会计

引导案例

医院贴"生意兴隆"对联，无心之举也不应该

近日，一则关于项城市范集镇卫生院张贴"生意兴隆"对联的视频在网上疯传，视频中，范集镇卫生院张贴的一副春联为，"好生意（招财进宝）开门红，大财源（日进斗金）行旺运，横批：生意兴隆"。此视频一经曝光便引发网友热议，"这家卫生院说出了心里话。""卫生院贴对联说日进斗金，这太直接了吧。"该卫生院之后为此发布了致歉声明，称系后勤人员工作失误。

不搜不知道，一搜吓一跳。医院张贴不当春联、条幅的情况，已不是头一次发生，前两年杭州市某医院的门口也出现了"生意火红红四海，财运兴旺旺九州，横批：生意兴隆"的对联，浏阳市一医院内也曾出现"生意兴隆""开业大吉"等横幅。

过年了，医院张贴些中国结、吉祥如意的对联、福字等，给医护人员和患者增添浓浓的年味，本身并无不妥，但张贴出"生意兴隆"的对联，让进出的患者情何以堪？

医院是救死扶伤的地方，本不应"营利本位"，此类对联显然不应出现。况且医院所谓的"生意兴隆"是建立在患者的疾苦之上，不能为了追求"生意兴隆"就希望人或病或伤，好让自己的医院摩肩接踵。"但愿世间人无病，何惜架上药生尘"，应是起码的医道伦理。

医院张贴出"日进斗金"的对联，显然没有考虑到患者的感受，反倒像逐利的商家，医生和患者俨然成了老板和顾客，这对医患关系也是一种伤害。在公众眼里，医院事关"生死"又是公共服务机构，医护人员在公众心中如同白衣天使，所以医院出现"生意兴隆"的春联事虽小，但公众更担心的是，有些医院工作人员的"无意之举"暴露了其真实想法，有些医院的逐利心思在对离谱对联的大意不察中尽显。

事实上，医院追求效益、提高医护人员待遇无可厚非，但其前提应是用精湛的医术、高尚的医德来赢得患者信任和社会口碑，从而让医院效益提升，而不是为了"日进斗金"舍本逐末。

虽然涉事医院已将不当对联取下并发布了致歉声明，但还是希望其他医院能够引以为戒，张贴春联增加年味也要照顾到患者情绪，以免徒增医患间的信任内耗。

资料来源：嘉木，"医院贴'生意兴隆'对联，无心之举也不应该"，《新京报》，2019年02月11日。

思考并讨论：
1. 民间非营利组织的收入包括哪些内容？
2. 民间非营利组织的费用包括哪些内容？
3. 如何评价民间非营利组织的绩效？

第一节　民间非营利组织的收入会计

一、民间非营利组织收入的含义及分类

（一）民间非营利组织收入的含义

收入是指民间非营利组织开展业务活动取得的、导致本期净资产增加的经济利益或者服务潜力的流入。收入具有以下两项主要特征：①收入是指民间非营利组织经济利益或者服务潜力的流入；②收入会导致本期净资产的增加。

（二）民间非营利组织收入的分类

民间非营利组织收入按来源可分为捐赠收入、会费收入、提供服务收入、政府补助收入、投资收益、商品销售收入和其他收入等。

按民间非营利组织业务的主次可分为主要业务收入和其他收入。捐赠收入、会费收入、提供服务收入、政府补助收入、投资收益、商品销售收入属于主要业务收入。

按收入是否受到限制可分为限定性收入和非限定性收入。

按收入是否为交换交易形成可分为交换交易形成的收入和非交换交易形成的收入。提供服务收入、投资收益和商品销售收入属于交换交易形成的收入，捐赠收入和政府补助收入等属于非交换交易形成的收入。

需要注意的是，对收入的各种分类是相互交叉的。比如，提供服务收入、投资收益、商品销售收入、其他收入通常属于交换交易形成的收入，捐赠收入、会费收入、政府补助收入属于非交换交易形成的收入。又如，一般情况下，提供服务收入、投资收益、商品销售收入、会费收入、其他收入属于非限定性收入，但如果相关资产提供者对资产的使用设置了限制，相关收入则属于限定性收入。

二、民间非营利组织收入的确认

民间非营利组织在确认收入时，应当区分交换交易形成的收入和非交换交易形成的收入。

（一）交换交易形成的收入的确认

1. 交换交易

交换交易是指按照等价交换原则所从事的交易，即当某一主体取得资产、获得服务或解除债务时，需要向交易对方支付等值或者大致等值的现金，或者提供等值或者大致等值的货物、服务等的交易。例如，按照等价交换原则销售商品、提供劳务等属于交

换交易。

2. 因交换交易形成的商品销售收入的确认

对于因交换交易形成的商品销售收入,应当在下列条件同时满足时予以确认:①已将商品所有权上的主要风险和报酬转移给购货方;②既没有保留通常与所有权相联系的继续管理权,也没有对已售出的商品实施控制;③与交易相关的经济利益能够流入民间非营利组织;④相关的收入和成本能够可靠地计量。

3. 因交换交易形成的提供劳务收入的确认

对于因交换交易形成的提供劳务收入,应当按以下规定予以确认:①在同一会计年度内开始并完成的劳务,应当在完成劳务时确认收入;②如果劳务的开始和完成分属不同的会计年度,则可以按完工进度或完成的工作量确认收入。

4. 因交换交易形成的让渡资产使用权收入的确认

对于因交换交易形成的让渡资产使用权收入,应当在下列条件同时满足时予以确认:①与交易相关的经济利益能够流入民间非营利组织;②收入的金额能够可靠地计量。

(二)非交换交易形成的收入的确认

非交换交易是指除交换交易之外的交易。在非交换交易中,某一主体取得资产、获得服务或者解除债务时,不必向交易对方支付等值或者大致等值的现金,或者提供等值或者大致等值的货物、服务;或者某一主体在对外提供货物、服务时,没有收到等值或者大致等值的现金、货物等。例如,捐赠、政府补助等属于非交换交易。

对于因非交换交易形成的收入,应当在同时满足下列条件时予以确认:①与交易相关的含有经济利益或者服务潜力的资源能够流入民间非营利组织并为其所控制,或者相关的债务能够得到解除;②交易能够引起净资产的增加;③收入的金额能够可靠地计量。

一般情况下,对于无条件的捐赠或政府补助,应当在捐赠或政府补助收到时确认收入;对于附有条件的捐赠或政府补助,应当在取得捐赠资产或政府补助资产控制权时确认收入;但当民间非营利组织存在需要偿还全部或部分捐赠资产(或者政府补助资产)或者相应金额的现时义务时,应当根据需要偿还的金额同时确认一项负债和费用。

三、民间非营利组织收入的计量

民间非营利组织可以根据收入的来源设置捐赠收入、会费收入、提供服务收入、政府补助收入等一级科目,然后按照收入是否受到限制,在一级科目下设置限定性收入和非限定性收入二级明细科目。民间非营利组织也可以根据收入是否受到限制设置限定性收入和非限定性收入一级科目,然后按照收入的来源,在一级科目下设置捐赠收入、会费收入、提供服务收入、政府补助收入等二级明细科目。

(一)捐赠收入

捐赠收入是指民间非营利组织接受其他单位或者个人捐赠取得的收入,不包括民间非营利组织因受托代理业务而从委托方收到的受托代理资产。

为了核算捐赠收入,民间非营利组织应设置"捐赠收入"科目,同时设置"限定性收入"和"非限定性收入"明细科目。

民间非营利组织关于捐赠收入的账务处理如下:

接受捐赠时,按照应确认的金额,借记"现金""银行存款""短期投资""存货""长期股权投资""长期债权投资""固定资产""无形资产"等科目,贷记"捐赠收入"科目。

期末,将"捐赠收入"科目各明细科目余额分别转入"限定性净资产"和"非限定性净资产"科目。

对于接受的附条件捐赠,如果存在需要偿还全部或部分捐赠资产或者相应金额的现时义务时,例如因无法满足捐赠所附条件而必须将部分捐赠资产退还该捐赠人时,则按照需要偿还的金额,借记"管理费用"科目,贷记"其他应付款"科目。

【例 13-1】 某慈善机构接受某归国华侨一笔捐款 300 000 元,该笔款项注明只能用来救助孤寡老人,并且使用年限为 1 年,余额应退还。该慈善机构有关人员根据所在区域估计在 1 年内可能使用的款项为 120 000 元,应做如下会计分录:

借:银行存款　　　　　　　　　　　　　　　　　　300 000
　　贷:捐赠收入——限定性收入　　　　　　　　　　　　300 000
借:管理费用　　　　　　　　　　　　　　　　　　180 000
　　贷:其他应付款　　　　　　　　　　　　　　　　　　180 000

【例 13-2】 某民间非营利组织招募志愿者 5 人,协助公益事业宣传工作。由于志愿者工作无须支付劳动报酬,每月可节省人工费用 6 000 元。此为劳务捐赠,不确认为捐赠收入,应当在会计报表附注中做相关披露。

(二) 会费收入

会费收入是指民间非营利组织根据章程等的规定向会员收取的会费。一般情况下,民间非营利组织的会费为非限定性收入,除非相关资产提供者对资产的使用设置了限制。一些社会团体,如各种协会、学会、联合会、研究会、联谊会、促进会、商会等,以会员的形式发展会员,以收取会费的形式取得收入,为会员提供相应的服务。由于收取的会费与提供的服务不直接对应,所以会费收入一般被认为是非交换交易收入。

为了核算会费收入业务,民间非营利组织应设置"会费收入"科目,并设置"非限定性收入"明细科目;如果存在限定性会费收入,那么还应当设置"限定性收入"明细科目;同时,民间非营利组织应按照会费种类(如团体会费、个人会费等),在"非限定性收入"或"限定性收入"科目下设置明细账,进行明细核算。

"会费收入"科目的贷方余额,反映当期会费收入的实际发生额。期末,应当将该科目中"非限定性收入"明细科目当期发生额转入"非限定性净资产"科目,将该科目中"限定性收入"明细科目当期发生额转入"限定性净资产"科目。期末结转后,"会费收入"科目应无余额。

【例 13-3】 某民间非营利组织为协会组织,根据章程的规定,每年 3 月会员应缴纳会费。到截止日,已经收到会费 9 万元并存入银行,另会员欠缴会费 1 万元。应做如下会计分录:

借:银行存款	90 000
应收账款	10 000
贷:会费收入——非限定性收入	100 000

【例13-4】 某民间非营利组织收到会员一次性缴纳的今明两年会费共计50 000元,已经存入银行。应做如下会计分录:

借:银行存款	50 000
贷:会费收入——非限定性收入	25 000
预收账款	25 000

（三）提供服务收入

提供服务收入又称提供劳务收入,是指民间非营利组织根据章程等的规定向其服务对象提供服务取得的收入,包括学费收入、医疗费收入、培训费收入等。一般情况下,民间非营利组织的提供服务收入为非限定性收入,除非相关资产提供者对资产的使用设置了限制。提供服务收入属于交换交易收入。

当劳务的开始与完成分属不同的会计年度时,本年应确认的收入与费用的计算公式如下:

本年应确认的收入＝劳务(合同)总收入×本年年末劳务的完成程度－以前年度已确认的收入

本年应确认的费用＝劳务总成本×本年年末劳务的完成程度－以前年度已确认的成本

其中,劳务总收入即合同总收入,一般根据双方签订的合同或协议注明的交易总金额确定;劳务总成本,包括至资产负债表日止已经发生的成本和完成劳务将要发生的成本;劳务的完工程度,是指完工进度或完成的工作量。

为了核算提供服务收入业务,民间非营利组织应设置"提供服务收入"科目,贷方登记当期提供服务收入的实际发生额,借方登记期末转入净资产的金额;期末结转后,"提供服务收入"科目应无余额。"提供服务收入"科目应当按照提供服务的种类设置明细账,进行明细核算。

民间非营利组织关于提供服务收入的账务处理如下:

提供服务取得收入时,按照实际收到或应当收取的价款,借记"现金""银行存款""应收账款"等科目,按照应当确认的提供服务收入金额,贷记"提供服务收入"科目,按照预收的价款,贷记"预收账款"科目。在以后期间确认提供服务收入时,借记"预收账款"科目,贷记"提供服务收入——非限定性收入"科目。如果存在限定性提供服务收入,则应当贷记"提供服务收入——限定性收入"科目。

期末,将"提供服务收入"科目的余额转入非限定性净资产时,借记"提供服务收入——非限定性收入"科目,贷记"非限定性净资产"科目。如果存在限定性提供服务收入,则将其金额转入限定性净资产,借记"提供服务收入——限定性收入"科目,贷记"限定性净资产"科目。

【例13-5】 某市医师协会为一家甲级医院完成了培训服务,培训费共计90 000元,该协会提前向医院预收了50 000元培训费,服务完成时,剩余款项已转账存入银行。

应做如下会计分录:

　　借:银行存款　　　　　　　　　　　　　　　　　　　　　　　40 000
　　　　预收账款　　　　　　　　　　　　　　　　　　　　　　　50 000
　　　　贷:提供服务收入——非限定性收入——培训费收入　　　　　　90 000

【例13-6】 某民间非营利组织年末尚未完成向服务对象提供的服务,根据已完成的工作量,可以确定已经完成进度的60%,该组织曾向服务对象预收了全部服务费用共计30 000元。应做如下会计分录:

　　借:预收账款　　　　　　　　　　　　　　　　　　　　　　　18 000
　　　　贷:提供服务收入——非限定性收入　　　　　　　　　　　　18 000

【例13-7】 年末结账,某民间非营利组织将"提供服务收入——非限定性收入"科目贷方余额290 000元转为非限定性净资产。应做如下会计分录:

　　借:提供服务收入——非限定性收入　　　　　　　　　　　　　290 000
　　　　贷:非限定性净资产　　　　　　　　　　　　　　　　　　290 000

(四)政府补助收入

政府补助收入是指民间非营利组织接受政府拨款或者政府机构给予的补助而取得的收入。如果资产提供者对资产的使用设置了时间限制或者(和)用途限制,则所确认的相关收入为限定性收入;除此之外的其他所有收入为非限定性收入。

为了核算政府补助收入业务,民间非营利组织应设置"政府补助收入"科目,同时设置"限定性收入"和"非限定性收入"明细科目。

民间非营利组织关于政府补助收入的账务处理如下:

接受政府补助时,按照应确认的金额,借记"现金""银行存款"等科目,贷记"政府补助收入"科目的"限定性收入"和"非限定性收入"明细科目。如果限定性政府补助收入的限制在确认收入的当期得到解除,则应当将其转为非限定性政府补助收入,借记"政府补助收入——限定性收入"明细科目,贷记"政府补助收入——非限定性收入"明细科目。

期末,将"政府补助收入"各明细科目余额分别转入"限定性净资产"和"非限定性净资产"科目。

对于接受的附有条件的政府补助,如果民间非营利组织存在需要偿还全部或者部分政府补助资产或者相应金额的现时义务时,比如因无法满足政府补助所附条件而必须退还部分政府补助时,则按照需偿还的金额,借记"管理费用"科目,贷记"其他应付款"等科目。

【例13-8】 某民间防癌协会月初收到一笔政府补助款项18 000元,现可以动用。应做如下会计分录:

　　借:银行存款　　　　　　　　　　　　　　　　　　　　　　　18 000
　　　　贷:政府补助收入——非限定性收入　　　　　　　　　　　　18 000

(五)投资收益

投资收益是指民间非营利组织因对外投资取得的投资净损益。民间非营利组织可以货币资产、存货、固定资产、无形资产等形式对外投资,在投资中取得一定的投资收益,以扩大资金来源,满足公益事业的资金需要。一般情况下,民间非营利组织的投资收益为非限定性收入,除非相关资产提供者对资产的使用设置了限制。

为了核算民间非营利组织因对外投资取得的投资净损益,民间非营利组织应设置"投资收益"科目。民间非营利组织应当在满足规定的收入确认条件时确认投资收益,并区分短期投资、长期股权投资和长期债权投资三种情况进行核算:

(1) 短期投资收益在实际取得时确认。

(2) 长期股权投资收益的确认方法包括成本法与权益法两种。采用成本法核算的,被投资单位宣告发放现金股利或利润时,将宣告发放的现金股利或利润中属于民间非营利组织应享有的部分,确认为当期的投资收益。采用权益法核算的,在期末按照应当享有或应当分担的被投资单位当年实现的净利润或发生的净亏损的份额,调整长期股权投资账面价值。

(3) 长期债权投资收益应当在其持有期间和处置时确认。在长期债权投资持有期间,应当按照票面价值与票面利率按期计算并确认利息收入。

【例 13-9】 某民间非营利组织将 3 个月前购入的账面余额为 52 000 元、已计提跌价准备 3 000 元的短期债券投资出售,收到价款 51 000 元已存入银行。应做如下会计分录:

借:银行存款　　　　　　　　　　　　　　　　　　　51 000
　　短期投资跌价准备　　　　　　　　　　　　　　　　3 000
　贷:短期投资——债券投资　　　　　　　　　　　　　52 000
　　　投资收益　　　　　　　　　　　　　　　　　　　2 000

【例 13-10】 某民间非营利组织对某企业投资,采用成本法核算。被投资企业宣告股利分配方案,民间非营利组织分得的股利为 150 000 元,款项尚未收到。应做如下会计分录:

借:其他应收款　　　　　　　　　　　　　　　　　　150 000
　贷:投资收益　　　　　　　　　　　　　　　　　　　150 000

(六) 商品销售收入

商品销售收入是指民间非营利组织销售商品(如出版物、药品)等形成的收入。一般情况下,民间非营利组织的商品销售收入为非限定性收入,除非相关资产提供者对资产的使用设置了限制。

民间非营利组织应当在满足规定的收入确认条件时确认商品销售收入。为了核算商品销售收入的实现和业务活动成本的发生情况,民间非营利组织应设置"商品销售收入"和"业务活动成本"科目。这两个科目应当按照商品的种类设置明细账,进行明细核算。期末,将"商品销售收入"和"业务活动成本"科目余额转入"非限定性净资产"或"限定性净资产"科目。

【例 13-11】 某民间非营利组织为民营医院,出售药品取得收入 30 000 元,存入银行。应做如下会计分录:

借:银行存款　　　　　　　　　　　　　　　　　　　30 000

贷：商品销售收入——非限定性收入　　　　　　　　　　　　　　　　30 000

　　【例13-12】　某民间非营利组织为杂志社，通过征订方式预收刊物订阅费50 000元，存入银行。应做如下会计分录：

　　借：银行存款　　　　　　　　　　　　　　　　　　　　　　　　　50 000
　　　　贷：预收账款　　　　　　　　　　　　　　　　　　　　　　　　50 000

　　【例13-13】　某民间非营利组织为出版社，上月销售的一批图书因质量问题被退回，该批图书取得的销售收入60 000元已经入账，销售成本40 000元也已经结转，退货的款项已经支付给书店。应做如下会计分录：

　　借：商品销售收入——非限定性收入　　　　　　　　　　　　　　　60 000
　　　　贷：银行存款　　　　　　　　　　　　　　　　　　　　　　　　60 000
　　借：存货　　　　　　　　　　　　　　　　　　　　　　　　　　　40 000
　　　　贷：业务活动成本　　　　　　　　　　　　　　　　　　　　　　40 000

（七）其他收入

　　其他收入是指民间非营利组织在主要业务活动以外从其他方面取得的收入。民间非营利组织的主要业务活动收入包括捐赠收入、会费收入、提供服务收入、政府补助收入、投资收益、商品销售收入等，主要业务活动收入以外的收入确认为其他收入。民间非营利组织的其他收入包括确实无法支付的应付款项、存货盘盈收入、固定资产盘盈收入、固定资产处置净收入、无形资产处置净收入等。一般情况下，民间非营利组织的其他收入为非限定性收入，除非相关资产的提供者对资产的使用设置了限制。民间非营利组织应当设置"其他收入"科目，核算民间非营利组织主要业务活动收入以外的收入。

　　【例13-14】　某民间非营利组织报废一台设备，转入固定资产清理。清理结束后，固定资产清理账户存在贷方余额2 000元，转为其他收入。应做如下会计分录：

　　借：固定资产清理　　　　　　　　　　　　　　　　　　　　　　　2 000
　　　　贷：其他收入——非限定性收入　　　　　　　　　　　　　　　　2 000

　　【例13-15】　某民间非营利组织确认一项无法支付的应付款项60 000元。应做如下会计分录：

　　借：应付账款　　　　　　　　　　　　　　　　　　　　　　　　　60 000
　　　　贷：其他收入——非限定性收入　　　　　　　　　　　　　　　　60 000

第二节　民间非营利组织的费用会计

　　民间非营利组织开展各项公益性活动，会发生一定的耗费，导致经济利益或者服务潜力的流出。民间非营利组织要加强成本管理，准确核算业务活动成本与各项期间费用，以便提供反映受托责任履行情况的会计信息。

一、民间非营利组织费用的含义及分类

（一）民间非营利组织费用的含义

　　费用是指民间非营利组织为开展业务活动所发生的、能够导致本期净资产减少的

经济利益或者服务潜力的流出。民间非营利组织应当严格按照费用的定义确认各项费用。费用具有以下两项特征:第一,费用是民间非营利组织经济利益或者服务潜力的流出;第二,费用会导致民间非营利组织本期净资产的减少。

(二) 民间非营利组织费用的分类

民间非营利组织的费用按功能,可以划分为业务活动成本、管理费用、筹资费用和其他费用四项内容。其中,业务活动成本是一项成本费用,管理费用、筹资费用和其他费用为期间费用。民间非营利组织的某些费用如果属于多项业务活动,则不能直接归属于某项活动,应当按照合理的方法在各项活动中进行分配。

二、民间非营利组织费用的确认

民间非营利组织的费用应当在同时满足以下条件时予以确认:

(1) 含有经济利益或者服务潜力的资源流出民间非营利组织,或者组织承担了相关负债。

(2) 能够引起当期净资产的减少。

(3) 费用的金额能够可靠地计量。

民间非营利组织在业务活动中发生的各项费用,应当在实际发生时按照其实际发生额计入当期费用。

三、民间非营利组织费用的计量

(一) 业务活动成本

业务活动成本是指民间非营利组织为了实现其业务活动目标,开展其项目活动或者提供服务所发生的费用。

业务活动成本是按照项目、服务或业务种类等进行归集的费用。民间非营利组织应当根据本单位业务活动开展的实际情况,在"业务活动成本"科目下设置"销售商品成本""提供服务成本""会员服务成本""捐赠项目成本""业务活动税金及附加""业务活动费"等明细科目。如果民间非营利组织从事的项目、提供的服务或者开展的业务比较单一,则可以将相关费用全部归集在"业务活动成本"科目下进行核算和列报。

为了核算民间非营利组织实现其业务活动目标、开展其项目活动或者提供服务所发生的费用,民间非营利组织应设置"业务活动成本"科目,借方登记当期业务活动成本的实际发生额,贷方登记期末转入净资产的金额;期末结转后,"业务活动成本"科目应无余额。民间非营利组织发生业务活动成本时,借记"业务活动成本"科目,贷记"现金""银行存款""存货""应付账款"等科目;期末将"业务活动成本"科目的借方余额转入非限定性净资产时,借记"非限定性净资产"科目,贷记"业务活动成本"科目。

【例13-16】 某民间非营利组织为培训学校,举办注册会计师考试的辅导班,发生业务费用6 000元,以银行存款支付。应做如下会计分录:

借:业务活动成本——注册会计师考试培训项目　　　　　　　6 000
　　贷:银行存款　　　　　　　　　　　　　　　　　　　　　6 000

【例13-17】 某民间非营利组织为民营医院,月末结转已销药品进价成本40 000

元。应做如下会计分录：

借：业务活动成本——药品进价成本　　　　　　　　　　40 000
　　贷：存货　　　　　　　　　　　　　　　　　　　　　　　　40 000

【例13-18】　某民间非营利组织期末结账，将"业务活动成本"科目的借方余额（230 000元）转入非限定性净资产。应做如下会计分录：

借：非限定性净资产　　　　　　　　　　　　　　　　　230 000
　　贷：业务活动成本　　　　　　　　　　　　　　　　　　　230 000

（二）管理费用

管理费用是指民间非营利组织为组织和管理其业务活动所发生的各种费用，包括民间非营利组织董事会（或者理事会，或者类似权力机构）经费和行政管理人员的工资、奖金、津贴、福利费、住房公积金、住房补贴、社会保障费、离退休人员工资与补助，以及办公费、水电费、邮电费、物业管理费、差旅费、折旧费、修理费、无形资产摊销费、存货盘亏损失、资产减值损失、因预计负债所产生的损失、聘请中介机构费用和应偿还的受赠资产等。

为了核算民间非营利组织为组织和管理其业务活动所发生的各种费用，民间非营利组织应设置"管理费用"科目，并在"管理费用"科目下按费用项目设置明细账，进行明细核算。

期末，将"管理费用"科目余额转入"非限定性净资产"科目。

【例13-19】　某慈善机构本月计提固定资产折旧5 000元，购买办公用品2 000元，用银行存款支付。应做如下会计分录：

借：管理费用　　　　　　　　　　　　　　　　　　　　7 000
　　贷：累计折旧　　　　　　　　　　　　　　　　　　　　　5 000
　　　　银行存款　　　　　　　　　　　　　　　　　　　　　2 000

【例13-20】　某基金会因担保很可能要负担100 000元赔款。应做如下会计分录：

借：管理费用　　　　　　　　　　　　　　　　　　　　100 000
　　贷：预计负债　　　　　　　　　　　　　　　　　　　　　100 000

（三）筹资费用

筹资费用是指民间非营利组织为筹集业务活动所需资金而发生的费用，包括民间非营利组织为了获得捐赠资产而发生的费用以及应当计入当期费用的借款费用、汇兑损失（减汇兑收益）等。民间非营利组织为了获得捐赠资产而发生的费用包括举办募款活动费，准备、印刷和发放募款宣传资料以及其他与募款或者争取捐赠有关的费用。民间非营利组织发生的筹资费用，应当在发生时按其发生额计入当期费用。

为了核算筹资费用的发生和结转情况，民间非营利组织应设置"筹资费用"科目，借方登记当期实际发生的筹资费用的金额，贷方登记转入净资产的金额；期末结转后，"筹资费用"科目应无余额。"筹资费用"科目应按费用项目设置明细账，进行明细核算。

民间非营利组织关于筹资费用的账务处理如下：

发生筹资费用时，借记"筹资费用"科目，贷记"预提费用""银行存款""长期借款"

等科目。发生应冲减筹资费用的利息收入、汇兑收益时，借记"银行存款""长期借款"等科目，贷记"筹资费用"科目。

期末，将"筹资费用"科目余额转入非限定性净资产时，借记"非限定性净资产"科目，贷记"筹资费用"科目。

【例 13-21】 某民间非营利组织为慈善基金会，该基金会为募集善款进行宣传活动，发生费用 5 000 元，以银行存款支付。应做如下会计分录：

借：筹资费用——宣传费用　　　　　　　　　　　　　　5 000
　　贷：银行存款　　　　　　　　　　　　　　　　　　　　5 000

【例 13-22】 期末，将某民间非营利组织"筹资费用"科目借方余额 198 000 元转入非限定性净资产。应做如下会计分录：

借：非限定性净资产　　　　　　　　　　　　　　　　198 000
　　贷：筹资费用　　　　　　　　　　　　　　　　　　　198 000

（四）其他费用

其他费用是指民间非营利组织发生的，无法归属到上述业务活动成本、管理费用或者筹资费用中的费用，包括固定资产处置净损失、无形资产处置净损失等。

为了核算民间非营利组织的其他费用，民间非营利组织应设置"其他费用"科目，同时应当按照费用种类设置明细账，进行明细核算。

发生的固定资产处置净损失，借记"其他费用"科目，贷记"固定资产清理"科目。发生的无形资产处置净损失，按实际取得的价款，借记"银行存款"等科目，按照该项无形资产的账面余额，贷记"无形资产"科目，按照其差额，借记"其他费用"科目。期末，将"其他费用"科目余额转入"非限定性净资产"科目。

【例 13-23】 某民间非营利组织进行某项固定资产清理，清理结束后，"固定资产清理"科目借方余额为 6 000 元。应做如下会计分录：

借：其他费用——固定资产清理损失　　　　　　　　　　6 000
　　贷：固定资产清理　　　　　　　　　　　　　　　　　　6 000

【例 13-24】 某民间非营利组织转让一项专有技术（无形资产），其账面价值为 50 000 元，转让款项 48 000 元已经收到，并已存入银行。应做如下会计分录：

借：银行存款　　　　　　　　　　　　　　　　　　　 48 000
　　其他费用——无形资产处置损失　　　　　　　　　　　2 000
　　贷：无形资产　　　　　　　　　　　　　　　　　　　50 000

思考题

1. 简述民间非营利组织收入的概念和种类。
2. 简述民间非营利组织捐赠收入的概念和核算方法。
3. 简述民间非营利组织投资收益的概念和核算方法。
4. 简述民间非营利组织费用的概念和种类。
5. 简述民间非营利组织业务活动成本的概念和核算方法。

业务处理题

某民间非营利组织2019年度发生如下业务：

（1）收到A公司的一笔10 000元的捐赠收入。

（2）收到会费500元。

（3）6月销售商品收到货款10 000元，并确认收入；6月底，因商品质量不符合要求退回200元。

（4）发生筹资费用2 000元。

要求：做出必要的会计处理。

第十四章 民间非营利组织财务报告

引导案例

构建和谐家园——武穴农村公益事业促进会调查

2004年11月26日，武穴市大法寺镇步塘村口红旗招展，锣鼓喧天。群众聚集在这里庆祝实现了水泥路面垸垸通。正在宣传栏上张贴"捐资修路光荣榜"的村公益事业促进会会长吴松波高兴地说："好戏还在后头呐！过几天，我们就筹建村民文化活动中心。"

像步塘村一样，武穴市2004年有150个村成立了农村公益事业促进会，占总村数的50%，全市11个乡镇全部成立了农村公益事业促进会。

龙坪镇是农村公益事业促进会的发源地。2004年4月，龙坪镇五里村胡胜垸几位老党员倡议召开村民大会，选出20名代表成立村公益事业促进会，自愿出资，专款专用。不到1个月，垸里农民和在村外创业的老板就筹资37.5万元，硬化了2500米垸场小路，修砌了600米池塘护岸，并将全垸分散养殖的生猪集中到新建的两个养殖小区，使垸里面貌焕然一新。胡胜垸的成功实践引起武穴市委、市政府的高度关注。他们及时总结和宣传"胡胜现象"，大力推广其经验。全市各地纷纷效法成立农村公益事业促进会，初步形成了"政府引导、农民自愿、老板捐赠、民主管理"的运行机制，使全市农村公益事业建设逐步走上规范化、制度化的发展轨道。

武穴市按《中华人民共和国村民委员会组织法》的要求，依托各村老党员、老干部，通过村民推选成立公益事业促进会，并推荐人品好、实力强、税收贡献大、有号召力的民营企业家出任促进会会长、副会长。各乡镇严格按照不违反农村政策、不增加农民负担的原则，把与老百姓生产生活息息相关、群众最想办的事情列成清单，提出方案，提交公益事业促进会审定、实施。

农村公益事业促进会充分尊重群众意愿，让群众当家做主办好自己的事，并按照自觉自愿、不硬性摊派、不搞"一刀切"的原则接受群众捐款，受到村民的普遍欢迎。梅川镇从政村一位五保老人听说垸里要修路，主动捐10元钱表示心意。花桥镇郭德元村修路，一贫困户捐款100元，村民代表坚决不收，他就在工地上做了一个星期的义务工。

近年来，武穴市优化环境，强化服务，民营企业迅速发展壮大。这些企业家有着强烈的回报社会的愿望。龙坪镇以楚威日用塑料有限公司董事长陈先华为代表的30多名民营企业家发出"龙坪是我家，建设靠大家"的倡议，各位企业家积极响应，一天就捐款 18 万元。陈先华说:"我们的发展靠的是党、政府和龙坪人民的支持,为修桥补路、改善环境、重塑龙坪形象出点钱是应尽的义务。"

促进会实行民主管理:一是民主产生工作机构,镇里的促进会经民主推选产生;二是民主理财,促进会建立健全了财务管理和审批制度,设立了专项资金账户,所有建设项目均经集体讨论决定,专项支出实行严格的评估、监理、验收。促进会成员参与公益事业建设都是义务劳动,不得领取一分钱报酬。"促进会的兴起,使武穴城乡生产生活环境得到大改观,农民精神文化生活得以大丰富,农村干群关系实现大融合,农村经济发展得到大促进。"谈及此,武穴市委书记陈楚珍喜不自禁。

据不完全统计,到 2004 年 11 月底,武穴农村公益事业促进会自筹资金 2.5 亿元,共建成村垸水泥路 350 公里、绿化带 3.5 万平方米、提水泵站 70 座、沼气池 2 800 口、水冲式公厕 123 座、养猪小区 98 处,新建村、垸文化活动室 253 个,组建各类农村文艺团体 230 个,新建篮球、足球、羽毛球场 89 处,评出"十星级文明户"12.5 万户。

资料来源:http://www.cnhubei.com/200412/ca628100.htm(访问时间:2019 年 7 月 20 日,有删改)。

思考并讨论:

1. 应如何规范民间非营利组织?
2. 民间非营利组织财务报告应包含哪些内容?
3. 民间非营利组织财务报告的使用者有哪些单位?

第一节　民间非营利组织财务报告概述

一、民间非营利组织财务报告概述

(一) 民间非营利组织财务报告的含义及意义

财务报告是概括地反映民间非营利组织某一特定日期财务状况和某一会计期间业务活动情况和现金流量的书面文件。由于民间非营利组织的资金主要来自捐赠人、会员、服务提供对象等,对象较广,涉及公众较多。民间非营利组织的捐赠人、会员以及管理部门等都迫切需要了解民间非营利组织控制的资源状况、负债水平、资金的使用情况及其效果、现金流量等信息,而这些要求在很大程度上必须通过编制能够反映这些信息的财务报告来实现。编制财务报告具有以下几个方面的重要意义:

(1) 如实地反映民间非营利组织的经济资源、债务水平、收入、成本费用和现金流量情况。

(2) 解除民间非营利组织管理层的受托责任。由于民间非营利组织的资金主要来自捐赠人、会员、提供服务对象等,这些外部资金提供者与民间非营利组织管理层之间形成了委托与受托关系,民间非营利组织管理层为了解除其受托责任,必须向委托人披露相关的财务和绩效信息,而定期编制并对外提供财务报告即可达到这一目的,从而有效解除民间非营利组织管理层的受托责任。

（3）为捐赠人、会员、债权人、政府监管部门和民间非营利组织自身等会计信息使用者提供决策有用的信息。

（4）提高民间非营利组织的透明度，增强其社会公信力。由于民间非营利组织的资源提供者不享有组织的所有权，也不能取得经济回报，其业务活动的宗旨是非营利事业。因此，民间非营利组织实际上是建立在信任或者诚信基础上的一个行业，信息的透明对于这个行业的发展至关重要。为此，民间非营利组织通过编制财务报告，可以有效地提高其透明度，增强其社会公信力，从而有利于其在社会公众中树立良好、诚信的形象，促进其长远发展。

（二）民间非营利组织财务报告的内容

民间非营利组织的财务报告由会计报表、会计报表附注和财务情况说明书三部分组成：

（1）会计报表，是以表格形式概括反映民间非营利组织财务状况、业务活动情况和现金流量的书面文件。《民间非营利组织会计制度》规定，民间非营利组织的会计报表至少应当包括资产负债表、业务活动表和现金流量表三张基本报表。

（2）会计报表附注，是对会计报表内容所做的补充说明与详细解释，目的是便于会计报表使用者理解会计报表的内容。在会计报表附注中侧重披露编制会计报表所采用的会计政策、已经在会计报表中得到反映的重要项目的具体说明和未在会计报表中得到反映的重要信息的说明等内容。

（3）财务情况说明书，是对一定会计期间民间非营利组织的财务状况和业务活动情况进行总结的书面报告。

民间非营利组织的财务报告按编制时间划分，分为年度财务报告和中期财务报告。年度财务报告是以整个会计年度为基础编制的财务报告。以短于一个完整的会计年度的期间（如半年度、季度和月度）编制的财务报告称为中期财务报告。

二、资产负债表

资产负债表是反映民间非营利组织某会计期末财务状况的报表。资产负债表是民间非营利组织的一个重要的报表，能够提供民间非营利组织全部的资产、负债和净资产的情况。资产负债表由资产、负债和净资产三个要素组成。通过资产负债表，可以了解民间非营利组织的资产总额及其构成情况，分析资产的变化趋势；可以了解民间非营利组织的负债总额及其构成情况，分析负债的偿债能力；可以了解民间非营利组织的净资产总额及其构成情况，分析净资产的来源渠道。

三、业务活动表

业务活动表是反映民间非营利组织在一定会计期间运营绩效的报表。业务活动表包括收入、费用、限定性净资产转为非限定性净资产和净资产变动额四个部分。

（1）民间非营利组织在一定会计期间所获得的收入情况，包括各项收入的来源及其构成情况，具体包括捐赠收入、会费收入、提供服务收入、政府补助收入、投资收益、商品销售收入和其他收入；同时又包括各项收入受到限制的情况，具体包括限定性收入和非限定性收入等。

（2）民间非营利组织在一定会计期间所发生的费用情况，包括业务活动成本、管理费用、筹资费用和其他费用。

（3）民间非营利组织在一定会计期间由限定性净资产转为非限定性净资产的金额情况，反映出民间非营利组织净资产中限定性解除的情况，也反映出民间非营利组织限定性项目的进展情况。

（4）民间非营利组织一定会计期间净资产的变动额情况，包括非限定性净资产的变动额情况和限定性净资产的变动额情况。

四、现金流量表

民间非营利组织的现金流量表是反映民间非营利组织在一定会计期间内有关现金和现金等价物的流入和流出的报表。现金是指民间非营利组织的库存现金以及可以随时用于支付的存款，包括现金、可以随时用于支付的银行存款和其他货币资金；现金等价物是指民间非营利组织持有的期限短、流动性强、易于转换为已知金额现金、价值变动风险很小的投资。

第二节　民间非营利组织会计报表的编制

一、资产负债表的编制

（一）资产负债表的基本格式

资产负债表的基本格式如表14-1所示。

表14-1　资产负债表

编制单位：　　　　　　　　　　　年　月　日　　　　　　　　　　　单位：元

资产	年初数	期末数	负债和净资产	年初数	期末数
流动资产：			流动负债：		
货币资金			短期借款		
短期投资			应付款项		
应收款项			应付工资		
预付账款			应缴税金		
存货			预收账款		
待摊费用			预提费用		
一年内到期的长期债权投资			预计负债		
其他流动资产			一年内到期的长期负债		
流动资产合计			其他流动负债		
长期投资：			流动负债合计		
长期股权投资			长期负债：		

(续表)

资产	年初数	期末数	负债和净资产	年初数	期末数
长期债权投资			长期借款		
长期投资合计			长期应付款		
固定资产:			其他长期负债		
固定资产原价			受托代理负债:		
减:累计折旧			受托代理负债		
固定资产净值			负债合计		
在建工程			净资产:		
文物文化资产			非限定性净资产		
固定资产清理			限定性净资产		
固定资产合计			净资产合计		
无形资产:					
无形资产					
受托代理资产:					
受托代理资产					
资产总计			负债和净资产总计		

资产负债表年初数栏内各项数字,应根据上年度资产负债表期末数栏内数字填列。如果本年度资产负债表规定的各个项目的名称和内容同上年度不一致,则应对上年度资产负债表各项目的名称和数字按照本年度的规定进行调整,填入本表年初数栏内。

(二)资产负债表各项目的内容与填制

民间非营利组织资产负债表大部分项目的内容与填列方法与企业资产负债表对应项目相同,本书不再赘述。本部分重点介绍与企业资产负债表存在差异的项目:

(1)货币资金项目。该项目反映民间非营利组织所拥有的货币资金总额,应根据"现金""银行存款""其他货币资金"科目的期末余额合计填列。如果民间非营利组织的受托代理资产为现金、银行存款或其他货币资金,并且通过"现金""银行存款""其他货币资金"科目核算,则还应扣减"现金""银行存款""其他货币资金"科目中受托代理资产明细科目的期末余额。

(2)受托代理资产项目。该项目反映民间非营利组织接受委托从事受托代理业务而收到的资产,应根据"受托代理资产"科目的期末余额填列。如果民间非营利组织的受托代理资产为现金、银行存款或其他货币资金,并且通过"现金""银行存款""其他货币资金"科目核算,则还应当加上"现金""银行存款""其他货币资金"科目中"受托代理资产"明细科目的期末余额。

【例14-1】 某基金会2019年年末"现金""银行存款""其他货币资金""受托代理资产"科目的期末余额分别为6 000元、489 000元、134 000元、1 450 000元,并且受托代理的现金、银行存款通过"现金""银行存款"科目核算的金额分别为 1 500 元、48 000 元。

该基金会 2019 年年末资产负债表中现金、银行存款、其他货币资金、受托代理资产项目填列的金额分别为 4 500 元、441 000 元、134 000 元和 1 499 500 元。

（3）应付款项项目。该项目反映民间非营利组织期末应付票据、应付账款和其他应付款等应付未付款项，应根据"应付票据""应付账款""其他应付款"科目的期末余额合计填列。

（4）文物文化资产项目。该项目反映民间非营利组织用于展览、教育或研究等目的的历史文物、艺术品以及其他具有文化或者历史价值并作长期或者永久保存的典藏等。

（5）受托代理负债项目。该项目反映民间非营利组织因从事受托代理业务，接受受托代理资产而产生的负债。

（6）非限定性净资产项目。该项目反映民间非营利组织拥有的非限定性净资产期末余额。

（7）限定性净资产项目。该项目反映民间非营利组织拥有的限定性净资产期末余额。

上述文物文化资产、受托代理负债、非限定性净资产和限定性净资产项目应分别根据各对应科目的期末余额填列。

二、业务活动表的编制

（一）业务活动表的基本格式

业务活动表的基本格式如表 14-2 所示。

表 14-2　业务活动表

编制单位：　　　　　　　　　　　年　月　日　　　　　　　　　　　　单位：元

项目	本月数			本年累计数		
	非限定性	限定性	合计	非限定性	限定性	合计
一、收入						
其中：捐赠收入						
会费收入						
提供服务收入						
商品销售收入						
政府补助收入						
投资收益						
其他收入						
收入合计						
二、费用						
（一）业务活动成本						

(续表)

项目	本月数			本年累计数		
	非限定性	限定性	合计	非限定性	限定性	合计
其中：						
(二)管理费用						
(三)筹资费用						
(四)其他费用						
费用合计						
三、限定性净资产转为非限定性净资产						
四、净资产变动额(若为净资产减少额,以"-"号填列)						

业务活动表本月数栏反映各项目的本月实际发生数;在编制季度、半年度等中期财务报告时,应将本栏改为本季度数、本半年度数,反映各项目的实际发生数。

在提供上年度比较报表时,应增设可比期间栏,反映可比期间各项目的实际发生数。如果本年度业务活动表规定的各个项目的名称和内容同上年度不一致,则应对上年度业务活动表各项目的名称和数字按照本年度的规定进行调整,填入本表上年度可比期间栏内。

本年累计数栏反映各项目自年初起至报告期末止的累计实际发生数。

非限定性栏反映本期非限定性收入的实际发生数、本期费用的实际发生数和本期由限定性净资产转为非限定性净资产的金额。

限定性栏反映本期限定性收入的实际发生数和本期由限定性净资产转为非限定性净资产的金额(以"-"号填列)。在提供上年度比较报表项目金额时,限定性和非限定性栏的金额可以合并填列。

(二) 业务活动表各项目的内容与填列

业务活动表各项目的内容与填列方法如下：

(1) 捐赠收入项目,反映民间非营利组织接受其他单位或者个人捐赠所取得的收入总额。本项目应根据"捐赠收入"科目的发生额填列。

(2) 会费收入项目,反映民间非营利组织根据章程等的规定向会员收取的会费总额。本项目应根据"会费收入"科目的发生额填列。

(3) 提供服务收入项目,反映民间非营利组织根据章程等的规定向其服务对象提供服务取得的收入总额。本项目应根据"提供服务收入"科目的发生额填列。

(4) 商品销售收入项目,反映民间非营利组织销售商品等所形成的收入总额。本项目应根据"商品销售收入"科目的发生额填列。

(5) 政府补助收入项目,反映民间非营利组织接受政府拨款或者政府机构给予的补助而取得的收入总额。本项目应根据"政府补助收入"科目的发生额填列。

（6）投资收益项目，反映民间非营利组织以各种方式对外投资所取得的投资净损益。本项目应根据"投资收益"科目的贷方发生额填列；如果为借方发生额，则以"-"号填列。

（7）其他收入项目，反映民间非营利组织除上述收入项目之外所取得的其他收入总额。本项目应根据"其他收入"科目的发生额填列。

上述各项收入项目应区分限定性和非限定性分别填列。

（8）业务活动成本项目，反映民间非营利组织为实现其业务活动目标、开展其项目活动或者提供服务所发生的费用。本项目应根据"业务活动成本"科目的发生额填列。民间非营利组织应根据其所从事的项目、提供的服务或者开展的业务等具体情况，按照"业务活动成本"科目中各明细科目的发生额加以填列。

（9）管理费用项目，反映民间非营利组织为组织和管理其业务活动所发生的各项费用总额。本项目应根据"管理费用"科目的发生额填列。

（10）筹资费用项目，反映民间非营利组织为筹集业务活动所需资金而发生的各项费用总额，包括利息支出（减利息收入）、汇兑损失（减汇兑收益）以及相关手续费等。本项目应根据"筹资费用"科目的发生额填列。

（11）其他费用项目，反映民间非营利组织除以上费用之外发生的其他费用总额。本项目应根据有关科目的发生额填列。

（12）限定性净资产转为非限定性净资产项目，反映民间非营利组织当期从限定性净资产转入非限定性净资产的金额。本项目应根据"限定性净资产""非限定性净资产"科目的发生额分析填列。

（13）净资产变动额项目，反映民间非营利组织当期净资产变动的金额。本项目应根据业务活动表收入合计项目的金额，减去费用合计项目的金额，再加上限定性净资产转为非限定性净资产项目的金额后的金额填列。

三、现金流量表的编制

（一）现金流量表的基本格式

现金流量表基本格式如表14-3所示。

表14-3 现金流量表

编制单位：　　　　　　　　　　年　　月　　日　　　　　　　　　　单位：元

项目	金额
一、业务活动产生的现金流量	
接受捐赠收到的现金	
收取会费收到的现金	
提供服务收到的现金	
销售商品收到的现金	
政府补助收到的现金	

(续表)

项目	金额
收到的其他与业务活动有关的现金	
现金流入小计	
提供捐赠或者资助支付的现金	
支付员工及为员工支付的现金	
购买商品、接受服务支付的现金	
支付的其他与业务活动有关的现金	
现金流出小计	
业务活动产生的现金流量净额	
二、投资活动产生的现金流量	
收回投资所收到的现金	
取得投资收益所收到的现金	
处置固定资产和无形资产所收回的现金	
收到的其他与投资活动有关的现金	
现金流入小计	
购建固定资产和无形资产所支付的现金	
对外投资所支付的现金	
支付的其他与投资活动有关的现金	
现金流出小计	
投资活动产生的现金流量净额	
三、筹资活动产生的现金流量	
借款所收到的现金	
收到的其他与筹资活动有关的现金	
现金流入小计	
偿还借款所支付的现金	
偿付利息所支付的现金	
支付的其他与筹资活动有关的现金	
现金流出小计	
筹资活动产生的现金流量净额	
四、汇率变动对现金的影响额	
五、现金及现金等价物净增加额	

（二）现金流量表各项目的内容与填列

民间非营利组织现金流量表部分项目的内容与填列方法与企业现金流量表对应项目相同，本书不再赘述。本部分重点介绍与企业现金流量表存在差异的项目：

（1）接受捐赠收到的现金项目，反映民间非营利组织接受其他单位或者个人捐赠取得的现金。该项目可以根据"现金""银行存款""捐赠收入"等科目的记录分析填列。

（2）收取会费收到的现金项目，反映民间非营利组织根据章程等的规定向会员收取会费取得的现金。该项目可以根据"现金""银行存款""应收账款""会费收入"等科目的记录分析填列。

（3）提供服务收到的现金项目，反映民间非营利组织根据章程等的规定向其服务对象提供服务取得的现金。该项目可以根据"现金""银行存款""应收账款""应收票据""预收账款""提供服务收入"等科目的记录分析填列。

（4）销售商品收到的现金项目，反映民间非营利组织销售商品取得的现金。该项目可以根据"现金""银行存款""应收账款""应收票据""预收账款""商品销售收入"等科目的记录分析填列。

（5）政府补助收到的现金项目，反映民间非营利组织接受政府拨款或者政府机构给予的补助而取得的现金。该项目可以根据"现金""银行存款""政府补助收入"等科目的记录分析填列。

（6）收到的其他与业务活动有关的现金项目，反映民间非营利组织收到的除以上业务之外的现金。该项目可以根据"现金""银行存款""其他应收款""其他收入"等科目的记录分析填列。

（7）提供捐赠或者资助支付的现金项目，反映民间非营利组织向其他单位和个人提供捐赠或者资助支出的现金。该项目可以根据"现金""银行存款""业务活动成本"等科目的记录分析填列。

第三节　会计报表附注和财务情况说明书

一、会计报表附注

会计报表附注是对会计报表中的重要内容所做的注释，是会计报表的有机组成部分。民间非营利组织的会计报表附注至少应当披露以下几个方面的内容：

(1) 重要会计政策及其变更情况的说明；

(2) 董事会（理事会或者类似权力机构）成员和员工的数量、变动情况及获得的薪金等报酬情况的说明；

(3) 会计报表重要项目及其增减变动情况的说明；

(4) 资产提供者设置了时间或用途限制的相关资产情况的说明；

(5) 受托代理业务情况的说明，包括受托代理资产的构成、计价基础和依据、用途等；

(6) 重大资产减值情况的说明；

(7) 公允价值无法可靠取得的受赠资产和其他资产的名称、数量、来源和用途等情况的说明；

(8) 对外承诺和或有事项情况的说明；

(9) 接受劳务捐赠情况的说明；

（10）资产负债表日后非调整事项的说明；

（11）有助于理解和分析会计报表需要说明的其他事项。

二、财务情况说明书

财务情况说明书是对财务收支情况及其他重要财务情况所做的书面说明。财务情况说明书至少应当对下列情况做出说明：

（1）民间非营利组织的宗旨、组织结构以及人员配备等情况；

（2）民间非营利组织业务活动基本情况，年度计划和预算完成情况，产生差异的原因分析，下一会计期间业务活动计划和预算等；

（3）对民间非营利组织业务活动有重大影响的其他事项。

民间非营利组织的年度财务报告至少应当于年度终了后4个月内对外提供。民间非营利组织被要求对外提供中期财务报告的，应当在规定的时间内对外提供。

思考题

1. 民间非营利组织的财务报告包括哪些内容？
2. 简述民间非营利组织资产负债表的概念和编制方法。
3. 简述民间非营利组织业务活动表的概念和编制方法。
4. 简述民间非营利组织现金流量表的概念和编制方法。
5. 简述民间非营利组织会计报表附注的主要内容。

业务处理题

某民间非营利组织2019年年末的有关资料如下：

"非限定性收入"科目贷方余额为：捐赠收入——非限定性收入185 600元，会费收入——非限定性收入85 200元，提供服务收入——非限定性收入314 500元，商品销售收入——非限定性收入24 500元，政府补助收入——非限定性收入98 700元，投资收益——非限定性收入74 500元，其他收入——非限定性收入7 600元。

费用类科目借方余额为：业务活动成本658 500元，其中业务活动成本——A项目275 400元，业务活动成本——B项目212 300元，业务活动成本——C项目170 800元；管理费用324 700元，筹资费用85 400元，其他费用14 500元。

本年由限定性净资产转为非限定性净资产的数额为312 450元。

年初非限定性净资产的数额为26 470元，限定性净资产的数额为313 750元。

要求：根据以上资料编制该民间非营利组织2019年的业务活动表。

《政府与非营利组织会计》模拟试卷(一)

一、**名词解释**(5小题,每小题2分,共10分。)

非营利组织　政府会计　会计确认　财政拨款结转　国库集中支付

二、**单项选择题**(下列各小题备选答案中,只有一个符合题意的正确答案。10小题,每小题1分,共10分,多选、错选、不选均不得分。)

1. 会计信息配比性要求是(　　)延伸出来的。
   A. 权责发生制　　　　　　　　B. 收付实现制
   C. 修正的权责发生制　　　　　D. 修正的收付实现制

2. 政府会计制度适用于(　　)。
   A. 各级各类行政单位和事业单位　　B. 各级政府财政机关
   C. 各级国家权力机关　　　　　　　D. 各级政府

3. 政府会计目标是"双目标",同时满足决算报告使用者和财务报告使用者的需要。政府决算报告使用者对会计信息的需求,主要表现在其重点关注(　　)。
   A. 与政府预算执行有关的信息　　B. 与政府财务状况有关的信息
   C. 与政府风险评价有关的信息　　D. 与政府运营状况有关的信息

4. 某行政单位对某项固定资产扩建装修。固定资产原值为10万元,扩建过程中支付费用总计5万元,施工中出售原固定资产部分价值,获得收入0.3万元,扩建后固定资产原值为(　　)万元。
   A. 10　　　　B. 3　　　　C. 14.7　　　　D. 9.7

5. 民间非营利组织的会计报表不包括(　　)
   A. 资产负债表　　B. 收入支出表　　C. 业务活动表　　D. 现金流量表

6. 政府会计标准体系中,用于规范政府发生的具体经济业务或事项的会计处理,详细规定经济业务或事项引起的会计要素变动的确认、计量和披露要求的是(　　)。
   A. 《政府会计准则——基本准则》　　B. 《政府会计准则——具体准则》
   C. 《政府会计准则——应用指南》　　D. 《政府会计准则——解释公告》

7. (　　)是指政府会计主体预算年度内预算收入扣除预算支出后的资金金额,以及历年滚存的资金余额。
   A. 预算结余　　B. 预算结转　　C. 预算超支　　D. 预算赤字

8. 我国的政府现金流量表是按(　　)基础编制的。
   A. 收付实现制　　　　　　　　B. 权责发生制

C. 修正的收付实现制 　　　　　　　D. 修正的权责发生制

9. 行政单位会计对与预算收支相关的非货币性资产采用双分录核算方法。下列应收及预付款项中采用双分录核算的是(　　)。

A. 应收账款　　B. 预付账款　　C. 其他应收款　　D. 财政应返还额度

10. 民间非营利组织会计应当在满足规定的确认条件时确认提供服务收入。若民间非营利组织的一项服务在同一会计年度内开工并完成，则提供服务收入的确认时间为(　　)。

A. 签订服务协议时　　　　　　B. 收到服务款项时

C. 完成提供服务时　　　　　　D. 开始提供服务时

三、多项选择题(下列各小题备选答案中，有两个或两个以上符合题意的正确答案。5小题，每小题2分，共10分。多选、少选、错选、不选均不得分。)

1. 政府与非营利组织会计的主体有(　　)。

A. 政府财政部门　　　　　　B. 行政单位

C. 非营利组织　　　　　　　D. 自治区政府

E. 直辖市政府

2. 政府与非营利组织信息的使用者包括(　　)。

A. 政府各级主管部门

B. 立法及监督机构

C. 政府与非营利组织服务的使用对象

D. 资源提供者

E. 其他使用者

3. 根据《中华人民共和国预算法》的规定，我国的政府预算内容包括(　　)。

A. 一般公共预算　　　　　　B. 政府性基金预算

C. 国有资本经营预算　　　　D. 社会保险基金预算

E. 国民经济投资预算

4. 政府会计主体发生的捐赠预算收入、利息预算收入和租金预算收入如(　　)则可单独设置科目核算。

A. 金额较大　　B. 业务较多　　C. 金额较小　　D. 业务较少

E. 金额或业务适中

5. 政府财务报告与决算报告应当由(　　)签名并盖章。

A. 单位负责人　　　　　　B. 主管会计工作的负责人

C. 会计机构负责人　　　　D. 出纳人员

E. 会计主管人员

四、是非判断题(5小题，每小题2分，共10分。)

1. 政府财务报告目标是向财务报告使用者提供与政府预算执行情况有关的信息。

2. 民间非营利组织不计算利润，所以也无须交税。

3. 民间非营利组织的收入和支出形成结余。

4. 对于纳入事业单位部门预算管理的现金收支业务，年末财务会计在进行收入和费用结转时,也要进行预算会计收入和支出结转。

5. "专用基金"科目和"专用结余"科目的核算内容基本一致。

五、简答题(任选 2 小题,每小题 5 分,共 10 分。)

1. 简述政府与非营利组织会计的基本前提。

2. 为兼顾政府预算管理与财务管理的需要,政府会计采用了"双基础""双报告"核算方式,请简述政府会计"双基础""双报告"的内容。

3. 民间非营利组织采用的会计确认基础是什么?

六、业务处理题(3 小题,第 1、2 小题各 20 分,第 3 小题 10 分,共 50 分。)

1. 某事业单位 2019 年 7 月 12 日将一台使用过的机器设备用于对外投资,双方协商作价 900 000 元,购入被投资单位 70%的股权。该机器设备为 2018 年 7 月购入,原始价值为 1 000 000 元,预计使用年限为 5 年,同时该机器设备的运费 20 000 元由该事业单位承担,用银行存款支付。2019 年 12 月 31 日,被投资单位实现利润 300 000 元,除净损益和利润分配以外的所有者权益变动金额为 100 000 元。2020 年 2 月 1 日,被投资单位宣告发放现金股利 100 000 元。

要求:做出必要的会计处理。

2. 某事业单位会计发生如下经济业务或会计事项:

(1) 收到国库支付执行机构委托代理银行转来的财政直接支付入账通知书及原始凭证,单位的印刷费 32 000 元已经由财政直接支付;同日,开出财政授权支付凭证通过单位的零余额账户购买一批办公用品,支付价款 2 800 元,办公用品已经验收入库。

(2) 收到代理银行转来的财政授权支付额度到账通知书,恢复的授权支付额度 512 000 元已经下达到单位的零余额账户,同时收到国库支付执行机构委托代理银行转来的财政直接支付入账通知书及原始凭证,财政部门使用已经恢复的上年用款额度,以财政直接支付方式为单位支付因公出国(境)费用 32 000 元。

(3) 为建设 AIS-SAP 系统,拟购入一批计算机设备、网络设备,以及与其不可分离的系统软件。上述专用设备和软件构成一个资产组,以政府集中采购方式公开招标,通过验收后交付使用,收到国库支付执行机构委托代理银行转来的财政直接支付入账通知书及原始凭证,款项共计 863 000 元,已经由财政部门以直接支付方式予以支付。月末,计提该项固定资产折旧 7 200 元。

要求:做出必要的会计处理。

3. 某事业单位收到银行到账通知书,其主管部门核定拨入弥补事业开支不足的非财政补助款,其中专项资金收入 90 000 元,非专项资金收入 20 000 元。

要求:做出必要的会计处理。

《政府与非营利组织会计》模拟试卷(二)

一、名词解释(5小题,每小题2分,共10分。)

累计盈余　权益法调整　资产负债表　修正的权责发生制　受托代理负债

二、单项选择题(下列各小题备选答案中,只有一个符合题意的正确答案。10小题,每小题1分,共10分,多选、错选、不选均不得分。)

1. 与企业会计相比,我国政府会计特有的会计原则是(　　)。
   A. 相关性原则　　B. 客观性原则　　C. 一贯性原则　　D. 专款专用原则
2. 我国行政单位预算会计的确认基础是(　　)。
   A. 收付实现制　　　　　　　　B. 以收付实现制为主
   C. 权责发生制　　　　　　　　D. 以权责发生制为主
3. 根据《政府会计准则——基本准则》,我国的政府会计由"双系统"构成,其内容是(　　)。
   A. 政府预算会计和政府财务会计　　B. 政府预算会计和政府管理会计
   C. 政府成本会计和政府财务会计　　D. 政府财务会计和政府管理会计
4. 年末行政单位将符合财政拨款结余性质的项目余额转入财政拨款结余时,借记"财政拨款结转(结余转账)"科目,贷记"财政拨款结余"科目的(　　)明细科目。
   A. 年初余额调整　B. 结余转账　　C. 单位内部调剂　D. 剩余结余
5. (　　)是反映单位在某一会计期间内发生的收入、费用及当期盈余情况的一种报表。
   A. 利润表　　　B. 利润分配表　　C. 收入支出表　　D. 收入费用表
6. 根据社会组织类型与会计目标的不同,我国的会计体系划分为并列的两大分支:一个分支是以营利为目的的企业组织会计,另一个分支是(　　)。
   A. 政府预算与财务会计　　　　B. 政府财务与管理会计
   C. 政府与非营利组织会计　　　D. 政府与非营利组织会计
7. 政府会计标准体系中,用于规范政府发生的具体经济业务或事项的会计处理,详细规定经济业务或事项引起的会计要素变动的确认、计量和披露要求的是(　　)。
   A.《政府会计准则——基本准则》　　B.《政府会计准则——具体准则》
   C.《政府会计准则——应用指南》　　D.《政府会计准则——解释公告》
8. 政府会计目标应当是双目标,同时满足决算报告使用者和财务报告使用者的需要。政府决算报告使用者对会计信息的需求,主要表现在其重点关注(　　)。
   A. 与政府预算执行有关的信息　　B. 与政府财务状况有关的信息

C. 与政府风险评价有关的信息　　　　D. 与政府运营情况有关的信息

9. 根据《政府收支分类科目》的规定,政府的预算支出可以划分为工资福利支出、商品和服务支出、基本建设支出等类别,此分类是(　　)。

A. 支出的性质分类　　　　　　　　B. 支出的经济分类

C. 支出的功能分类　　　　　　　　D. 支出的内容分类

10. 财政总预算会计的股权投资一般采用权益法进行核算,如果政府财政实际收到被投资单位先前宣告发放的现金股利,则"股权投资"总账科目的余额将(　　)。

A. 不变　　　　B. 归零　　　　C. 增加　　　　D. 减少

三、多项选择题(下列各小题备选答案中,有两个或两个以上符合题意的正确答案。5小题,每小题2分,共10分。多选、少选、错选、不选均不得分。)

1. 根据《政府会计准则——基本准则》,政府财务会计的资产和负债采用了不同的计量方法,在对资产进行计量时可以选择的计量属性包括(　　)。

A. 现值　　　B. 历史成本　　　C. 重置成本　　　D. 公允价值

E. 名义金额

2. 根据《预算法》的规定,政府的全部收入和支出都应当纳入预算,各项预算应当保持完整、独立,政府预算的内容包括(　　)。

A. 一般公共预算　　　　　　　　B. 政府债务性预算

C. 政府性基金预算　　　　　　　　D. 国有资本经营预算

E. 社会保险基金预算

3. 我国预算会计报表至少包括(　　)。

A. 预算收入支出表　　　　　　　　B. 预算结转结余变动表

C. 财政拨款预算收入支出表　　　　D. 预算收入费用表

E. 调出资金表

4. 民间非营利组织接受捐赠的非现金资产,确定其入账价值的方法有(　　)。

A. 捐赠方提供了有关凭据,按其公允价值入账

B. 捐赠方提供了有关凭据,按其重置价值入账

C. 捐赠方提供了有关凭据,按标明的金额入账

D. 捐赠方没有提供有关凭据,按其公允价值入账

E. 捐赠方没有提供有关凭据,按其重置价值入账

5. 事业单位会计需要在编制会计报表的基础上,编制部门决算报告与部门财务报告。事业单位会计报表的内容主要包括(　　)。

A. 业务活动表　　B. 资产负债表　　C. 收入费用表　　D. 净资产变动表

E. 财政补助收入支出表

四、是非判断题(10小题,每小题1分,共10分。)

1. 《政府会计准则——基本准则》自2017年1月1日起施行。

2. 政府财务报告目标是向财务报告使用者提供与政府预算执行情况有关的信息。

3. 政府财务会计的资产以历史成本为计量属性,无须对资产进行后续计量。

4. 财政授权支付是财政部门根据预算安排将款项直接转入收款单位的银行账户。

5. 财政总预算会计对于发行债券取得的债务收入采用双分录的核算方法。

6. 民间非营利组织会计是按照收付实现制进行核算的。

7. 行政单位会计应当按年度编制以收付实现制为基础的政府部门财务报告。

8. 事业单位建立了固定资产折旧制度,购入固定资产不会增加当期支出。

9. 政府会计主体对受托代理的银行存款、现金应设置"受托代理负债"科目核算。

10. 民间非营利组织会计以权责发生制为会计确认基础。

五、简答题(任选2小题,每小题5分,共10分)

1. 国际公共部门会计准则的主要特点是什么?

2. 简述你对世界范围内政府会计改革的趋势和路径的观点与看法。

3. 简述民间非营利组织的特征。

六、业务处理题(3小题,第1、2小题各15分,第3小题20分,共50分。凡要求计算的项目,均须列出计算过程;计算结果有计量单位的,应标明,标明的计量单位应与题中所给的计量单位相同;计算结果出现小数的,除特殊要求外,均保留两位小数;凡要求解释、分析、说明理由的内容,必须有相应的文字阐述。)

1. 某事业单位2018年12月31日非财政拨款结余为80 000元,经营结余为150 000元,按规定年末提取职工福利基金92 000元(该单位职工福利基金提取比例为40%)并于次月使用该基金购买职工福利用品。

要求:做出必要的会计处理。

2. 其民间非营利组织会计发生如下经济业务或会计事项:

(1)开展西部支教公益项目,收到D公司捐赠的一台投影仪,所附发票载明其价值为25 000元,经调查同类设备目前的市场价值为24 850元,同时为开展的西部支教公益项目进行培训活动,转账支付相关业务费用4 800元。

(2)为开展的助学基金项目募集资金进行街头宣传活动,发生费用6 500元,以银行存款转账支付;另外,此次活动招募了5名大学生志愿者,志愿者工作无须支付劳动报酬,预计可节省人工费用700元,此次活动募集资金共计96 200元,已经存入银行账户。

(3)本期限定性净资产中,限定时间已经到期的数额为12 000元,将其转为非限定性净资产;同时发现涉及上一年度收入、费用的调整事项,经确认多提固定资产折旧5 000元,需要调整非限定性净资产。

要求:做出必要的会计处理。

3. 某行政单位2019年12月31日结账后,科目余额表如下表所示。

科目余额表

2019年   单位:元

资产	借方余额	负债和净资产	贷方余额
库存现金	10 000	短期借款	
银行存款	190 000	应交增值税	20 000
零余额账户用款额度	0	其他应交税费	0

(续表)

资产	借方余额	负债和净资产	贷方余额
		应付职工薪酬	0
		应付票据	0
		应付账款	10 000
		预收账款	0
预付账款	20 000	预付账款	0
其他应收款	5 000	其他应付款	20 000
存货	230 000	长期借款	0
长期股权投资		长期应付款	0
固定资产	3 500 000	累计盈余	4 655 000
固定资产累计折旧	-500 000	专用基金	0
在建工程	1 000 000	权益法调整	0
无形资产	300 000		
无形资产累计摊销	-100 000		
待处理财产损溢	50 000		
合计	4 705 000	合计	4 705 000

要求：编制该单位的资产负债表。

主要参考书目

1. 常丽、何东平,《政府与非营利组织会计》(第五版),东北财经大学出版社 2018 年版。
2. 陈桂生等,《准政府组织管理》,人民出版社 2009 年版。
3. 贺蕊莉,《政府与非营利组织会计》(第五版),东北财经大学出版社 2018 年版。
4. 贺蕊莉,《政府与非营利组织会计习题册》(第五版),东北财经大学出版社 2018 年版。
5. 黄群慧、张蒽,《政府与非营利组织的管理比较研究》,中国社会科学出版社 2014 年版。
6. 李建发,《政府与非营利组织会计》,东北财经大学出版社 2011 年版。
7. 王晨明、周欣,《政府会计实务及案例解析》,立信会计出版社 2018 年版。
8. 王庆成,《政府与事业单位会计》,中国人民大学出版社 2009 年版。
9. 王锐兰,《解读非营利组织绩效评价》,上海人民出版社 2009 年版。
10. 魏永宏,《政府与非营利组织会计》,电子工业出版社 2017 年版。
11. 张月玲,《国有非营利组织会计基本理论研究》,厦门大学出版社 2007 年版。
12. 赵建勇,《政府与非营利组织会计》(第4版),中国人民大学出版社 2018 年版。
13. 赵建勇,《政府与非营利组织会计(第三版),学习指导书》,中国人民大学出版社 2017 年版。
14. 赵建勇,《政府与非营利组织会计》(微课版),人民邮电出版社 2019 年版。
15. 政府会计制度编审委员会,《政府会计制度详解与实务》,人民邮电出版社 2018 年版。
16. 中国注册会计师协会,《会计》,中国财政经济出版社 2018 年版。
17. 中华人民共和国财政部,《政府会计制度》,立信会计出版社 2017 年版。
18. 中华人民共和国财政部,《政府会计准则》,立信会计出版社 2018 年版。

北京大学出版社教师反馈及教辅申请表

北京大学出版社本着"教材优先、学术为本"的出版宗旨,竭诚为广大高等院校师生服务。为更有针对性地提供服务,请您按照以下步骤在微信后台提交教辅申请,我们会在 1~2 个工作日内将配套教辅资料,发送到您的邮箱。

◎ 手机扫描下方二维码,或直接微信搜索公众号"北京大学经管书苑",进行关注;

◎ 点击菜单栏"在线申请"—"教辅申请",出现如右下界面:

◎ 将表格上的信息填写准确、完整后,点击提交;

◎ 信息核对无误后,教辅资源会及时发送给您;如果填写有问题,工作人员会同您联系。

温馨提示:如果您不使用微信,您可以通过下方的联系方式(任选其一),将您的姓名、院校、邮箱及教材使用信息反馈给我们,工作人员会同您进一步联系。

我们的联系方式:

通信地址:北京大学出版社经济与管理图书事业部北京市海淀区成府路 205 号,100871
联 系 人:周莹
电　　话:010-62767312 / 62757146
电子邮件:em@pup.cn
Q　　Q:5520 63295(推荐使用)
微　　信:北京大学经管书苑(pupembook)
网　　址:www.pup.cn